王建芹 著

# 法治与平等

平等观念的
西方法文化思想源流

RULE OF LAW AND EQUALITY

The Origin and Development of

Western Legal Culture Within

the Concept of Equality

当代世界出版社

THE CONTEMPORARY WORLD PRESS

本书受到中国政法大学法学院资助出版

特此表示感谢

# 前　言

　　平等是人类基本价值诉求之一，从词义上理解，平等既可指人和人之间的一种关系或者说人对人的一种态度，也指人在政治、经济和社会生活中的一种现实生存诉求。但无论我们生活在哪个时代，平等看起来从来都是现实生活中无法实现的一种理想，这其中既有对平等内涵价值的理解不同，更有对社会平等现实的无法自足。显然，平等作为人类的永恒追求之一，似乎是一种可望而不可即的理念化诉求。

　　人自呱呱坠地的那一刻起，在禀赋上是生而不平等的，性别、体力、智力上的差异是个人无法选择的，因此"人生而平等"无疑不能指向个人的禀赋方面。卢梭（Jean Jacques Rousseau, 1712—1778）将人类不平等的起源归之为私有财产制度，无疑揭示了人类由自然状态步入社会状态以来因财产关系而导致并逐步加深的社会不平等之根源。但近代资产阶级思想家们多以自由作为最高价值诉求，西方主流的政治观念是由自由主义的价值观所奠定的，由洛克（John Locke, 1632—1704）与约翰·密尔（John Stuart Mill, 1806—1873）所奠基的西方古典自由主义理论不仅确立了西方自由主义的理论体系，更为西方的政治法律制度提供了政治哲学依据。进入当代以来，以罗尔斯（John Bordley Rawls,

1921—2002）为代表的资产阶级新自由主义学者所倡导的正义哲学理论试图解决西方古典自由主义政治哲学家们未能解决的自由语境下的平等问题，其思考是极其深刻的。罗尔斯们所关注的不再是自由与平等孰优之话题，而是两者之间的平衡关系。虽然说自由与平等作为相对独立的价值存在矛盾性，但没有平等的自由与没有自由的平等至少在理念上是无法为人类的终极价值所接受的。

西方基督教文明是从人"被造"的角度奠基了人性平等之本质内涵，作为"依上帝的形象"所造且分有了上帝"神性"的人类，自呱呱坠地之始，无论智愚贤不肖，至少他们在"上帝之下"都是平等的，唯一的不平等只能来自于他们与上帝之间。这是西方文明观关于人类平等的第一重也是最重要的一重意义。但尽管如此，上帝依然以"平等"的身份与他们立约，虽然这一约定属于上帝对人的要求，但立约行为本身则包含着立约双方都需要共同遵守约定的意思表示，在这第二重意义上，立约主体间依然是"平等"的。第三重意义，上帝以其独生子耶稣基督通过十字架救赎的方式洗脱人类的"原罪"，表明上帝也需要遵守公平原则，作为"全能的上帝"，他有完全的权柄可以直接免除人类的"罪"，但之所以没有这样做，因为上帝也需要遵守"交易"的等价原则，人类之罪的救赎、人类永恒生命的获得需要付出其独生子生命的"代价"。在这一重意义上，人的生命与耶稣基督的生命得到了"平等"性的价值。

中华文明起初并无平等之观念，本土的儒家文化在本质上并不认同人的平等性，而是强调人与人之间的智愚贤不肖之别及贵贱之分。儒家文化所主张的是在贵贱分殊客观存在的基础上实现社会和谐的理想，也就是在不平等的等级制度中寻求社会之"齐"，即所谓"维齐非齐"[1]。中华文明接触到平等的概念始

---

[1]　荀子语，出自《尚书·吕刑》。大意是，要实现或维持"齐"（一致、划一、公平）

自于佛教的传入，"众生平等"成为国人理解平等最早的观念来源，但众生平等所指向的远非任何具体的、现实的社会生活状态，在其本土化过程中，它只是肯定了人性中都具有"佛性"这一佛法平等观念。在后世看来，"佛性平等"，与儒家的性善论、"成圣"说和道家的"得道"说都包含了某种"平等"的形而上学，它们共同构成了中国古代平等学说的思想基础。

在人类社会中，能不能实现平等，能实现哪些平等，这是一个难以解决却不得不加以解决的问题。在近代及当代社会实践中，人们进行过无数的探索，但是否就如卢梭所悲观预言的那样，人类的进步史同时也就是人类的堕落史，人类每向前发展一步，不平等的程度即加深一步，这是人类文明的悖论。近代以来，特别是随着启蒙运动对人性的"解放"，无论是西方自由主义在政治理论和哲学思想上对平等价值的探索，还是马克思主义将平等视为人类社会发展最高的终极价值，抑或是罗尔斯的正义观念重新为平等所定位，实际上都是从不同的角度向这一悖论发起的挑战。

王建芹

2020 年 9 月

---

的状态，最好的途径是承认或允许"非齐"的存在；也可以反过来看：如果只维持（追求）形式上的"齐"，其结果必然导致实质上的"非齐"。荀子用它来证明按照等级进行有差别的分配的必要性。这里的等级差别，即"使有贵贱之等，长幼之差，知、愚、能、不能之分，皆使人载其事而各得其宜"（《荀子·荣辱篇》）。中国传统社会治理被称为"礼治"，其"礼"即由古代宗法制度延续发展下来的一系列社会规范的总称。上至王朝秩序中的君臣，下至家庭规范中的父子，及至社会交往中的人际关系等，都由"礼"来规定。以君君、臣臣、父父、子子为主干的"三纲五常"之伦理构成了上至国家（皇权）、下至家庭（家族）、及至社会的秩序规范。西汉的董仲舒亦言："贵贱有等，衣服有制，朝廷有位，乡党有序"（《春秋繁露·卷八·度制第二十七》），其目的是为了和谐社会，使民不争。

# 目 录

*Contents*

| 第一章 |

# 平等问题的当代阐释

近代以降，人类思想史上，若论及最具人文关怀的思想大师，当非马克思与罗尔斯莫属。他们都是站在社会弱势群体的立场为其利益进行辩护，其思想中体现出的浓浓人道主义精神和高尚的道德情怀令人感怀至深。而他们最大之不同，在于马克思人文关怀的落脚点在于社会制度的改造，在于揭示资本主义制度深刻的内在矛盾以及未来的历史命运，罗尔斯则立足于西方自由主义价值观，立足于自由资本主义市场经济制度自我调适与改良，其关注的重点是平等价值与自由价值之间的协调关系，并在此基础上探讨社会基本制度中的正义问题。

马克思与罗尔斯分别生活在资本主义社会发展的不同时期，马克思适逢资本主义社会内部矛盾比较激烈的早期，而罗尔斯则处在资本主义的发达时期，经过上百年的发展，资本主义制度已经具有了较强的自我调适能力，社会矛盾相对缓和。二者对社会制度正义性的关注视角虽然依旧存在逻辑起点的不同，但对于因制度原因造成的社会不平等的分析还是具有较强的共通性：一是他们正义理论的核心都落脚于社会结构和社会制度的分析；二是他们都重视实质正义而不仅仅停留在形式正义的基础上；三是他们都将经济平等作为实现平等价值的重要内涵。

因此，二人虽然都肯定自由价值（虽然对自由的理解不同）的不可或缺，但他们更愿意突出经济平等的重要性并作为社会制度改革的目标。

自由与平等作为近代以来人类社会制度安排所共同追求的两大应然价值，在西方的主流意识形态中，从近代的消极自由观和形式平等主义向当代的积极自由观和实质平等逐渐演进，反映出随着自由资本主义市场经济国家治理危机的出现，他们正在通过积极的理论反思与制度调适，不断纠正传统上以保护私人领域的自由为特征的消极宪政观所带来的市场失灵和小政府形态，更加重视以强调平等与合作为基础的积极宪政观，从强调政府的"有限性"到更加重视政府参与市场运行和公共政策的"主动性"。在自由与平等两大价值所面临的内在冲突中，"平等优位"逐渐上升为西方国家政府改革与公共政策输出的价值原则。虽如此，理论上在其界限的把握中依旧面临着激烈的冲突，其实质就在于，站在自由主义的立场上，当代西方国家的政策安排中到底是要更多的物质平等，还是始终坚持自由至上？或者说，是坚持以自由为基础追求平等，还是在平等的基础上获取自由？这样的理论及其政策博弈依然将持续下去。

## 第一节　从自由到平等

启蒙以来，西方政治思想是以自由主义为基本脉络的，自由主义构成了西方政治哲学的主流价值。作为一种意识形态，自由主义以最大限度保障个人权利为出发点及归宿，进而在制度建构上，自由主义追求保护个人思想自由的社会、以法律手段限制政府对权力的运用、保障自由贸易、支持私人企业的市场经济以及透明的政治体制。这些都是自由主义所追求的主要价值，通常也被称为古典自由主义。概括说来，古典自由主义的核心诉求是自由，尤其是政治自由和经济自由。

进入 20 世纪下半叶以来，西方自由主义关注和研究的主要问题发生了转向，即自由向平等的转向，以重点关注平等问题的新自由主义开始登场。它以 1971 年美国哈佛大学教授约翰·罗尔斯发表的《正义论》(*A Theory of Justice*) 为标志，所引起的反响与激发的讨论震动了整个西方思想界。罗尔斯的理论被称为"平等主义的自由主义"，其内在逻辑体现在，随着近代以来西方政治思想的发展和政治制度的建构逐渐成熟，政治自由的问题被认为基本上得到了解决，而与自由具有同等价值的平等问题无论是从理论上还是实践上都逐渐凸显出来。工业革命创造和积累了巨大的财富，但是，财富的增长并没有带来应有的富裕和自由，相当一部分社会人群并没有因此摆脱贫困，相反贫富差距越来越大，弱势人群越来越被边缘化。"罗尔斯认为，所有的不平等在于整个社会基本结构和社会分配政策的不公平。因此，如何在社会正义的框架内建构起平等的理论，成为新自由主义是否能够完成启蒙任务的重要标志。"[1] 在这个意义上，罗尔斯以社会正义为理论诉求，将平等问题作为讨论他的正义观的基本出发点，并以分配正义作为判断社会正义与否的重要标志。因此，从自由到平等这一政治哲学主题的转换，就成为古典自由主义向新自由主义过渡的分水岭。

要理解罗尔斯的平等理论，不妨先听听他讲的一个故事，当然这不算是故事，只是罗尔斯所设想的一个叫做"无知之幕"的场景。"无知之幕"并非真实的发生，而是罗尔斯为了最大限度地抽象出他的正义理论而设计的人类最真实的平等观之描述。按照学者刘瑜的比喻就是："只有当你不知道自己可能是谁时，才能想清楚什么是正义。"[2]

"无知之幕"设想有这样的一群人，他们对自己的原初身份和社会状况一无所知，他们不知道每个人的社会地位、阶级出身、天生资质、理智能力等等；不知道每个人关于他自己的善的观念、合理

---

〔1〕 王力：《平等的范式》，科学出版社 2009 年版，第 12 页。
〔2〕 刘瑜：《民主的细节》，上海三联书店 2009 年版，第 189 页。

生活计划和特殊的心理特征等等；也不知道每个人存在于其中的社会之经济和政治状况，或者这一社会所能达到的文明和文化水平等等。但是，罗尔斯认为这些人应该知道的信息包括：他们了解政治事务和经济理论的原理，他们知道社会组织的基础和人类心理的法则。在罗尔斯看来，人们所不知道的是那些"关于他个人及其社会的任何特殊事实"，应该知道的则是那些"关于社会的一般事实"，因为只有这样，人们才能就未来的社会合作原则和体系达成一致。不难看出，罗尔斯的"无知之幕"借鉴了"契约论"的设计思路，也就是说，在屏蔽掉一些关于个人的特殊信息的基础上，人们才能站在"公允"的立场上选择社会合作体系，这个合作体系最终是有利于社会所有人和所有群体的，而非只有利于个别人或个别群体，因此它才是"正义"的。

罗尔斯承认每个人都追求自己的利益，但是在"无知之幕"之下，他不知道自己在未来的社会中到底是谁，不知道自己聪明还是愚笨、俊美还是丑陋，不知道自己生长在富商权贵家庭还是偏僻乡野，也不知道自己的生活计划和理想目标，不知道自己喜欢弹钢琴还是绘画，当学者还是做企业家，做厨师还是当汽车修理工，等等等等。总之，人们对自己可能是谁以及对未来的处境一无所知。你可能是世界首富，也可能是战争难民；可能是总统之子，也可能是街头流浪汉。但是，罗尔斯假设每个人都具有最基本的理性，这种理性能够让他最有效地权衡社会合作体系对"未来的他"利益的最大保护机制。正是因此，"无知之幕"之下人们所共同选择的社会合作体系既是理性的，又是正义的。

在罗尔斯看来，"无知之幕"下人们会如何选择社会合作体系呢？于是他便抽象出了他关于社会正义理论中两个核心原则：第一个原则，每个人对与所有人所拥有的最广泛平等的基本自由体系相容的类似自由体系都应有一种平等的权利。第二个原则，社会和经济的不平等应这样安排，使它们：①在与正义的储蓄原则相一致的情况下，适合于最少受惠者的最大利益；②依系于在公平的机会平等的条件下，使所有的职务和地位向所有人开放。[1]上述这段话一般人听起来确实非常拗口，也不易理解。概括起来，罗尔斯所表达的这一社会合作体系大体可以这样理解：首先，第一个原则通常被认为是处理关于自由问题的原则，其原因在于，罗尔斯的理论毕竟还是自由主义体系之下的，在罗尔斯看来，平等固然非常重要，但在两种价值体系中，自由比平等更为重要，虽然他的理论体系更为强调平等，那只是因为从时代要求来看，平等的问题更为突出。为了强调这一点，他所设定的两个原则中，自由被作为第一原则加以强调。当然第一原则体现的自由强调的是形式平等的理念，所谓形式平等，通常理解的就是法律上的权利平等或者机会平等，因为只有在法律权利上的形式平等实现了，他所重点强调的实质平等才可能实现。在这个意义上，他认为资本主义立宪民主制度下也就是第一原则的基本诉求是基本实现的。罗尔斯之所以设置第一原则，目的是为他的理论核心也就是第二原则确立社会基本结构和制度框架，或者说是作为背景正义而出现的。

在第一原则下，虽然说罗尔斯认为资本主义立宪民主制基本实现了权利的形式平等，但远远不够，因为形式平等没有考虑到社会上人们不同的天然禀赋、社会地位、经济条件、自然环境等等外在因素所导致的实质不平等，而这种不平等才是罗尔斯认为的一种最深刻的不平等。"造成人们之间不平等的原因有两种：一种是社会和文化的，人们在出身、环境、教育、家庭等方面具有很大的差别，有些人比其他的人更为'幸运'；另一种是自然的，人们生来就具有不同的天赋，有些人高一些，有些人低一些。人们通常认为，产生不平等的社会文化因素经过努力是可以消解的，但自然的因素却无

---

[1]　[美]罗尔斯：《正义论》，何怀宏等译，中国社会科学出版社1988年版，第303页。在2009年的修订版译本中，上述两个原则被表述为：第一个原则：每个人对与其他人所拥有的最广泛的平等基本自由体系相容的类似自由体系都应有一种平等的权利；第二个原则：社会和经济的不平等应这样安排，使它们：①被合理地期望适合于每一个人的利益，并且②依系于职务和地位向所有人开放。

法消除。如果人们的自然天赋（智力、体力、理性和想象力等）方面存在着消除不了的差别，那么在实际的社会生活中就永远存在不平等。"[1]正是因此，罗尔斯才需要设置他的第二原则，其目的就是解决社会如何实现实质平等的问题。他认为，仅仅消除由社会文化因素造成的不平等是远远不够的，还必须消除由自然因素导致的不平等，社会的实质平等方可实现。因此他的第二原则一般被称为"差别原则"，所谓差别，主要指向的就是自然因素的差别。

在上述的分析框架中，罗尔斯看到，形式平等也就是第一原则所指向的权利平等仅仅属于一种机会平等，在形式上，所有人进入市场的机会虽然是平等的，但它内含了两个方面的不平等，一是进入市场的前提和基础不平等，二是市场竞争的结果不平等，而前者的不平等必然导致后者的不平等。这点很容易理解，例如家庭能够提供较多财产和机会的子女与赤手空拳奋斗的子女显然在市场的竞争中已然不在同一条起跑线上，从小受到过良好教育的人与出身贫苦农村的人在学识上的差别同样也会导致他们在竞争中的差距。不过在罗尔斯看来，这种不平等虽然单靠机会平等原则无法解决，但通过制度的完善是可以改善的，例如通过文化教育的普及为每个人提供基本的受教育机会以便在市场竞争中取得相对平等的起点。它并非罗尔斯关注的重点，罗尔斯理论最核心也是争议最大的在于他试图消除自然因素导致的不平等从而实现他所认为的正义观念。

理解罗尔斯的差别原则，通俗地说，就是平等的平等对待，不平等的不平等对待。"差别原则体现了一种不平等社会下的最大平等观念。什么是最大的平等？罗尔斯凭直觉认为，社会中最需要帮助的是那些处于社会底层的人们，他们拥有最少的权利、机会、财富和收入，社会不平等最强烈地体现在他们身上。这些人被罗尔斯称为'最少受惠阶层'。一种正义的制度应该通过各种社会安排来改善这些'最少受惠者'的处境，增加他们的希望，缩小他们与其他人

---

〔1〕 王力：《平等的范式》，科学出版社 2009 年版，第 16 页。

之间的分配差距。这样，如果一种社会安排出于某种原因不得不产生某种不平等，那么它只有最大限度地增加最少受惠者的利益，它才能是正义的。"[1] 当然，如果简单地从道义上理解，当代社会建立的福利制度为社会的弱势群体所提供的福利保护如最低保障制度已经遵循此原则。不过罗尔斯并不满足于此，他甚至反对最低保障制度，理由在于：第一，从技术上确定最低保障的标准是极其困难的；第二，社会最低保障在概念上过于模糊，究竟是作为"社会红利"还是基于需要，界定起来都很困难；第三，也是最重要的，罗尔斯认为最低保障可能是不正义的，"从功利主义的观点看，一个社会只要建立了社会最低保障制度，并确保任何人都不跌落于最低保障线之下，这个社会就是正义的。罗尔斯反对这种社会最低保障观念，因为按照这种观念，只要所有人都处于最低保障之上，再大的不平等也是容许的。这里的关键在于社会最低保障观念可能容许存在极端的不平等，而对于罗尔斯，这种不平等就是不正义。"[2] 正是基于这一分析，罗尔斯提出了其理论的第二条原则，其中的核心在于，一是他对于"最少受惠者"的利益保护需要达到"最大限度地增加最少受惠者的利益"，其中的"最大限度"应该如何理解？不论它在技术上如何界定，但显然不是最低保障制度之标准。二是为实现这个"最大限度"，他提出必须要消除自然因素所导致的不平等，这一点是最容易导致分歧与争论的。

为什么要消除自然因素特别是自然禀赋差距导致的不平等，罗尔斯提出了两种依据，一是从道德上看，他认为一个人的自然禀赋和资质虽然是先天的，但是属于偶然而非必然的，因此，"没有一个人应得他在自然天赋的分配中所占的优势，正如没有一个人应得他在社会中的最初出发点一样"[3]。罗尔斯并没有完全抹杀那些自然

---

〔1〕 王力：《平等的范式》，科学出版社 2009 年版，第 20~21 页。

〔2〕 姚大志：《罗尔斯》，长春出版社 2011 年版，第 129 页。

〔3〕 [美] 罗尔斯：《正义论》，何怀宏等译，中国社会科学出版社 1988 年版，第 104 页。

天赋出众的人可以更多地分配到利益，但其前提是"那些先天有利的人，不论他们是谁，只能在改善那些不利者状况的条件下从他们的幸运中获利"[1]。二是从社会的互惠原则来看，罗尔斯看到了任何一个有效的社会合作体系都需要互惠互利，而且这种互惠互利的前提是所有阶层的人们都能够自愿地加入。天赋较高者尽管处于有利地位，但如果没有其他人的自愿合作，他们能够实现自身价值的能力和空间必然会受到很大限制。同样，天赋较差者尽管在社会合作中处于不利的地位，但一个社会如果不能为他们提供满意的生活境况和前景，这种合作的社会基础就是不牢固的。不难发现，罗尔斯提出的这两种根据无论从道义的角度还是从功利主义的角度而言，都有一定道理。但其引发的争议就在于他对个人自然禀赋性质的认知，个人自然禀赋到底是属于个人的权利还是集体的共同资产？一个天生聪明的人，其智商能力人们通常只会把它当成其自身拥有的"财富"，尽管这种"财富"是"偶然"的，但毕竟是先天所有，人们更容易接受它属于"自然权利"的说法。相反，如果罗尔斯仅仅关注其"偶然"因素而非"必然所得"并将之与集体进行"分享"，首先在情感上就难以接受。他事实上"是把人出生时所带有的各种先天属性看成公共品，所以在分配利益时要对先天条件差的人特别加以照顾"[2]，这一点往往很难被接受。同理，如果说罗尔斯认为一个有效的社会合作体系需要自愿参与，而且这种合作体系一定是天赋较高者以其天赋所得"补偿"给那些天赋较低者，那么天赋较低者自然愿意，而如何认定天赋较高者就一定愿意呢？从理念上说，一个社会合作体系固然需要不同阶层的人自愿相互合作，但它只是理想状态，只是应然而非实然。同时形成社会合作基础的因素包括许多方面，自愿仅仅是其一而非惟一。

就此而言，罗尔斯在很大程度上是将个人的天赋资质作为一个社会的集体资产加以看待。尽管他的出发点是尽可能抹平社会上的

---

〔1〕 王力：《平等的范式》，科学出版社 2009 年版，第 59 页。

〔2〕 毛德操：《论平等——观察与思辨》，浙江大学出版社 2012 年版，第 46 页。

各种差距进而达到社会最大限度的平等，从而实现他理想中的"正义"社会愿景，但这种理想基本上属于道德式的，不仅引起了极大的争议和分歧，也是难以实现的。从当代社会的福利实践来看，其基本诉求都是尽可能消除由社会文化因素导致的不平等，这方面的社会共识基础相对充分，在实践上也具备可操作性，虽然不免出现诸如"养懒汉"等福利制度的弊端，但总体上适度解决了一定程度的不平等问题，特别是绝对贫困问题，因而已成为不同社会制度国家的基本共识。

罗尔斯的分配正义理论在道义上无疑是站在极高的道德制高点之上的，他承认不平等的存在不可避免，因为绝对的平等不仅做不到，平均分配原则也同样不可行。他只是对这种"不得不存在"的不平等设置了前提条件，即"符合正义的不平等要以最大程度的相对平等为前提"。在这个意义上，罗尔斯是尤为可贵的，他的理论之所以具有如此大的影响，不仅因为它符合人类社会最基本的道德准则和道德理想（即便他的激烈反对者也不得不承认），更为未来的社会制度提供了改进的方向。

概括罗尔斯的政治哲学理论，第一，罗尔斯虽然讨论的是社会分配问题，但他之所以将"正义"作为理论的核心，乃是他认为，只有一个能够实现平等的社会才能被称为正义的社会，因此只有解决好社会分配的问题，正义才能实现。第二，罗尔斯的立论基础依然是自由主义的，他认为如果没有政治自由和经济自由作为前提，社会平等也难以实现。因此在自由与平等这两种最重要政治价值中，自由依然优先于平等。如果这两种价值之间出现矛盾和冲突，需要维护的还是自由。第三，他认为资本主义的民主政治和市场经济体制基本上解决了政治自由和经济自由问题，当前最突出的问题是解决平等问题，而这个平等并非福利国家模式下的以最低生活保障为基础的福利补贴方式，因为这是远远不够的，它并没有真正解决不平等所产生的社会文化基础和自然因素基础，并且是以容许不平等为前提的。第四，罗尔斯将他的正义定义为实质正义，而认为古典自由主义理论指导下的社会合作体系只具备形式正义特征。这种形式正义只解决了政治法律权利上的形式平等或机会平等，但远远没有解决社会和经济的实质不平等。只有通过深刻的平等分配，社会的实质正义才能实现。第五，罗尔斯认为社会文化的差别导致的不平等通过努力可以改善，但自然因素导致的社会不平等是当前的社会政治体制和市场机制难以实现的。这也是他正义理论试图解决的核心问题。

罗尔斯以"分配正义"作为他理论体系的出发点和落脚点，"是对西方社会的各种矛盾、失衡和失范现象的深刻反思，他所伸张的社会正义理念是西方宪政改革的重要理论基础……对于西方政治哲学和政治科学的冲击与影响是巨大的"[1]。也正是因此，所招致的争论也是最多的，甚至可以说，罗尔斯《正义论》的出版，标志着西方政治哲学和政治科学再次焕发了新的活力。

## 第二节 权利，权利

以平等主义的立场看待西方新自由主义的不同流派，如果说罗尔斯属于"左翼"的话，那么诺齐克（Robert Nozick，1938—2002）就属于典型的"右翼"。"诺齐克与罗尔斯的平等观念，构成了平等内涵的两极，西方社会的平等也只能在这两极之间抉择和实践。"[2]

权利，是诺齐克反击罗尔斯的最重要武器。但不论他们之间在社会分配政策上的分歧有多大，毫无疑问，他们都属于坚定的自由主义阵营，无论是古典自由主义还是新自由主义，所捍卫的基点都是个人权利。他们都从康德哲学所奠基的"人是目的"这一宗旨出发，将权利作为自己政治哲学的终极价值。所不同的是，罗尔斯为之辩护的是社会弱势群体的权利，而诺齐克坚持的，则是抽象意义

〔1〕 陈德顺：《平等与自由的博弈——西方宪政民主价值冲突研究》，中国社会科学出版社 2016 年版，第 99~100 页。

〔2〕 王力：《平等的范式》，科学出版社 2009 年版，第 25 页。

或形式意义上的权利。

正因此，诺齐克主张形式平等，反对实质平等。这是因为，在他的思想体系中，如果以权利作为其政治哲学出发点，那么个人权利的神圣不可侵犯无疑是核心要义。对于诺齐克来说，西方立宪民主制的实质就在于保护个人权利，它为每个人平等地享有，包括生命权、自由权和财产权。在这一前提下，社会上的不同人群只能享有有限的平等，它尤其指向财产权的有限平等。如果以罗尔斯的分配正义观，必然以牺牲部分人的财产权利而换取另一部分人的平等权利，它同时也意味着部分人自由权的丧失尤其是财产自由权的丧失。在诺齐克看来，当代福利国家的理论与实践，以及罗尔斯"所谓的'公平正义''差别原则'实质上就是'税富济贫'，是对个人自由权的侵犯。"[1]诺齐克所坚持的，是个人权利的绝对原则，也就是个人权利的享有和互不侵犯原则，他认为这才是自由主义下的平等原则。乃因为每个人都平等地享有这些权利，而无论它最终导向的平等结果是什么。

同样作为西方新自由主义阵营的旗手，诺齐克与罗尔斯在自由与平等的价值序列中，都同意自由优先于平等，因此诺齐克认为罗尔斯的理论主张事实上颠倒了这一价值序列，是为了改变不平等而牺牲了自由，牺牲了权利。在诺齐克的思想逻辑中，自由与平等是不可兼得的两个政治价值，它们是相互冲突的，这一点亦如公平与效率的冲突，的确很难兼得。因此，如何实现自由与平等的统一，是任何一个社会的政治哲学都需要兼顾解决的问题。对于诺齐克来说，权利的优先性无可置疑，在权利、自由和平等的价值诉求中，能够实现最大限度统一的惟有形式平等，绝对的自由就是绝对的平等，如果超越了这一界限，自由与平等的冲突就不可避免，对权利的伤害就会出现。因此，"一旦人们把平等的要求向前推移，三者的

---

〔1〕　陈德顺：《平等与自由的博弈——西方宪政民主价值冲突研究》，中国社会科学出版社 2016 年版，第 106 页。

统一立刻就会打破，优先性问题最终突显出来"[1]。

诺齐克的理论被认为是"绝对的自由主义"的说法基本上是准确的，因此他也常常被贴上"新古典自由主义"的标签。的确，诺齐克对权利和自由的强调以及对实质平等的反对，与古典自由主义的"消极国家理论"具有异曲同工之妙。古典自由主义通常反对国家对市场的干预，反对赋予国家过多的功能，尤其反对国家的再分配功能。他们认为国家的最佳角色就是"守夜人"，其功能仅限于对个人权利和契约市场的保护，任何逾越这一界限的国家功能都是对个人权利的侵犯。不过诺齐克理论之所以被贴上"新古典自由主义"的标签，是因为他在当代的意义上对古典自由主义的平等观重新做了阐释。

古典自由主义对平等的关注主要立足于政治平等和经济（市场）的平等。在特定的历史条件下，对个人权利的争取是古典自由主义的主要目标。而个人权利意味着对平等政治表达权和平等市场机会权。如前所述，资本主义立宪民主制的确立和市场体系的相对完善逐渐实现了这一目标，但形式上的政治民主和经济民主并没有能有效地解决实质上的政治权利分配和市场放任条件下的平等问题。为解决这一矛盾，凯恩斯主义的国家干预成为当代西方国家解决经济危机和平衡市场分配的主要手段，导致古典自由主义理论陷入了困境。诺齐克正是在这样一个社会背景下为古典自由主义进行辩护的。

诺齐克对平等的理解依旧是古典自由主义式的，他认为"平等的内容是变化的，不同的时代有不同的要求，社会总是按这种实在标准来进行再分配……由于平等的实在内容是变动不居的，所以其不足以构成解决不平等的坚实理由"[2]。如果说有哪些内容是不变的话，惟一的只是权利，而这个权利作为一个抽象的概念，只有在

---

〔1〕 王力：《平等的范式》，科学出版社 2009 年版，第 31 页。
〔2〕 王力：《平等的范式》，科学出版社 2009 年版，第 26 页。

形式上才具备实现的基础。[1] 诺齐克坚持能够真正维护权利的只有平等的形式即机会平等，只要做到了这一点，权利、自由与平等三者就实现了统一。如果说社会分配的实质结果导致了不平等，那只能被看成一种不幸，但不代表不公平。因此诺齐克的观点大致上可以被归纳为：不平等问题是无法解决的，一个有效的社会合作体系，只能做到权利意义上的机会平等而不是结果平等，只要社会为每个人提供了公平的机会，无论结果如何，都是公平公正的。"他批评人们只注意到不平等问题，对于平等问题令人惊奇地缺乏论证，好像觉得平等是理所当然的。诺齐克认为自己的理论就是为平等立论，而立论的基点就是权利。"[2]

诺齐克骨子里的古典自由主义立场也导致他不同意罗尔斯关于互惠式社会合作的设想。在他看来，所谓互惠式的社会合作一般地只能建立在基于自由市场下的自愿交换，而不能通过再分配来进行。在公平的市场上，交易双方基于自愿的商品或服务交易本身就是一种互惠行为，而非市场条件下的交换一定是基于非自愿，它只有通过市场之外的力量来施行，这很难说是互惠的。因此互惠只是一种理想，它只是单向度的、不对称的，或者说是境遇较差者的美好愿望。即便从社会合作的角度，"为什么不幸者能获益就意味着社会合作一定就可能呢？对于一个有较好能力的人，可以不依靠社会合作也能过上体面的生活，这时候他为什么还会选择与不幸者合作呢？"[3] 尽管说诺齐克的诘问似乎是有道理的，但它不免使我们想到的一种政治哲学观就是：自由只有奴隶需要，平等只有弱者需要。貌似正确的理论背后却隐含着某种悖论。

不能说诺齐克的理论没有道理，站在自由主义的立场上，对个

---

〔1〕 当然会有人就此提出反驳，因为权利的实在内容在不同的时代依然有不同的要求，毕竟无论是生命权、自由权或财产权，不同时代对其的理解和界定依然是变动的，他们会认为诺齐克在同时对待权利和平等时没有做到"平等对待"。这也是诺齐克理论的薄弱之处。

〔2〕 王力：《平等的范式》，科学出版社 2009 年版，第 26 页。

〔3〕 王力：《平等的范式》，科学出版社 2009 年版，第 61 页。

人权利的极端推崇具有根深蒂固的思想基础。对于国家权力这一"必要的恶",自由主义始终投之以警惕的目光。他们唯恐国家权力对个人权利的"越界",自康德始,"个人是目的而不仅仅是手段;他们若非自愿,不能够被牺牲或被使用来达到其他的目的。个人是神圣不可侵犯的"[1]就成为自由主义得以立基的根本,它意味着对个人权利的维护是绝对意义上的,即便为了较大的社会利益也不允许被侵犯。在西方自洛克以来的权利观念中,对财产所有权的呵护如同生命权、自由权一样,是绝对不可侵犯的。而国家的再分配在本质上是对财产所有权的侵犯,它的确构成了当代西方政治哲学再分配主义的一大难题。当然,随着近代社会的发展,国家权力的扩张必然不可避免,其中再分配的国家功能也无法回避,绝对意义上的个人权利是很难实现的。尤其是国家对公共必需品的提供、对公益事业的支持以及维护国家安全的军队等等,即便在一定意义上侵犯了个人所有权,但它是必需的也是合理的,它同样符合实现社会重大政治价值的要求。对于自由主义来说,对此不可能不加以回应。不过自由主义依然将权利武器当作对抗权力的一种边际约束来看待,只是这种边际约束如何界定,则形成了自由主义的不同流派。即便是新自由主义的最"左翼"之罗尔斯,同样也是权利的坚决捍卫者,只不过其边际约束较多地偏向于国家的再分配功能而已。

站在这一立场上,诺齐克反对罗尔斯的平等主义尤其是以国家的再分配来实现社会的再分配是毫不奇怪的。对于罗尔斯理论核心的差别原则,诺齐克反击的武器不仅是抽象的权利,而且把落脚点放在他所提出的"资格理论"上,"他主张只要个人财产的来路是正当的,符合正义的获取原则和转让原则,那么任何他人、群体和国家都无权加以剥夺"[2]。诺齐克认为,罗尔斯以"最不利者"群体作为其再分配的实施对象,并通过"无知之幕"的设计来寻求社

---

〔1〕 〔美〕罗伯特·诺齐克:《无政府、国家与乌托邦》,何怀宏等译,中国社会科学出版社1991年版,第39页。

〔2〕 姚大志:《罗尔斯》,长春出版社2011年版,第193页。

会合作"原初状态"的想法固然不错，但罗尔斯忽略了一个问题，"原初状态中的人应该考虑的是关于个人的正义原则，而不应该是关于某个群体的正义原则，因为处于原初状态中的人的动机应该是个人的，不会是群体的"[1]。它意味着，如果以个人作为基点，每个人对社会或者对其他人做出了什么样的贡献，是否得到了相应的回报，可以得到清楚的界定，这里没有差别原则的用武之地。但如果以群体作为考虑原则，这里面就容易把个人和群体的贡献与回报混为一谈。不过诺齐克的这一诘问似乎并不足以对"无知之幕"的设计思路和原则构成足够的威胁，因为即便是个人，如果他将未来可能的自己定位在社会弱势群体的一方，他同样会选择差别原则。事实上，罗尔斯的差别原则所引发的最大争议不在于此，而是他对个人自然天赋的社会再分配。在这一点上，诺齐克的立场是坚决反对的，他认为，"无论从道德的观点看人们的自然天赋是不是任意的，人们对其自然天赋都是有资格的，对来自于自然天赋的东西也都是有资格的。"[2]这也就是他反对社会再分配的"资格理论"，对于诺齐克来说，这种自然天赋尽管是"任意的和偶然的"，但并不代表它没有意义，也不代表社会就有权力去分配它。在这个意义上，诺齐克抓住了罗尔斯理论中的一个弱点，即罗尔斯过多地将社会分配的结果归因于社会文化条件和自然天赋，并试图以国家再分配的手段消除差距，从而忽略了人的选择能力和个人责任。不得不说，这的确是罗尔斯理论中未及的一个方面或者说缺陷，因为固然社会存在诸多先天的差距（社会文化条件和自然天赋导致的），但在一个机会平等的条件下，个人主观的后天努力依然具有很高的价值，它恰恰也是资本主义精神的一个重要方面。

相对于罗尔斯的分配正义，诺齐克更愿意以"持有正义"来作

---

〔1〕 Robert Nozick Anarchy, *State and Utopia*, New York：Basic Books, 1974, p. 190. 转引自姚大志：《罗尔斯》，长春出版社 2011 年版，第 193 页。

〔2〕 Robert Nozick Anarchy, *State and Utopia*, New York：Basic Books, 1974, p. 226. 转引自姚大志：《罗尔斯》，长春出版社 2011 年版，第 193 页。

为他权利基础上的正义观之落脚点。所谓持有正义，依字面意思，也就是只要个人的财产之取得和占有是符合正义原则的，那么它就是正义的。如果社会上每个人财产的持有都是正义的，社会的总体持有自然也是正义的。诺齐克的持有正义包含三个原则：获取原则、转让原则和矫正原则。"获取原则是指最初获得，或对无主物的获取。"[1] 它解决的是财产来源问题。"转让原则涉及财产在人们之间自由的转让，其实质是自由市场下的一种分配形式。只要个人之间财产的转让是自愿的，这种持有就是正义的。"[2] 同时，诺齐克注意到，真实的社会中并非所有的持有状态都符合前两个正义原则，因此他设置了第三个原则"矫正原则"，即社会有义务将不正当获取或非自由转让的财产权予以矫正。诺齐克对持有正义的论述有一套严密的理论体系，没必要详加介绍，而与此同时其持有正义理论中涉及诸多棘手的历史问题尤其是获取原则和矫正原则很容易受到诟病，毕竟财产的获取奠基于历史原则。但事实上，对历史的溯源中我们很容易发现财富的原始积累无论从道义上还是创造上往往都是非正义的产物，最典型的恰如诺齐克自己那样，作为一名欧洲血统的美国公民，其祖辈对美洲大陆土著的劫掠就无法获得正义原则的支持。因此，他需要通过矫正原则来进行弥补。这种想法固然是好的，但事实上却基本不具备可行性，毕竟按照这一逻辑来推理，美国人似乎应该回到欧洲才符合正义的矫正原则。在这一点上，诺齐克只能是三缄其口的。

诺齐克之所以坚持持有正义，也是为他的资格理论提供支持。在他的资格理论中，除了前面叙述的个人天赋之外，更重要的一点就是对财富的拥有资格。对他来说，资格就是权利，甚至超越于权利。"权利的规定随着历史的变化而有可能变化，但是资格是对主体

〔1〕 〔美〕罗伯特·诺齐克：《无政府、国家与乌托邦》，何怀宏等译，中国社会科学出版社 1991 年版，第 156 页。

〔2〕 王力：《平等的范式》，科学出版社 2009 年版，第 55 页。

属性的规定，它具有一种本源上的意义。"[1] 从总体上来看，诺齐克对权利原则绝对性的坚持，使得实质平等问题在他的理论体系中难以找到立足之地，因为任何形式的分配正义都会在一定程度上侵犯权利。正是在这一点上，他的理论所引发的批评更为集中。毕竟从人们的道德直觉上来看，不平等显然不仅仅是社会合作体系的问题，更首先是人类道德理想的问题，在这方面，尽管诺齐克理论的学术体系论证不逊于罗尔斯，但由于缺乏罗尔斯理论中深深浸染的道德关怀，故而难以具有正义理论所应当具备的道德力量。

## 第三节 你要为自己负责

罗尔斯与诺齐克分别构成了西方新自由主义理论思潮的左右两翼。由于他们之间在关于平等的问题上分歧过大，且其立论的基础都是自由主义得以立基的理论范式——权利与自由，而我们无法在理论上对其一较高下。诉诸道德直觉，罗尔斯站在了制高点上，而诉诸自由主义的基本精神，我们也很难动摇诺齐克的理论体系。

但经济社会的发展现实毕竟需要自由主义的西方政治哲学加以有效的回应，特别是社会经济方面分配不平等日益扩大的现实导致自由与平等的矛盾开始激化，其理论上的冲突成为自由主义内部无法弥合的矛盾。在这一前提下，德沃金（Ronald M. Dworkin, 1931—2013）为平等所做的辩护在一定程度上成为罗尔斯与诺齐克之间的"平衡地带"。

德沃金认为，罗尔斯与诺齐克的分歧首先在于他们在同一词意下对平等的理解是不同的。平等具有丰富的内涵，并同时意味着多种具体的政治价值，在不同的向度上理解平等都具有正当性。但由于追求的具体政治价值不同，导致人们关于平等理念的分殊，罗尔斯和诺齐克即是如此。那么在德沃金眼里，平等意味着什么呢？他

---

〔1〕 王力：《平等的范式》，科学出版社 2009 年版，第 56 页。

认为，"在一个政治社会里，平等首先是一种政治上的平等。一个政治社会中的弱者，有权利享有他们的政府的关心和尊重，社会中的强者可以保证得到这样的关心和尊重，因此，如果某些人享有做决定的自由，无论这个决定对社会的一般利益有什么影响，那么，所有的人都应该享有同样的自由。"[1] 显然，德沃金这里所论及的是一种政治平等即平等的自由权，这一点人们并无分歧，西方自由主义也是以此作为出发点的。但接下来平等还意味着什么，其回答就展现出不同的平等主义因其所关注的政治价值不同而导致的分歧了，如机会平等、收入平等、结果平等、福利平等等等，不一而足。在德沃金看来，上述分歧表面上看来涉及具体的平等内容，但依旧是在一个抽象意义上讨论平等即"平等为何"的问题，这样的讨论是没有意义的。因此，德沃金主张，"与其讨论平等是什么，不如直接追问公平的社会应该致力的目标是让公民拥有同等的财富，还是拥有同等的机会，或是让每个人拥有满足其最低需要的财富"[2]。显然，德沃金不希望人们纠结于对平等理论的抽象争论，而希望将平等的现实问题即收入和财富的差距导致的经济不平等作为实际考虑的问题，并依此找寻理论支持。

德沃金的平等理论通常被称为"资源平等"（equality of resources）[3]，在其讨论平等问题的代表作《至上的美德：平等的理论与实践》（*Sovereign Virtue：The Theory and Practice of Equality*）一书中，他将其定义为"平等关切要求政府致力于某种形式的物质平等，我把它称之为资源平等"[4]。这个定义不太容易理解，如果通俗地解释，首先也需要先进入德沃金所讲述的一个"故事"，这个故事恰如罗尔

----

〔1〕 [美] 德沃金：《认真对待权利》，信春鹰、吴玉章译，中国大百科全书出版社2002年版，第262页。

〔2〕 王力：《平等的范式》，科学出版社2009年版，第35页。

〔3〕 同样意义下，罗尔斯的平等理论通常被称为"民主的平等"，诺齐克的平等理论则被称为"机会平等"。

〔4〕 [美] 罗纳德·德沃金：《至上的美德：平等的理论与实践》，冯克利译，江苏人民出版社2007年版，第5页。

斯所设置的"无知之幕"一样，德沃金同样采取了社会契约论的模式，通过讲述一个"荒岛"理论来解释他的资源平等。假设一条遇难的船只中的幸存者被海水冲到了一个荒岛上。岛上资源丰富，没有人烟，任何救援只能发生在多年之后。为了避免弱肉强食的局面，也为了更好的共同生存，这些移民接受了一条原则：对于这里的任何资源，谁都不拥有优先权，而是只能在他们中间进行平等的分配。但是，这些资源可能有奶牛、耕地、鸡蛋、森林、葡萄酒，等等，每一份资源本身都有好有坏，有优有劣，更重要的是它们既无法量化，更无法根据人头数平等地分成等份。在这个时候，分配是不可能让人们都满意的，即总是由于缺少平等分配的可操作手段而导致分配不平等。那么岛上的资源应该如何平等地分配呢？显然，这种状态有点像原始状态，没有一个媒介——比如钱——来衡量各种资源的价值，并最终通过这个媒介，使分配趋于平等。因此，德沃金引入了一个标准即嫉妒检验（envy test）[1]作为分配标准，并引入一个手段即拍卖或经济市场这个手段。假设岛上有无数贝壳，谁也不认为它们有价值，分配者把它们平分给每个移民，用来充当未来市场中的钱币。这些本身没有价值而却可以衡量物品价值的"钱币"有了，然后，所有的资源就可以按钱币来衡量，一个可以拍卖的市场程序也就可以启动了。

德沃金假定，岛上每一件单独的物品，都被列出要出售的一份，除非有人通知拍卖者他打算买一件物品的一部分（在此时这一部分同样变成了单独的一份）。接下来拍卖者为每份物品定价，看这种价格能否清场，也就是说，在那个价位上是否只有一人购买，而且每一份都能卖出去，不然拍卖者就调整价格直到清场。最后，嫉妒检验得以通过，人人都表示自己满意，物品各得其主。

现在，我们可以认为，通过经济市场中的每个人一开始便拥有

---

　　[1]　嫉妒检验是指，一旦分配完成，如果有任何居民宁愿选择别人分得的那份资源而不要自己那份，则资源分配就是不平等的。[美]罗纳德·德沃金：《至上的美德：平等的理论与实践》，冯克利译，江苏人民出版社2007年版，第69页。

相同钱币在市场里购买不同的资源的拍卖程序，每个人所拥有的资源所给他人造成的机会成本，与他人所拥有的资源所给自己造成的机会成本，都是相同的。因此，这种分配便是资源平等的分配。至此资源的初始分配已经结束了，每个人都可以利用他所掌握的资源（拍卖得到的物品），自由地去追求他的"成功"了。而且，许多看起来好像与福利平等关系密切的因素，比如运气问题，比如他的特殊嗜好问题等等，都被排除了。"在德沃金看来，拍卖充分体现了个人责任原则。一方面，拍卖本身意味着每个人的独立选择，选择这而非选择那既是个人的自由权利，也是每个人所应为之承担的责任。另一方面，这种选择意味着人们对自己生活的总体看法，即人们购买什么样的资源同人们要过一种什么样的生活是密切相关的。既然要选择这样的资源，选择过这样的生活，人们就应该为这种选择负责。"[1]

但是，德沃金知道，这一起点的平等是相当短暂的。每个人拥有不同的资源（虽然是通过了嫉妒检验的平等的资源分配），但这些资源可以创造出不同的价值，那么，每个人所给别人造成的机会成本，就不一样了。而且每个人都有自然天赋导致的差别，他们也有不同的爱好、不同的技能，这些因素最终可能让他们从同一起点出发，最终通往不同的道路。一句话，拍卖完成后人们就受到了各种偶然或必然的因素的支配。接下来，不平等出现了，即每个人利用自己手中拍卖到的物品所创造出的价值就会出现分化。

德沃金"荒岛理论"的目的，并不是为了证明人的初始平等（事实上也是不可能的），只是为了给他的再分配理论提供一个讨论的基础。正因为初次平等分配之后由于种种因素导致社会必然会出现不平等，那么社会应该如何解决这个不平等呢？德沃金借用"保险"方法提出了他的国家再分配方案。在他看来，影响人们后天不平等的因素主要有三个：运气、残障和个人的天赋。首先，运气导

---

[1] 王力：《平等的范式》，科学出版社 2009 年版，第 44 页。

致的不平等被区分为选择的运气和无情的运气（brute luck，也译为"原生运气"），因为在初次分配中，对资源的选择是个人的主观因素决定的，如果因此而导致后天的不平等，社会没有责任给予补偿，它是个人的责任，属于选择的运气范畴。真正需要解决的是"无情的运气"问题，因为它无法预见，例如自然灾害等意外风险。就像你所选择的一块土地恰好遭受某种天灾等是无法预见的，而且它们是等概率发生在每个人身上的，与个人的选择与责任无关。如果因此而导致了后天之不平等，社会就有责任来帮助他，具体的帮助方法就是"保险"，它需要从人们初始分配的份额中予以扣除。

　　同样，对于残障导致的不平等这一客观的社会问题，德沃金也同意由社会给予解决。为此他借助于罗尔斯"无知之幕"的思路：人们对于未来自己在社会中的劣势（残障）是无法预见的，因为大家都有同样的概率，为此将会同意设置保险份额予以补偿和保障。对于残障，他将之视同为与"无情的运气"一样的道理，因此也可以按照同样的方法予以解决。只不过德沃金认为，由于残障人士所获得的保障是大家从初始份额中拿出的（保险），那就意味着他们将拥有比其他人更多的资源可以支配，虽然在道义上似乎情有可原，但同样是一种不平等。因此用什么样的标准来保障残障等社会弱势群体（其中也包含自然天赋较差者）的合理资源占有，取决于人们在初始分配时愿意拿出来的资源分量。"换句话说，人们对残障问题的重视程度决定了险费的标准和总量。虚拟的保险市场避免了人为的主观任意性对残障补贴的标准，其依靠市场的作用来确定额外的资源总量。"[1]

　　关于自然天赋所导致的后天不平等，德沃金同样注意到，自然天赋的差异是造成人们事实不平等的最主要客观因素，而且它是所有解决不平等的方案中分歧最大的。他反对罗尔斯将自然天赋视同为集体资产加以分配，而认为天赋是个人所有的，属于权利范畴。

---

〔1〕　王力：《平等的范式》，科学出版社 2009 年版，第 47 页。

因为如果天赋被视为集体资产，那么就意味着在初始分配时个人天赋也将被纳入拍卖，而那些出众的天赋拥有者必须支付更多的"货币"才能购买回自己的资源，天赋居然成为一种累赘而非劳动技能，"这会让人们无法接受这样的悖论——聪慧者被奴役……社会政治结构不能采用这样的分配方案，嫉妒检验也不能运用至此。虽然个人天赋和技能是权利问题，但却不能成为再分配考虑的因素。德沃金同意罗尔斯对它们的'道德任意性'批判，即关键是如何为再分配提供权利上的支撑。"[1]

确实，一个社会如何对待天赋资源所得导致的不平等，是如罗尔斯那样将之纳入公共资产而进行再分配，还是如诺齐克那样完全视同为个人权利而拒绝再分配，属于对自然权利的不同理解。对此，按照德沃金的思路，同样也是引入保险手段来进行平衡。在他看来，天赋技能的差异同样可视同于"无情的运气"或残障程度的不同，它意味着天赋较差者相比于天赋出众者就是属于"运气"的范畴，而不具备天赋优越技能的人相比于天赋技能出众的人，也是一种相对的"残障"。这样的类比虽然并不准确，但如果在"无知之幕"之下，大家也会同意通过购买保险的方式为其未来提供一个相对平等之保障。德沃金将之称为"失业保险"，即"人们愿意抽取多少资源份额购买类似保险决定了失业保险的险费总量和标准。这实质上是通过对每个人投保的平均数做出较低的限制来确定一种满足资源平等要求的税收和再分配方案的较低约束，因此失业保险保证了人们在一定的社会结构中没有机会挣钱或因技能的限制达不到这种平均水平，社会就应该为投保人补足投保额度与他实际有机会挣到的收入之间的差额。"[2]

显然，德沃金为"无情的运气"、残障、天赋技能等三类客观上导致不平等因素设置的保险就是税收，因此再分配的核心就是税收。

〔1〕 王力：《平等的范式》，科学出版社 2009 年版，第 48 页。

〔2〕 [美] 罗纳德·德沃金：《至上的美德：平等的理论与实践》，冯克利译，江苏人民出版社 2007 年版，第 100 页。

在西方立宪民主制度下，税收法定的原则意味着政治国家不能随意通过征税的方式来实施再分配。而如何征税、征收的标准则取决于人们愿意为此的付出，也就是德沃金意义上的保险。他事实上是为税收在平等保障的意义上提供了合法性。

德沃金在资源平等理论中引入初始分配、拍卖和虚拟保险等概念，其逻辑依然是社会契约论模式的，其目的无非是为国家通过税收实现社会再分配在另一个意义上提供了理论依据及其合法性。但这远非其理论的核心与主旨。其真正的意义，是"他试图通过'敏于志向'和'钝于禀赋'的资源平等理论对当代政治哲学的核心议题'分配如何才能平等'做出有效的回应"[1]。因此，德沃金理论中最引人关注的，是他更加清晰地论证了平等理论中的"个人责任"原则。"将个人责任的观念引入平等主义理论，对个人选择等因素造成的不平等与环境等因素造成的不平等加以区别对待"[2]是德沃金理论的核心所在。罗尔斯忽视了它，诺齐克虽然注意到这点，但没有拿出具有说服力的解决方案。对于德沃金来说，首先通过虚拟保险方案解决客观环境因素所导致的社会不平等，并为这种不平等提供最基本的社会保障。而接下来所形成的不平等（收入、财富等实质性的不平等）就是个人主观因素所导致的了。他认为，"资源平等意味着不平等不仅同社会基本结构的分配原则有关，也同个人的责任有关。其实质是，如果社会消除了造成人们不平等的无法避免的客观因素，那么其后出现的不平等就是个人自身的问题，它是个人应承担的责任问题，因此这种不平等是应该的。"[3]

不难发现，德沃金所归纳的三类客观环境因素导致的经济不平等基本指向于罗尔斯的"最少受惠者"群体，对此他们都同意作为

---

〔1〕 董玉荣：《资源平等分配的社会正义观研究》，江苏大学出版社 2015 年版，第 1 页。

〔2〕 董玉荣：《资源平等分配的社会正义观研究》，江苏大学出版社 2015 年版，第 1 页。

〔3〕 王力：《平等的范式》，科学出版社 2009 年版，第 49 页。

一个正义的社会合作体系有责任加以解决。但对于德沃金来说，他虽然同意罗尔斯的分配正义观，但"不赞成罗尔斯对分配正义的全面运用。换言之，德沃金认为分配正义是有限度的。"〔1〕这个限度就是"个人责任"原则。

事实上，德沃金所表达的，是对于客观因素造成的不平等，作为分配正义原则必须加以解决，而非客观因素造成的不平等，将不适用分配正义原则。因为客观因素是个人力量所无法避免的，也是无法预见的，解决由此造成的不平等是一个正义社会的应有的责任。而由于主观因素造成的不平等则是个人的责任，社会没有义务为他们解决，否则就是对其他人的不公平，同时也是另外一种形式的不平等。

可以看出，德沃金的资源平等理论包含两个基本原则：平等原则和个人责任原则。平等原则是首要的，它体现在，"从客观的角度讲，人生取得成功而不被虚度是重要的，而且从主观的角度讲这对每个人的人生同等重要"〔2〕。它意味着，"由于每个人的人生意义同等重要，它就要求政府和人民应平等对待每一境况和个人。所以，一个政治社会，必须对全体公民一视同仁；而平等关切也就成为施政者特殊的、必不可少的美德。"〔3〕对于德沃金等当代西方自由主义者来说，这种关切不仅仅意味着政治权利的平等，更意味着经济权利的平等，且经济权利的平等往往是政治权利平等的前提。要实现经济平等就需要国家的再分配，国家的再分配必须是平等分配而不是平均分配（在德沃金看来，罗尔斯式的分配正义就意味着平均分配），那么如何实现平等分配，就涉及他的第二个原则即个人责任原则。

很显然，德沃金的个人责任原则也奠基于权利。虽然作为自由

---

〔1〕 王力：《平等的范式》，科学出版社2009年版，第57页。

〔2〕 [美]罗纳德·德沃金：《至上的美德：平等的理论与实践》，冯克利译，江苏人民出版社2007年版，导言第6页。

〔3〕 王力：《平等的范式》，科学出版社2009年版，第35页。

主义者，他提出平等优先于自由似乎偏离了一直以来的自由主义理论主旨，但事实上，自由主义的核心更是权利，无论在自由与平等两个政治价值中如何取舍，权利都是它们的核心诉求。德沃金是在肯定与否定的意义上看待权利的，从否定的意义上，权利是一种界限和制约，即权利者有权利要求他者（无论是政府还是其他人）不能以任何理由干预自己的权利；但从肯定的意义上，权利同时意味着权利者有权要求他者（尤其是政府）必须做某事，例如平等对待的权利。不过德沃金认为这远远不够，权利还蕴含着个人责任，无论是肯定的权利还是否定的权利，除了对他人的要求以外，还需要有责任和义务做匹配，否则权利就是不对等的。在一个最简单的逻辑上，假设两个人的各种客观条件都基本相同，我们很难认同其中一个懒汉之经济所得的平等（实质平等）与另一个辛勤劳动者之所得的平等能够同一，最起码它违背了公平原则，也是任何一个正义社会的理念所无法接受的。

对个人责任原则的强调运用在经济平等领域（一般说来，也只能运用在经济平等领域），人们会同意德沃金的论述。虽然说在西方自由主义阵营的内部，对德沃金的批评之声并不少，但通常局限于其理论细节方面的不足。例如对运气的划分、嫉妒检验标准、假想的拍卖设计、虚拟保险市场的设计是否合理等等。也有学者如阿马蒂亚·森（Amartya Sen，1933—）试图以"可行能力平等理论"（equality of capabilities）[1]替代资源平等理论。但从总体上看，德沃金以资源平等理论所阐释的分配正义观符合当前人类社会合作体系中可理解并能够得到赞同的道义原则。

在德沃金的理论体系中，对平等的重视，甚至超过了罗尔斯，并认为平等的政治价值超过了自由。在他看来，"自由和平等之间任

---

〔1〕　这一理论从人类固有的多样性出发，将评价平等的"焦点变量"从有限的收入、效用或"基本善"的领域扩充到更宽广、更包容的可行能力领域，并将平等与自由有机联系起来，勾勒了一种全面实质和积极的平等概念。具体可参见周文文：《新的平等：阿马蒂亚·森的"可行能力平等"》，载《理论界》2005年第1期，第87页。

何真正的竞争，都是自由必败的竞争。"[1] 他的"荒岛理论"甚至可以被认为是从平等入手来讨论自由的，"德沃金主张自由与平等这两种价值是不应该发生冲突的；如果两者真的发生冲突，最终也是平等战胜自由"[2]。事实上，新自由主义大体都有一个共同的特点，自由与平等特别是政治自由与政治平等已然不是当代社会最需要解决的问题，经济自由与经济平等才是社会的主要结构性矛盾，而经济自由的前提奠基于经济平等，因此新自由主义所讨论的平等基本上都是立足于经济平等（尽管他们对经济平等的理解并不相同）。而如何实现经济平等，国家再分配是不可或缺的，在这方面，德沃金与罗尔斯站在同一立场上，他同样认为再分配是实现社会正义不可或缺的重要环节。但与罗尔斯有所不同，他认为以罗尔斯为代表的其他所有为实现经济平等而进行再分配的理论都是立足于"福利平等"，[3] 但由于福利平等具有多种内涵，本身就是不确定的概念，因此才导致其表现形式引起的诸多争议。同时"福利平等更多地强调了国家的责任，从而自然削弱了个人的努力"[4]。而且福利平等的主旨不仅是功利主义的，并且"与其说是在追求实质平等，不如说是在追求结果平等"[5]。因此德沃金的"资源平等"理论在假设初始平等（通过拍卖而实现的初次分配）的基础上为解决各种偶然或必然因素所导致的后续不平等问题，引入了虚拟保险的概念，这个

〔1〕 ［美］罗纳德·德沃金：《至上的美德：平等的理论与实践》，冯克利译，江苏人民出版社 2007 年版，第 139 页。

〔2〕 陈德顺：《平等与自由的博弈——西方宪政民主价值冲突研究》，中国社会科学出版社 2016 年版，第 124 页。

〔3〕 对此也有学者提出了不同的看法，例如董玉荣指出，认为德沃金将罗尔斯理论简单视同为福利平等是一种误解，"他并不是把罗尔斯的平等观视为福利平等观，而是把它看作一种资源平等，只不过罗尔斯式的资源平等侧重于结果的平等，而自己的资源平等理论则偏重于面对风险的平等"。董玉荣：《资源平等分配的社会正义观研究》，江苏大学出版社 2015 年版，第 7 页。

〔4〕 鲍盛华：《试论德沃金资源平等主义中的价值平等》，载《佳木斯大学社会科学学报》2007 年第 4 期。

〔5〕 王力：《平等的范式》，科学出版社 2009 年版，第 42 页。

保险事实上也就是德沃金所理解的国家再分配。

如果说罗尔斯以社会正义为口号对社会弱势人群的平等关注获得了诸多的道义支持的话，那么德沃金似乎更进了一步，他的理论"让人肃然起敬的地方，在于他扬起了平等的大旗，让人们看到平等问题不是一般的重要，而是要将平等的实现作为资本主义制度的至上的美德"[1]。他正是看到了当代资本主义社会表面繁荣之下一种深刻的不平等鸿沟正在扩大，而政治制度却只能依靠福利补贴这种小修小补的方式加以解决，对于个人责任的强调和个人激励机制的建立却是远远不足的。因此，他所希望的政府"平等关切"绝不仅仅是福利意义上的，更是责任和激励意义上的。这一点，似乎可以理解为"积极政府"和"积极自由"应该发挥意义的范畴。

## 第四节　从马克思到罗尔斯

对于19世纪的资本主义自由市场及政治制度而言，马克思和恩格斯运用阶级立场和历史唯物主义哲学史观所论述的平等学说，无疑是具有颠覆性的。在他们看来，平等并不是天生的，而是打着不同经济社会形态烙印的历史范畴，是对一定历史条件下的特定经济关系的反映。正如恩格斯在《反杜林论》中所指出的那样："平等的观念，无论是以资产阶级的形式出现，还是以无产阶级的形式出现，本身都是一种历史的产物，这一观念的形成，需要一定的历史条件，而这种历史条件本身又以长期的以往的历史为前提。所以，这样的平等观念说它是什么都行，就不能说是永恒的真理。"[2]站在历史唯物主义立场上，马克思和恩格斯看到了平等是与生产力发展水平相适应，并反映一定经济结构的价值观念，是一个动态的、历史的概念和范畴。因此他们主张，对于平等这个概念，必须用历史

---

〔1〕 陈德顺：《平等与自由的博弈——西方宪政民主价值冲突研究》，中国社会科学出版社2016年版，第125页。

〔2〕《马克思恩格斯选集》（第3卷），人民出版社1995年版，第147页。

的观点和阶级分析的方法去加以对待，而不能只是从理论原则上抽象地去讨论它。真正的平等，只有到了共产主义社会，彻底消灭了阶级和阶级差别，使全体社会成员在对生产资料的占有上处于完全相同的地位，人自身得到全面自由的发展，实行"各尽所能、按需分配"的原则时，才能实现。

马克思和恩格斯深刻地指出了惟有消灭阶级才能实现人与人的真正平等，也就是说，只有通过政治解放才能实现人类的解放，进而实现人类的平等。在他们看来，经济基础是上层建筑的最主要决定因素，泛泛地谈论以自由为前提的政治平等，如果没有经济基础为前提，是无法实现的。因此，"马克思和恩格斯逐渐从把平等作为自由的附属品转向单独论述平等，从政治领域转向经济学角度来论述平等"[1]。

可以看到，马克思之前的西方平等观之论述，多以基督教神学及自然权利学说即人性和人格上的人之平等为立论依据，诉诸道德层面。马克思主义的思想进路摒弃了上述之"空谈"，它立足于社会现实即站在历史形态上的阶级分析角度看待平等，将以消灭阶级为目标，以经济平等为基础的政治平等作为其宏大社会理想的理论逻辑。

从理论学说到社会实践，马克思主义并非无源之水，其中 16 世纪到 19 世纪的空想社会主义思潮可以视为马克思科学社会主义学说的重要引路者之一。首先，它们都是建立在对资本主义制度深刻的揭露和尖锐的批判基础之上；其次，它们都对未来的社会怀有美好的憧憬和富于创造性的构想；再次，在社会历史观上，它们均以社会"大同"即共产主义社会作为奋斗目标，并积极投身于社会实践。最后，建立在人的充分自由基础之上的实质平等是它们规划未来理想社会的着眼点所在，在它们看来，自由之上的充分平等是未来理想社会的最本质特征。但马克思主义与空想社会主义最根本的不同点在于，空想社会主义希望在资本主义制度体系之内来寻找变革的

---

〔1〕 都玉霞：《平等权的法律保护研究》，山东大学出版社 2011 年版，第 48 页。

力量，它们的理想是改良，其推动力量则建立在人类良知的基础之上。因而它们不能像马克思主义那样，从根本上对资本主义社会制度进行彻底的、充分的否定，或者按照马克思主义学说所分析的那样，空想社会主义没有找到推动社会进步和变革的真正力量源泉——无产阶级——所在。因此，它们的学说及实践只能成为一种"空想"。

但不可否认的是，空想社会主义作为马克思科学社会主义理论学说的重要思想来源，在于它所构建的社会制度模式及其理念在本质上与科学社会主义是一致的，其平等学说第一次摆脱了寄寓于"天国"之理想而落实于人文形态的社会制度层面。依时代背景而言，启蒙运动的人文主义思潮成为空想社会主义的思想渊源，因此其平等观的思想来源在300年间亦经历了从基督教属灵平等学说寻找根据到利用资产阶级的自然权利学说进行论证的嬗变历程。

以名著《乌托邦》而闻名的托马斯·莫尔（Thomas More，1478—1535）是早期空想社会主义的代表性人物和先驱。他所设想的乌托邦本身即为希腊语的"乌有之乡"之意，可见在莫尔那里，乌托邦本身就是寄寓他社会理想的一个"空想"，就如柏拉图的"理想国"那样，代表了人类自身对自由和平等的渴望。乌托邦社会的基础是财产公有制，人们在经济、政治权力方面都是平等的，实行按需分配的原则。公民们没有私有财产，每十年调换一次住房，穿统一的工作服和公民装，在公共餐厅就餐，每人轮流到农村劳动二年，官吏由秘密投票方式选举产生，职位不得世袭。居民每天劳动六小时即能满足社会需要，其余时间从事科学、艺术、智慧游戏活动。乌托邦社会不存在商品货币关系，金银则被用来制造便桶溺器。他们奉行一夫一妻制和宗教自由政策。综上，莫尔的社会理想是以消灭私有制为核心要义，"如不彻底废除私有制，产品不可能公平分配，人类不可能获得幸福"[1]。事实上，自莫尔起，空想社会主义者无

---

〔1〕 ［英］托马斯·莫尔：《乌托邦》，戴镏龄译，商务印书馆1982年版，第44页。

一例外将私有制作为社会不平等的根源，人类实现平等的前提就是私有制的消亡。

略晚于莫尔的空想社会主义者康帕内拉（Tommas Campanella，1568—1639）仿照"乌托邦"设计出他的理想国度——太阳城，私有制在那里依然没有任何立锥之地。康帕内拉的贡献在于，他对私有制的批判开始从感性层面上升到理性层面，他敏锐地看到了："他们的公社制度使大家都成为富人，同时又都是穷人；他们都是富人，因为大家共同占有一切；他们都是穷人，因为每个人都没有任何私有财产。因此，不是他们为一切东西服务，而是一切东西为他们服务。"〔1〕不难看出，康帕内拉最早发现了资本主义私有制的本质之一——"异化"，人在资本奴役之下事实上成了资本的奴隶，这也成为马克思主义资本学说中"异化论"的理论先导。

进入 18 世纪以来，自然权利学说开始成为空想社会主义者平等原则的理论来源，在摩莱里（Morelly，1717—1778）看来，自然界按平等原则把资源给人类作为公共财产，"人类生活始于自然状态，共享大自然的资源，按照自然法则规划生产生活，共同占有，共同劳动，共同享受，人人平等而幸福。符合自然状态的原始社会是人类的'黄金时代'。"〔2〕当然，摩莱里对原始社会的憧憬无疑不是落后的生产力水平，而是所有制形态，因为财产私有是原始社会进入阶级社会的最主要标志，而"私有制是一切罪恶之母"〔3〕。马布利（Gabriel Bonnot de Mably，1709—1785）对此持有相同的观点，他以充满感情的笔调写道："自然界把平等规定为我们祖先的法律，并把自己的意图申明得极为清楚，人们不可能不知道这种意图。事实上，谁能否认我们来自大自然的怀抱时是完全平等的呢？难道自然界不

---

〔1〕［意］康帕内拉：《太阳城》，陈大维、黎思复、黎廷弼译，商务印书馆 1980 年版，第 24 页。

〔2〕吴韵曦：《平等的理想与现实——社会主义五百年平等问题研究》，人民日报出版社 2016 年版，第 16 页。

〔3〕［法］摩莱里：《自然法典》，黄建华、姜亚洲译，商务印书馆 2009 年版，第 167 页。

是给所有的人以同样的器官、同样的需要和同样的理性吗？难道自然界赐予大地的一切财富不是属于所有人的吗？您在什么地方可以找到不平等的基础呢？难道自然界给与每一个人以特殊的世袭领地了吗？难道它在田地划了田界吗？它并没有创造富人和穷人，难道也像它为了确立人对动物的统治而给了我们许多高级的品质一样，给了某些种族以特别的恩赐以使它们处于特权地位吗？它既没有创造伟人，也没有创造小人，它并没有预先规定某一些人是另一些人的主人。"[1]正是这种自然权利观使得马布利看到了阶级社会是不平等的罪恶之源，而阶级社会的标志就是私有制。因此，"私有制是财产和地位不平等的起因，从而也是我们的一切罪恶的基本原因"[2]。

19世纪既是空想社会主义的高潮，同时也预示着它的终结。圣西门（Comte de Saint-Simon，1760—1825）、傅立叶（Francois-Marie-Charles Fourie，1772—1837）、欧文（Robert Owen，1771—1858）三大空想社会主义者虽将空想社会主义理论发展到至臻完善，但同时也暴露出这一理论体系中比较深刻的内在矛盾。这一点在圣西门学说中体现得最为明显。圣西门所设计的未来理想社会制度是一种"实业制度"。在实业制度下，由实业者和学者掌握社会政治、经济、文化各方面的权力；社会的唯一目的应当是尽善尽美地运用科学、艺术和手工业的知识来满足人们的需要，特别是满足人数最多的最贫穷阶级的物质生活和精神生活的需要；人人都要劳动，经济按计划发展，个人收入应同他的才能和贡献成正比。不承认任何特权。在理想社会中，政治学将成为生产的科学，政治将为经济所包容，对人的统治将变成对物的管理和对生产过程的领导。不过，这种理想化的制度模式看似美好，但实际上不可避免地遇到极其深刻的内在矛盾：一方面，圣西门的社会主义理想不容许私有制的存在，但另一方面他也意识到，只有保留私人占有才能吸引富人、商人、银行家加入实业制度，通过利益机制来推动私人资本参与公共设施建设；

---

〔1〕　何怀宏编：《平等》，生活·读书·新知三联书店2017年版，第51~52页。

〔2〕　[法]马布利：《马布利选集》，何清新译，商务印书馆2009年版，第38页。

其次，圣西门意识到了无产者较低的文化水平使得他们缺乏必要的管理能力，所以理应接受具有较高文化水准的有产者统治，但这又与社会主义的平等原则相悖；再次，他主张按照才能和贡献来分配财富，同时收入的决定因素既应包括劳动贡献，也应包括资本投入，但由此导致的不平等分配也形成了他理论中的致命缺陷；最后，圣西门主张民主，但他的民主观事实上是将广大的普通民众排除在了社会统治阶层之外，因为所有的政治权力、精神权力、经济权力依然是由领袖、学者、实业家阶层来掌握。因此圣西门的民主意味着普通民众的政治权力事实上仅仅停留在"选举权"上而已。同时，他将对社会进步的渴望寄托于"天才"型领袖人物的出现所引领的社会改良。因此，圣西门空想社会主义理论体系被后世认为是"不彻底"的，而恰恰因为这个不彻底，事实上表明了当空想社会主义学说的内在逻辑发展到其相对的"最高"阶段时，遭遇到了其学说内部的深刻矛盾，它同时也表明了平等原则自身所无法回避的深刻内部矛盾。

随着19世纪资本主义社会的政治、经济发展形态日渐成熟，逐渐度过了早期资本原始积累阶段的"血腥"历程，同时生产力的快速发展和生产关系的渐趋稳定使得空想社会主义理想得以建构的社会文化基础与早期相比发生了很大的变化。因此，19世纪空想社会主义者的思想建构因其理论基础的"先天不足"[1]，不得不依托在资本主义理论的制度框架内寻找支持，进而导致其"天马行空"般的社会理想不可避免地遭遇到内在逻辑上的困境。这也是空想社会主义的理想及实践在进入到19世纪之后迅速从高峰走向终结的必然下场。

马克思主义在一定意义上是与空想社会主义具有同源性的，它们都将私有制作为制度批判的目标，但马克思主义与空想社会主义分道扬镳，不在于理论目标上的差异，而是实现路径上的分歧。在

---

〔1〕 正如马克思主义者所评价的那样，空想社会主义者没有发现社会进步和变革的真正推动力量——无产阶级。

空想社会主义者群体中，除了巴贝夫（Gracchus Babeuf，1760—1797）主张通过暴力革命彻底改变社会制度以外，其余都寄望于社会制度的改良。同时，他们没有将无产阶级视为社会变革的核心力量。正是在这些方面，空想社会主义与马克思主义最终走向了"殊途"。

从空想社会主义到马克思主义，再到罗尔斯所开创并代表的新自由主义，一以贯之的目标都是平等，尽管其政治诉求及其制度理念不同，但就其共通性而言，这种平等都是以"实质平等"即经济领域的收入和财富平等为基础。由此，它们都不可避免地触及平等这一政治价值的内在矛盾——形式平等与实质平等之内在关系的界定和选择，即优先性问题。或者说，就是自由和平等这两大价值的优先性问题。亦如经济理论中的公平与效率之优选问题那样，它越来越深刻地触及平等原则最深处的内在悖论。平等问题的时代发展需要新的诠释。

启蒙以来，早期西方政治哲学及其实践是建立在对欧洲封建等级制度的批判基础之上的，它通过诉诸基督教神学的人性平等及自然权利学说的人格平等，指向的是每一个人被公平地平等对待之权利，因此偏重于政治意义上的自由权。进入当代以来，经济领域的不平等问题之凸显使得西方政治哲学及其实践的关注点实现了从自由到平等之范式的转换。通常说来，它也意味着从自由权意义上的形式平等到经济领域的实质平等之范式的转换。所谓形式平等，其实践基础可以用程序正义（程序公正）的观念来理解，也就是说，公正的程序可以保证社会公平地对待每一个人，而至于每一个具体的行为其结果是否正义，受制于各种观念、认识、价值及标准的不同，可能会有不同的判断甚至冲突、矛盾，但是人们不会说受到了不公平的对待，这在司法实践中表现得最为突出。程序公正所指向的正是"平等对待"的权利，因此，在政治实践中，人们对平等的关注首先也在于是否受到了"平等对待"即形式上的平等。在这个意义上，西方立宪民主制度得以建立并所依据的平等理念盖出于此。

"程序公正、平等对待、权利平等诸观念使得形式平等的理念成为人们关于平等价值的普遍信念。特别是在新自由主义之前，形式平等是人们对平等理念的深刻体认。"[1]

但是，西方立宪民主制下形式平等日益显露出的弊端，一方面是由于自由市场条件下社会分配不公所导致的经济领域实质不平等不断加深；另一方面则在于形式平等所内在的不自足开始暴露，最典型的就是平等的投票权问题。民主意味着平等的投票权，在权利意义上，平等的投票权名义上解决了权利的平等，但在最核心的权力意义上，平等的投票权显然只满足了横向维度上的表面平等。[2]但是在纵向维度上，"权力平等意味着公民和实际掌握权力的政府官员拥有平等的权力"[3]，这显然是无法实现的。同时，表面上平等的投票权背后所代表的政治影响力依然是不平等的，有钱及有社会影响力（如财阀、名人）的人，完全可以通过合法的途径如游说组织、媒体、捐款等手段影响选举乃至政治决策。在这个意义上，平等投票权的背后依然是不平等。

显然，实质平等如果指向政治平等即政治权力的平等，西方立宪民主制即便在理论意义上几乎也是无法实现的，何况实践？原因很简单，"无论从哪方面说，权力都不是一个平等分配的善，尽管它被视为基本善之一种"[4]。就此我们不难看到，权力的属性本就属于不可能被平等分配的东西，既然如此，那么政治平等显然惟一能够指向的仅仅是权利之平等，也就是形式平等。也正是在这个意义上，西方古典自由主义所倡导的立宪民主惟一所解决的政治平等只

---

〔1〕 王力：《平等的范式》，科学出版社 2009 年版，第 161 页。

〔2〕 所谓横向维度平等，是指不同的公民或公民团体拥有平等的权利。但是，这种横向比较是没有意义的，它对民主的要求显然太低。因为，即使是在集权主义独裁制度中，公民也有平等的政治权力，也就是说谁都没有政治权力。所以，横向的权力平等难以提供任何我们认为真正民主的东西。参见 [美] 罗纳德·德沃金：《至上的美德：平等的理论与实践》，冯克利译，江苏人民出版社 2007 年版，第 214 页。

〔3〕 王力：《平等的范式》，科学出版社 2009 年版，第 163 页。

〔4〕 王力：《平等的范式》，科学出版社 2009 年版，第 164 页。

能是"投票权"之平等。

但对于那些具有深切人文关怀的西方思想家而言——例如罗尔斯，如果立宪民主政体既不能解决政治权力的实质平等问题，又不能解决经济分配领域的实质平等问题，其制度优越性便是值得怀疑的。因此，当新自由主义者高举平等主义的大旗进而试图超越古典自由主义之局限的时候，经济领域的财富和收入平等便成为他们惟一可以耕耘的领域。即便在新自由主义的内部例如诺齐克那里，并不承认实质平等可以拓展到经济领域，但就整体而言，新自由主义者为平等特别是经济领域的实质平等所做的理论建树及其道德辩护是有特殊价值的。无论是资本主义还是社会主义，在道德视域内，都承认经济平等是值得追求的人类基本价值，并在制度实践中为此进行着努力。

从空想社会主义到马克思主义再到罗尔斯为代表的新自由主义，即便他们分别站在不同的制度立场上立论，但他们对社会正义的理解和诉求是具有共通性的，即为社会弱势群体利益进行了有力的辩护。"在当代哲学家中，明确为社会弱势群体辩护的只有马克思和罗尔斯。马克思之所以在今天还为人们所尊敬和怀念，原因就在于马克思为社会弱势群体辩护所体现出来的人道主义思想和高尚的道德情怀深深地打动了人们。同样，被马克思批评为意识形态的自由主义，其当代的理论代表罗尔斯也是站在这一立场说话，这尤为可贵。"[1]

---

〔1〕　王力：《平等的范式》，科学出版社2009年版，第197~198页。

# 第二章

# 上帝之下

中华文明最早接触"平等"这一概念始于西来之佛教，"众生平等"大致是中华文明关于平等观念的最早体悟。而在中华本土的儒家思想体系中，"齐"的概念应该是最为接近平等意涵的本土词汇，不过，作为一个历史范畴，"儒家根本否认社会是整齐平一的。认为人有智愚贤不肖之分，社会应该有分工，应该有贵贱上下的分野……一切享受（欲望的满足）与社会地位成正比例也是天经地义。"[1]典型的如"三纲"所表示的君臣、父子、夫妻之间的关系等，其等级观反映出古代中国社会关于平等思想的基本叙事。在以儒家伦理为主流价值的中国古代社会中，儒家所追求的不是社会之"齐"（平等），而是"维齐非齐"，即"如何在一个贵贱分殊的等级社会去追求和实现和谐的理想。它既包含了对等级制度的辩护，又包含了对它的限制。"[2]

佛教传入中国后，平等之观念开始传播，"众生平等"在佛教意义上原本是针对印度极端不平等的种姓制度而出现的，它认同的"佛法平等"所指向的原本是在痛苦面前人人平等（佛教的根本教义"四谛说"将世界解释为一个痛苦和解脱痛苦的过程）。但传入中国后，在其本土化的过程中，大乘佛教则提出

---

〔1〕 瞿同祖：《中国法律与中国社会》，中华书局2003年版，第292页。
〔2〕 高瑞泉：《平等观念史论略》，上海人民出版社2011年版，第31页。

了"一切众生皆可成佛"的理论，其佛法平等则指向人人皆有佛性之平等。在后世看来，"佛性平等"与儒家的性善论、"成圣"说和道家的"得道"说都包含了某种"平等"的形而上学，它们共同构成了中国古代平等学说的思想基础。

基督教传入中国后，特别是耶稣会传教士所带来的平等观开始从抽象的形而上学意义深入到社会制度中的权利思想层面。体现在：①每个人的幸福和痛苦都有着同样的道德重要性；②即使是最没有天赋、成就最少的人都是值得尊敬的；③在道德的重要性方面，人类是平等的。事实上，基督教的平等观率先将上帝作为一个绝对的"他在"和衡量的尺度，即"上帝面前人人平等"，它不仅指向宗教生活中形而上学意义上的"灵性"平等，也同时指向世俗生活中基于自由身份的平等。因为基督教第一次从人与神（上帝）的关系中来认识人，大家在上帝面前都具有平等的人格，"这就使平等从古代社会的个体性和特殊性，转变成为一种具有普世意义的平等观念"[1]。

也可以说，自基督教传入中国始[2]，国人对平等的观念性认识伴随着德先生和赛先生开始传播，平等不再是某种精神性的安慰和宗教性的慰藉，而开始转向制度性的认知，转向谋划和改变社会制度和生活的政治规范方面。

## 第一节　依你的形象而造

起初，神创造天地。

这是基督教圣经的开篇之句。

神说："要有光"，就有了光。

---

〔1〕　粟丹：《立法平等问题研究》，知识产权出版社 2010 年版，第 26 页。
〔2〕　一般认为，基督教在中国的传播，先后经历了四次传教史，最早可追溯到唐朝的"景教"。这里所指的，是鸦片战争前后的第四次大规模传教。

神说："诸水之间要有空气，将水分为上下。"神就造出了空气。

神说："天下的水要聚在一处，使旱地露出来。"事就这样成了。

……

天地万物都造齐了。到第七日，神造物的工已经完毕，就在第七日歇了他一切的工，安息了。

以上来自于《圣经·创世记》的记载，记述的是上帝创世的过程。

除犹太教、基督教、伊斯兰教这世界三大一神教外，世界其他各大宗教都没有关于创世和人类的起源之说。只是在一些民族性的远古传说中，流传着关于创世和人类起源的神话故事，例如中华民族的盘古开天地和女娲造人。但它们多停留在神话层面，没有形成完整性的宗教学说体系。

神话与宗教相比，对世界和人的解释尽管看起来都像一个故事，但其中最大的不同，在于神话仅仅停留在故事性上，它可以带给人以美好的想象，但无法带给人以深刻的思考，或者说，它是一种相对浅层次的对生命的感悟。"当人们开始创作神话和崇拜神祇时，他们并非寻求一种对自然现象的正确解释……乃是为了表达他们的惊奇，以及尝试将此无所不在的神秘与他们自己的生命联系起来。"[1]因此，它无法将对外在世界的解释反躬回人的自身，也就是说，它无法为人的存在提供一个意义性的范畴。而这，需要宗教来回答。

除基督教外的其他世界性宗教也在试图回答这样一个终极问题，它们思考人也思考人性，但他们将人之外的物质世界与人的关系看成是对立的、割裂的，或者说，人与世界之关系不是一个整体性的问题，人是人，世界是世界。因此它们所追求的人的超越，建立在

---

〔1〕［英］凯伦·阿姆斯特朗：《神的历史》，蔡昌雄译，海南出版社 2013 年版，第 11 页。

一种对物质世界的脱离和超越基础之上。物质世界在其宗教体系中，既属于外在性问题，更属于排斥性的。或者说，物质与精神是对立的。

基督教同样也讲超越，并且也讲对物质世界（包括人的肉身）的超越，但这种超越并没有将物质世界看成是外在性的，因为在基督教看来，人与物质世界既为同一个造物主亲手所造，且"神看着一切所造的都甚好"[1]，那么它与人就具有了同一性。造物主既然"道成肉身"，那么肉身也好，物质世界也好，就具有特殊的价值。[2] 在这个意义上，物质世界与人类自身的关系，在基督教那里是作为一个整体来看待的。不妨说，基督教将对物质世界的认识看成是对神的认识的一个方面，因此，它所追求的超越，并非对物质世界排斥性的超越，而是合一性的超越。在后人看来，这也是基督教最终孕育出科学精神的内在本源之一。

创世论是基督教的核心教义之一，"因此《圣经》的首卷《创世记》便是叙述人类生长于斯的天地的起源，而末卷《启示录》则是揭示天地的结局。他们相信所有的存在皆有始终，并视其原因为创造主的旨意。"[3] 与创世论相对立的为近代科学所推崇的进化论，这里我们没必要辩其短长，但在基督教看来，进化论与创世论之不同，在于"进化论没有一定的方向或目的，无数的生命体未经构想或设计而进化为奇妙的形态，并且无从知道进化将继续到何时为止；对于人作为许多进化体中的一个，何以具备其他生命体无可比拟的超群素质，也不能提供充分的解释"[4]。

事实上，创世论中上帝的最重要创造物并非物质世界，而是受托于上帝来管理这个世界的灵性生命体——人。在创世的第六日，

---

〔1〕《圣经·创世记》1：31。（除非特别标注，本书中所引《圣经》原文，都出自"和合本"《圣经》）

〔2〕 神就赐福给他们，又对他们说："要生养众多，遍满地面，治理这地；也要管理海里的鱼、空中的鸟，和地上各样行动的活物。"《圣经·创世记》1：28。

〔3〕 [韩] 李钟声：《基督教神学》，[韩] 李宽淑译，商务印书馆2002年版，第1页。

〔4〕 [韩] 李钟声：《基督教神学》，[韩] 李宽淑译，商务印书馆2002年版，第10页。

神说："我们要照着我们的形象，按着我们的样式造人，使他们管理海中的鱼、空中的鸟、地上的牲畜和全地，并地上所爬的一切昆虫……神就照自己的形象造人，乃是照着他的形象造男造女。"[1]人在上帝那里既是最后一日所造，又是"照着他的形象所造"，进而显示出人与其他上帝所造物之最本质的不同。它引申出基督教所表达的一种强烈的观念——上帝贵人。

上帝以人为贵首先是来自于上帝据己造人，这是基督教对人的最重要之肯定。"在圣经的描述和阐释中，它无意中对人做出了高于其他生物的解释，并且被解释为上帝对人的特殊恩宠。"[2]同时，人之重要，不仅在于他分有了上帝的形象（形似），更在于他分有了上帝的"灵"（神似）。对此，圣经是如此记述的：耶和华神用地上的尘土造人，将生气吹在他鼻孔里，他就成了有灵的活人，名叫亚当。[3]可见，上帝所吹的这口"生气"赋予了人以"灵"，这个"灵"恰恰是人区别于其他生物最重要的生命特征。因为在圣经的阐述中，"灵"就是上帝的本质[4]，上帝将"灵"注入人之中，人就成为具有与上帝同等品质的特殊生物。可见，人与上帝的关系，无论是在外在形象上还是内在品质上，都获得了相对于其他生物的"高贵性"和"神性"，因此它也能够解释上帝对人类的特殊关爱，即最终的"拯救"和"永生的期许"。

对于人来说，以上帝为坐标，圣经创世说为人类的平等观提供了最初同时也是最根本的解答。"平等观大概是犹太宗教对西方文化独一无二的贡献。我们从柏拉图、亚里士多德甚至从希腊文化时期那里了解到的希腊伦理中，并没有普遍的人人平等的观念。平等的思想在犹太人的圣经中表现为所有人都是以上帝的样子被创造的这

---

〔1〕《圣经·创世记》1：26、27。

〔2〕 舒也：《圣经的文化阐释》，江苏人民出版社2011年版，第37页。

〔3〕《圣经·创世记》2：7。

〔4〕 起初，神创造天地。地是空虚混沌，渊面黑暗；神的灵运行在水面上。《圣经·创世记》1：1和《约翰福音》4：24表达得更为直接——神是个灵。

种思想。"[1]推而言之，"从犹太教而来的平等观念，提供了如下的原则：由于我们都是上帝的孩子，都具有相同的人性—神性的本质，因此，不管人们的天赋、成就和社会贡献如何的不同，就个人应该受到尊重而言，是人人平等的。更进一步，每个人的幸福或痛苦有着同样的道德重要性。"[2]

但这样的认识依旧是观念性、超验性的，其坐标是上帝或者说是上帝的意志。但它提供的内涵所表达的意义在于，"人与人的平等不是建立在人的权柄之上，而是建立在神的权柄之上，每个人在上帝面前都是平等的。人只有在上帝面前是平等的，才能够在人面前也是平等的。"[3]它意味着，人世间的平等单凭人自身是无法实现的。因为，人如果具象为单个的、具体的、社会化的人，其所体现的差别永远无法消弭，诸如男女、体力、智力、性格、品行等等，诸如此类，在任何一个社会中，这样的差别必永远存在。由此导致的差距体现在社会诸要素中，所谓的平等几乎是无法实现的。就平等之意涵而言，平等必有一个标准（无论如何定义这样的标准，只要它是现实社会中的标准），这个标准就不可能满足所有人平等之要求。因此，平等在一定意义上只能通过还原为抽象意义上的人才有可能实现，也就是说，只有还原为人的最本质意义，人——仅仅因为他是人——才可能实现。就像恩格斯所说的那样："一切人，作为人来说，都有某些共同点，在这些共同点所涉及的范围内，他们是平等的。"[4]

但是这样的说法有多少现实意义呢？在其他宗教或哲学看来，这样的抽象平等同样也是存在的，例如成佛、成圣、得道之平等，它同样可以带给人以宗教性的慰藉，"因为无论成圣，还是成佛、得

〔1〕　[美] 希拉里·普特南：《实在论的多副面孔》，冯艳译，中国人民大学出版社2005年版，第38页。

〔2〕　高瑞泉：《平等观念史论略》，上海人民出版社2011年版，第27页。

〔3〕　粟丹：《立法平等问题研究》，知识产权出版社2010年版，第25页。

〔4〕　《马克思恩格斯选集》（第3卷），人民出版社1995年版，第444页。

道，都是追求绝对的存在，因此是泯除一切差别的超越的境界。"〔1〕
不过这种慰藉所满足的基本上是宗教生活中和精神生活中的平等性。
以佛教来说，其最终关心的是人的"解脱"即对痛苦的解脱，它是
以默认现实为基础的。同样，儒家的"人皆能成尧舜"、道家的
"以道观之、物无贵贱"与佛教的"佛性平等"在意义上几乎相似
且价值同构。"它们都属于高调的平等论，在讨论终极的意义上人如
何是相同的时候，他们是以默认社会的不平等为前提的。"〔2〕因此在
历史上，佛、道、儒的平等观要么自足为一种精神性的慰藉，要么
以"轮回"（佛教）的观念来解释今世之苦难，抑或用"命数"（道
家）来回应世间之不平。对于入世的儒家来说，更是以肯定社会的
贵贱上下之不平（齐）为前提来求平，其"平"所指向的不是平等
而是不平等中的"和谐"，它只是在不平等的秩序中为不平等找寻辩
护。"显而易见的历史事实是，儒释道的成圣、成佛和得道理想，在
古代的历史条件下，没有转变为改变不平等的社会制度的精神动力，
更没有转化为平等社会的设计原则。"〔3〕

　　基督教的原始平等观在神学意义上同样是属灵的，因此在属灵
平等意义上，基督教与其他宗教或哲学并无本质区别。不过基督教
的平等观显然不满足于此，它更愿意将这种平等观转化为现实意义
中的平等性价值并体现为个人权利范畴，并将平等的神学根据理解
为上帝统治人间社会的一种秩序性要求。因此在历史上，基督教对
王权、皇权的反抗乃至信徒对教权的反抗，无不是其信仰文化所形
塑的平等权利观在社会生活中的展现。它更愿意承认个人的平等、
人性的平等、人格的平等，之所以我们常说西方文化是个人主义的，
在一定意义上，个人主义事实上就是一种平等主义。

　　上帝作为人之平等的惟一尺度，首先是以上帝的惟一权威为前
提。多神教中的"神"往往是自然现象的化身，这样的"神"通常

〔1〕　高瑞泉：《平等观念史论略》，上海人民出版社2011年版，第114页。

〔2〕　高瑞泉：《平等观念史论略》，上海人民出版社2011年版，第114页。

〔3〕　高瑞泉：《平等观念史论略》，上海人民出版社2011年版，第114页。

只能以感性加以认知。同时，在早期人类的哲学思考中，对未知世界的敬畏与崇拜也可以幻化为一种对"最高存在"的景仰，它依托于人的理性能力。只不过，理性思考出的"哲学神"与感性体悟出的"自然神"很难求得同一性意义，它们是分离的存在。而作为一神教，其最重要特征即基督教上帝是作为一位"位格神"[1]存在的。它意味着，位格化的基督教上帝观不仅是独一的，而且是感性认识和理性认知合一的化身。只有在这个意义上，上帝才是既可崇拜并可理解的，同时上帝作为人平等的标尺才具有权威性。

如果单就神的概念来说，是许多宗教或早期哲学都承认的。在古代文明中，一个普遍的特征就是神的崇拜，但是"古代哲学与宗教的区别不在是否相信神的存在，而在于两者赋予神不同的意义，具有不同的关于神的观念"[2]。古希腊哲学关于神的观念来自于神话中的奥林匹斯诸神，他们具有凡人般的形象、意志、感情和欲望，但拥有人类缺乏的超自然力和永恒的生命。希腊哲学家们在试图摆脱这种感性的、人格化的"神话神"基础上，将他们对神的理解上升为非人格化的、理性的神。"希腊哲学家普遍相信的一个前提是，自然和人的存在与本质需要用一个最高的超越原则来解释，这个超越原则具有最高的完满性，包括存在的完满性。但它的存在是不可感知的，只能用理智去理解它、说明它。'神'就是这个最高原则的代名词，就其内涵而言，神必然是非人格的。"[3]可见，古希腊哲学思辨所构思出的神尽管具备了神的性质应当具有的品质：至高、完满、神秘等等品行，但"这一观念却往往不得不借助想象、比喻、类比等感性方式表达出来"[4]。它形成了古希腊哲学——神学体系中的一个根本缺陷。

---

〔1〕　位格是基督教的概念，是指一个智慧生命的存在显现，可以被称之为"生命中心"。人只具有一个位格，即人格；而上帝具有三个位格，即圣父、圣子、圣灵。
〔2〕　赵敦华：《基督教哲学 1500 年》，人民出版社 2007 年版，第 41 页。
〔3〕　赵敦华：《基督教哲学 1500 年》，人民出版社 2007 年版，第 42~43 页。
〔4〕　赵敦华：《基督教哲学 1500 年》，人民出版社 2007 年版，第 43 页。

基督教神学汲取了古希腊哲学中的理性特质，以感性的犹太宗教与理性的希腊哲学之结合，并以位格神（三位一体）的表达方式展示出至高神的可崇拜性。为什么这么说？因为对于有限的人来说，以有限理解无限（即"神"）是人仅凭自身所无法实现的，人不能崇拜他无法感知的东西。因此，仅仅以感性来认识神，会流于对自然力量的人格化崇拜（例如早期的自然宗教）；仅仅以理性认识神，又会流于哲学思辨而丧失神的感性特征。正是因此，基督教以启示作为神向人展示自身的感性体悟，并以理性作为人思考上帝的深刻洞察。这是基督教区别于其他宗教、并以其独有的基督教神学所展现出的关于神的直观感悟。

　　作为启示性宗教，尽管基督教也始终面临着上帝的神性与人性、超越性与可知性的关系问题，但就其整体而言，基督教的上帝观带给人的既有感性直观也有理性思辨，这是对人类信仰能力的一种超越。上帝在人类信仰中不仅是活生生的，而且是可知、可思，值得托付、崇拜与景仰的。人在上帝面前不仅看到了自身所来（被其所造），而且看到了自身所去（拯救或灭亡）。同时在上帝面前，人从上帝的伟大之中看到了自己的渺小和有限，而且恰恰因为这种渺小和有限，人类获得了"平等性"。

　　以上帝为坐标和尺度，人因其渺小而获得了"平等性"。它意味着，由于上帝是完美的化身，因此人身上的任何差别（不完美）在上帝眼中都是微不足道的，人类道德意义上的"圣人"与罪大恶极之徒之别不是上帝评判人类的惟一标尺甚至不是主要标尺（尽管这并不代表上帝会容忍世间的人之"恶"）。从人的共通性来看，在上帝的眼中，人只有在"被造""原罪""自由"的意义上才能体现出平等性。它体现的是上帝的"神权"和神的标准而不是人自己的"人权"和人的标准。特别是在"罪"（原罪）的意义上，人之平等在上帝眼中是"罪无差等"的，相比原罪而言，人世间的"本罪"[1]并

---

〔1〕　基督教认为，人有两种罪——原罪与本罪，原罪是始祖犯罪所遗留的罪性与恶根；本罪是各人今生所犯的罪。

不能构成人类的本质差别。人在原罪上的"平等"与被造之"平等"一样，才是人类之间的本质"平等"。

对此，加尔文（John Calvin，1509—1564）说得十分透彻："人绝不能真实地认识自己，除非他已经默想神的形象，默想后谦卑下来省察自己。因为我们总是觉得自己正义、正直、聪明、圣洁（我们天生就是这样骄傲），除非证据确凿，我们才会承认自己是不公义的、邪恶的、愚拙的、污秽的。不过，如果我们仅看见自己，不看见神这个唯一的标准，我们也不会承认；正是神这个标准的存在，我们才会产生这种服罪自悔……我们里面的道德品质，即使最完美，一旦面对神的圣洁纯全，真是相形见绌。"〔1〕

只有在神之下，而且是惟一真神之下，人之平等才能获得终极的真理性意义。这是基督教所带来的文化观念。

## 第二节　从选民到众生

犹太民族是一个特别的民族，不仅因为他们在历史上经历了极为深重的苦难，更是因为他们创造了无数的奇迹。

在今人的目光中，犹太人只是一个十分善于经商的民族，同时，在其有限的人口中，所产生的世界级思想家、科学家、政治家群体与其人口比例是极为不相称的。更为重要的是，犹太民族生存到今天，本身就是一个奇迹，因为"根据一切自然规律和历史规律，犹太人应该早就在贫困和迫害中消失了"〔2〕，"犹太民族经过那么多世纪，能继续生存下去，是理性上无法解释的"〔3〕。犹太人的生存之谜，无论是在他们自身看来，还是任何其他外人看来，不是因为任

---

〔1〕［瑞士］加尔文：《基督教要义》，转引自何光沪编：《信仰》，生活·读书·新知三联书店 2017 年版，第 83 页。

〔2〕［美］伯纳德·J. 巴姆伯格：《犹太文明史话》，肖宪译，商务印书馆 2013 年版，第 324 页。

〔3〕［美］休斯顿·史密斯：《人的宗教》，刘安云译，海南出版社 2013 年版，第 293 页。

何其他，只是因为他们的——信仰和宗教。

犹太人生存的历史可以追溯到约四千年前，早期他们被称为希伯来人，是闪米特人的一支，属于人口数量很少的游牧民族。即使在他们游牧的阿拉伯沙漠上游区域乃至最后定居的土地上，他们都是极为不显眼的，强大的势力根本不会注意到他们。当他们最终在迦南地定居下来，那块在圣经上被描述为"流奶与蜜之地"事实上依然是一片荒芜之地，除了在帝国之间的战争中因地理位置重要以及成为主要的商道而被不断争夺以外，这块地方没有任何自然资源上的优越条件。

犹太人就是在这样一种历史环境下开启了他们的文明之旅的，"如果犹太人的成就的关键不是在于他们的古老，也不是在他们的土地和历史的分量，那么是在哪里呢？这乃是历史中最大的迷惑：……把犹太人从微贱抬高到永久性宗教上的伟大，乃是因为他们追求意义的热情。"〔1〕而究竟是什么样的力量能够让犹太人在历史岁月的大部分时间里，历经流散、迁徙、漂泊，作为一个寄人篱下的弱者，不断受到其他民族的歧视和迫害甚至屠杀，却能一直顽强地维持它的生存，保持着它的传统和文化，固守着它的宗教信仰？综观人类五千年的文明历史，恐怕是无出其右的。"能在漫长岁月里连续不断地保持着自己独特的文化、宗教、传统和习俗，能为人类文明不断做出贡献，并且至今仍能够发挥作用、产生影响的民族，在今天的世界上实在是寥若晨星了。而犹太人就是这么屈指可数的几个古老民族之一。"〔2〕

选民意识是犹太民族最为独特的价值观，这是他们界定与上帝关系的最核心观念。所谓选民，也就是被耶和华上帝特别拣选的民族之意。在《圣经·旧约》关于以色列民族的历史记叙中，上帝曾通过与亚伯拉罕、摩西与大卫的三次最重要立约，表达了对以色列

---

〔1〕 ［美］休斯顿·史密斯：《人的宗教》，刘安云译，海南出版社2013年版，第256页。

〔2〕 肖宪：《以色列史话》，中国书籍出版社2016年版，第1页。

民族的拣选。它构成了以色列民族宗教意识的核心价值。

　　关于亚伯拉罕之约，圣经是这样记载的：亚伯兰 99 岁的时候，耶和华向他显现，对他说："我是全能的神，你当在我面前作完全人，我就与你立约，使你的后裔极其繁多。"亚伯兰俯伏在地，神又对他说："我与你立约，你要作多国的父。从此以后，你的名不再叫亚伯兰，要叫亚伯拉罕，因为我已立你作多国的父。我必使你的后裔极其繁多，国度从你而立，君王从你而出。我要与你并你世世代代的后裔坚立我的约，作永远的约，是要作你和你后裔的神。我要将你现在寄居的地，就是迦南全地，赐给你和你的后裔，永远为业。我也必作他们的神。"[1]在亚伯拉罕之约中，上帝以繁多的后裔和应许之地作为对亚伯拉罕及其后裔"守约"的"奖赏"，并以"割礼"作为立约的标记。

　　如果说亚伯拉罕之约是上帝与以色列人立约的开始，那么在摩西之约即西奈山之约中，上帝最终完成了对犹太民族的立约，即拣选。"'我向埃及人所行的事，你们都看见了；且看见我如鹰将你们背在翅膀上，带来归我。如今你们若实在听从我的话，遵守我的约，就要在万民中作属我的子民；因为全地都是我的，你们要归我作祭司的国度，为圣洁的国民。'这些话你要告诉以色列人。"[2]从圣经的记载中我们可以看到，亚伯拉罕作为犹太人的第一个祖先，其后到以撒和雅各两位始祖，其间经历了四五代人，及至摩西时代，以色列作为一个完全意义上的民族才最终形成。因此也可以说，上帝对以色列人的拣选是对一个民族的拣选。因为在圣经历史中，亚伯拉罕不仅是以色列人的祖先，同时还是阿拉伯人的祖先。上帝通过与摩西以及通过摩西与以色列人所立的约，表达了对以色列民族的拣选，立约的内容集中体现在"十诫"以及相关的律法上，犹太人称之为《托拉》即"摩西五经"[3]。摩西之约明确表达了以色列人

―――――――――

〔1〕《圣经·旧约·创世记》17：1~8。

〔2〕《圣经·旧约·出埃及记》19：4~6。

〔3〕即《圣经·旧约》前五部：创世记、出埃及记、利未记、民数记、申命记。

要在"万民"之中作专属于上帝的"子民",并要作祂"祭司的国度",而且上帝为以色列人定下了"律法"作为与他们立约的"条件"。

及至大卫王时代,上帝又再次重申了对以色列民族的拣选及其王国命运的预示,"我从羊圈将你召来……立你作我民以色列的君。你无论往哪里去,我常与你同在,剪除你的一切仇敌……我必使你安靖,不被一切仇敌扰乱。并且我耶和华应许你,必为你建立家室。你寿数满足,与你列祖同睡的时候,我必使你的后裔接续你的位,我也必坚定他的国……他若犯了罪,我必用人的杖责打他,用人的鞭责罚他。但我的慈爱仍不离开他……你的家和你的国,必在我面前永远坚立。你的国位也必坚定,直到永远。"[1] 大卫之约再次表明,耶和华上帝对以色列民族的拣选,既承诺了对其国永续的保证,又警告了他们悖逆结果的惩罚。

上述三次重要立约,上帝是以以色列民族的保护神身份出现的,祂承诺了以色列人的人口和疆土,承诺了其王国永续,也体现了上帝对其民族的保护和祝福,条件则是以色列人必须遵守祂所定下的"诫命",否则将会有责罚出现,但即便如此,上帝也应许不会让他们消亡,而且最终必大大地兴旺。

如果仅仅看到这里,那么上帝无非只是一个小民族的保护神而已。在古代,每一个民族基本都相信有本民族的"保护神"存在,自己民族的生存和兴旺与否,取决于自己民族的保护神是否"强大",是否能在与其他民族保护神之间的征战中"获胜"。事实上,早期的以色列人似乎也是这样理解的,他们并不排除其他神的存在,耶和华只是众神之一,其不同之处只在于耶和华是以色列民族的神,是他们的"战斗神""保护神"。他们同时也相信耶和华之外还有许多具有神力的神灵,其中最典型的就是"巴力神"。它作为主管丰收、雨和风暴的神,为日常生计而言,以色列也常常不得不为此向

---

〔1〕《圣经·旧约·撒母耳记下》7:8~16。

巴力献上祭品。多神的观念在古代是十分普遍的，例如希腊诸神基本上就是各管一摊的"职能神"，古代的人们并不觉得崇拜多神有什么问题，希望得到什么样的保护和祝福，就依照神的"分工"去敬拜是属于很自然的事情。

从多神论走向一神论，是犹太民族对世界信仰文明及宗教思想的最大贡献之一。虽然说历史上的以色列人因屡屡敬拜他神而受到耶和华上帝的惩罚，但随着犹太教的形成，一神论成为犹太教最核心的教义。"十诫"中的第一条诫命即是："除了我以外，你不可有别的神。"[1] 一神论与多神论之别，不仅仅是表明神的惟一性，更本质的意义在于神的至高性、创造性和本源性。因为只有具备惟一性，它才可能成为世界的创造者和世界的本源，才可能是包含"一切"的神。

从多神论到一神论，从民族保护神到民族拣选观，犹太教的核心教义逐渐形成。耶和华上帝成为"全地"的"惟一真神"，以色列民族则成为上帝的"使者"，他们的使命就是让上帝之道遍满全地。上帝对以色列民族的拣选意味着以色列人成为上帝的"使者"，他们坚定地相信，"以色列人在上帝关于宇宙的安排中有着特殊的位置，以色列人既是他的见证人也是他的仆从。对上帝之道的认识，将通过以色列人带给其他的民族。因此，以色列人的生活必须符合这一崇高的使命，他们必须用言行来证明与上帝的一致和正道，他们必须坚定地忍受为完成这一使命所遭受的不可避免的苦难。"[2] 而这，就是以色列民族独特的"选民观"。

一般看来，以色列人的选民意识是一种"特权"意识，但是对以色列人来说，这种"特权"并不是能够获得更多"好处"的特权，反而是要经受更多苦难的"特权"，"犹太人并不认为他们自己被挑选出来是为了特权。他们是被选出来服务的，并且要去承受那服务所带来的考验……由于他们被选，神对他们所要求的德行远比

---

[1]《圣经·旧约·出埃及记》20：3。

[2] ［美］伯纳德·J. 巴姆伯格：《犹太文明史话》，商务印书馆 2013 年版，第 44 页。

对他们的同侪更为严格"[1]。在《以赛亚书》中，被视为最伟大先知之一的以赛亚第二[2]最早提出了这一"代人受难"的教义，"意思是犹太人被选来承受苦难，才使苦难不至于更广泛地波及其他人民"[3]。不得不说，这样一种独特的选民意识、苦难意识是历史上以色列民族能够承受那样多深重苦难而依然保持顽强民族性的强大精神源泉。

除了被特别拣选的认知以外，以色列人并不认为自己民族有任何特别之处。"按照犹太人的传说，当神拿土造亚当时，他从世界各地收集各种颜色的泥土，以确保人类的普遍性和基本的同质性。因此犹太人经验的特殊性，必然出自神选中他们。一个起初似乎是自大的概念，却变成犹太人对他们出身和幸存的事实，所能给与的最谦卑的阐释。"[4]从圣经的历史记载中，绝大部分时间里，以色列人的确没有任何出奇之处，即便他们知道被拣选的命运以及上帝的诫命，我们也没有看到以色列人所表现出的对上帝的顺服，反而是反复地、不断地悖逆，因而遭到上帝一次又一次的严厉惩罚，甚至民族的覆亡。正是因此，在一次次痛苦的反思中，直至巴比伦时代，所出现的数位伟大先知对以色列民族命运的深刻思考，才在很大意义上最终完成了以色列人对待苦难命运的理解并使犹太教教义最终形成。以色列人对自身民族苦难的认识才获得了最深刻的意义主题。

作为一个整体民族国家的以色列，历史上存在的时间事实上只有扫罗王到所罗门时代，仅仅持续了约 100 年，即便其分裂为北以色列和南犹大两个王国，也仅仅维持了不到 400 年（到公元前 586

---

[1] ［美］休斯顿·史密斯：《人的宗教》，刘安云译，海南出版社 2013 年版，第 292 页。

[2] 经考证，《圣经·以赛亚书》中附录的预言部分并非先知以赛亚所写，其作者至今已无法考证，因此，通常就以"以赛亚第二"称之。

[3] ［美］休斯顿·史密斯：《人的宗教》，刘安云译，海南出版社 2013 年版，第 292 页。

[4] ［美］休斯顿·史密斯：《人的宗教》，刘安云译，海南出版社 2013 年版，第 293 页。

年南犹大亡国）。其间和其后，以色列民族经历两次大流放，第一次流放即亚述帝国对北以色列国十个支派的流放，最终被同化则成为这十个支派的命运，从而导致历史上"十个遗失的以色列部落之谜"[1]，以色列的北方王国就此从历史上彻底消失。而在第二次流放即巴比伦帝国对以色列南方王国犹大国的民族流放中，这一人数少得多的两个支派却最终生存了下来。在他们看来，导致他们最终没有走上被同化命运的最根本原因，不是因为别的，而是他们在那个时刻才真正意识到了自己独特的被拣选命运所担负的责任所在，也可以说，以色列的宗教——犹太教的真正形成是在巴比伦时期，他们意识到了自己的与众不同，意识到了自己的民族作为一个整体必须保持独特性、纯洁性。因此他们自愿自我"隔离"，避免被周边强大的多神教同化。换句话说，他们意识到了耶和华上帝已不再仅仅是以色列人的上帝，而是全世界人的上帝，"尽管上帝是全世界的上帝，但只有以色列人承认他，因此只有把信仰他的民族保存下来，并最终恢复他们的重要性，他的名字才能获得全世界的承认"[2]。

　　耶和华上帝作为普世的神这一观念大致也是在犹大王国末期到巴比伦流放时期逐渐形成的。《以赛亚书》是圣经先知书中极其重要的一部，按照时间来看，它并不是最早的，但圣经中将它排在先知书的第一部，足见它的重要性所在。在其整部书中，以赛亚关注了这样几个方面：①耶和华是"以色列的圣者"；②以色列是耶和华的"圣民"；③锡安（耶路撒冷）是神的"圣城"；④神的百姓中包括

─────────

〔1〕　在犹太历史中，一直流传着关于"十个遗失的部落"的说法。这种说法在基督教和整个西方世界也有很大影响。据圣经记载，犹太族长时代的始祖雅各和他的两个妻子和两个侍女共生有12个儿子，12个儿子的后代发展成了12个部落，北方的以色列王国中包括了10个希伯来人部落，南方的犹大王国中只有犹大和便雅悯两个部落和一小部分利未部落的成员。当公元前8世纪，北方的以色列王国遭到灭顶之灾后，组成以色列王国的10个部落被迫离开了迦南，被放逐到亚述帝国最边远的地方。然而，自从他们被放逐之后，就再也没有关于他们的消息了。于是"十个遗失的部落"就成为一个困扰后人的千古之谜。

〔2〕　［美］伯纳德·J. 巴姆伯格：《犹太文明史话》，肖宪译，商务印书馆2013年版，第40页。

列邦（外邦人）在内。[1] 前三个方面是对犹太人历史观念的再次确认，而第四个方面则体现出犹太教普世观念的逐渐成熟。它描述了耶和华上帝最终审判的情形："末后的日子，耶和华殿的山必坚立，超乎诸山，高举过于万岭，万民都要流归这山。"[2]"他必洗净许多国民，君王要向他闭口。因所未曾传于他们的，他们必看见；未曾听见的，他们要明白。"[3] 以赛亚借末世的预言预示了耶和华上帝对世界的审判以及对万民的救赎，并将以色列人的使命再次强调给他们，"我耶和华凭公义召你，必搀扶你的手，保守你，使你作众民的中保，作外邦人的光，开瞎子的眼，领被囚的出牢狱，领坐黑暗的出监牢。"[4]

可以说，以色列人在他们被放逐的经验中，找到的最重要的意义就是"代人受难"的意义，"因他受的刑罚，我们得平安；因他受的鞭伤，我们得医治"[5]。也就是那个时期以色列人对他们命运和使命深刻顿悟。当然，基督教出现以后，其教义将这一使命交托在了耶稣基督的身上，不过对于以色列人来说，他们自觉担当这一使命的精神勇气的确是任何其他民族所没有的。对于被拣选的使命以及受难的命运，是支撑其民族精神无以复加的力量源泉。

以色列人在历史上的绝大部分时期都是以失败者的面目出现的，但是这种失败反而强化了他们的精神力量，他们无力谋求世俗的统治地位，这种统治地位可以使人满足身份地位上的优越感，但失败者不会，他们惟有精神上的"优越"可以攫取，就是他们的"被拣选"身份。因此，"犹太人的精神从来就没有被粉碎过……这种希望

〔1〕 参见［加］戈登·菲、［美］道格拉斯·斯图尔特：《圣经导读：按卷读经》，李瑞萍译，上海人民出版社 2013 年版，第 143 页。

〔2〕《圣经·旧约·以赛亚书》2：2。

〔3〕《圣经·旧约·以赛亚书》52：15。

〔4〕《圣经·旧约·以赛亚书》42：6~7。

〔5〕《圣经·旧约·以赛亚书》53：5。

给与圣经上的犹太人一种前进的向上心灵。"[1]所以以色列民族被视为一个坚守盼望的民族、一个不断在等待的民族，他们的希望被人格化在即将来临的救世主身上。因此"不论命运是如何绝望，不论发现自己处身在多么深的死荫幽谷中，他们永远不会对生命本身绝望。意义永远等在那里任你赢取。"[2]

在选民的意义上，以色列人通过与上帝之约获得了"平等性"。既然是一种契约，那么立约主体就必然是双向而非单向的，在立约双方的神人关系中，双方互有履约的责任和义务。"契约观表明，上帝与选民之间是一种互利互助、互有义务的关系，这种关系不是人对神单方面的、无限的尽忠尽职，而是强调神、人之间的交感互通，从而激发双方的主体能动性。"[3]对于以色列人来说，他们只要敬畏、服从上帝，遵守上帝所颁布的"诫命"，上帝就有义务保护他们。更重要的一点在于，立约过程使得他们摆脱了通过血缘性、亲缘性来认知上帝这样一种思维观念（如父子关系），而是作为一种相互"平等"的主体关系来认知上帝。"犹太人和上帝之间的关系不再是一种内在的、无可奈何的'血缘关系'，而是通过一种外在的、经过思考的'约'的形式确定的关系，是通过犹太民族选择了上帝，上帝选择了犹太民族这样一种'双向选择'而确定下的关系。"[4]因此，"神人契约关系的互动性和能动性不仅把神人关系纳入了新型发展轨道，更重要的是赋予了人类选择的自由，以及衍生出公正、诚信、平等和公义等伦理思想和道德规范。"[5]

以色列民族通过神人之约的契约关系获得了与至高者的"平等

---

〔1〕 [美]休斯顿·史密斯：《人的宗教》，刘安云译，海南出版社2013年版，第281页。

〔2〕 [美]休斯顿·史密斯：《人的宗教》，刘安云译，海南出版社2013年版，第261页。

〔3〕 朱维之主编：《希伯来文化》，浙江人民出版社1988年版，第91页。

〔4〕 徐新编著：《西方文化史：从文明初始至启蒙运动》，北京大学出版社2002年版，第41页。

〔5〕 谢桂山：《圣经犹太伦理与先秦儒家伦理》，山东大学出版社2009年版，第49页。

性"，尽管这种平等永远不可能是绝对的而必然是相对的，但至少他们在上帝的"承诺"中得到了整个民族的"意义"解释。他们也从上帝的公义中意识到，在至高者之下，以色列民族作为万民中的"特殊"民族与其他民族之间的关系，依然是平等的。因为上帝的拯救不但指向以色列民族，更指向所有的众生——上帝的子民。同时他们也有值得"自傲"的"不平等"资本，这就是他们的选民身份。这种"不平等"虽然值得他们骄傲，但骄傲的前提却是苦难的命运。

## 第三节　为何有罪

恩格斯断言："基督教只承认一切人的一种平等，即原罪的平等，这同它曾经作为奴隶和被压迫者的宗教的性质是完全适合的。"[1]

这种说法是有一定道理的，"罪"是基督教的核心观念，也是其教义的基础，如果没有罪的存在，上帝的救赎就无从谈起，整个基督教神学的理论大厦就无以立基。但需要解释的是，基督教所说的罪，并非一般人所理解的人类社会中基于自我道德判断所设定的伦理方面的罪恶现象，例如偷盗、凶杀、虚伪、欺诈、贪婪、歧视、剥削、迫害、压迫、贫困、战争、不公正等等，而指的是其特有的观念——原罪。

原罪是奥古斯丁（Augustine，354—430）创作的一个概念，是为了区别于人类此世所犯的罪恶（本罪）。所谓原罪，是指人类生而俱来的、洗脱不掉的"罪行"，它来自于人类的始祖——亚当和夏娃。如果从故事性来看，是亚当和夏娃没有听从耶和华上帝的警告，因为受到蛇的诱惑，而偷吃了伊甸园中智慧树上的果实所犯下的罪行。当然，仅仅从故事性上来看，对于非基督教信仰者甚至一部分

---

〔1〕《马克思恩格斯全集》（第20卷），人民出版社1971年版，第7页。

基督徒而言，很难将其与人类根深蒂固的"罪性"联系起来。只是因为偷吃了智慧果，就导致了人类永生不能洗脱掉的罪行，在人的基本常识上是很难解释通的。事实上，如果我们不去争论这种传说的真伪究竟是故事还是历史事实（也不会有任何结果），而是就其所表达的意义来看，原罪观首先肯定了始祖违背了上帝的意志，而滥用了上帝所赋予的人的自由；其次，偷吃智慧树之果，意味着人也像上帝一样具有了"智慧"，而它恰恰是上帝所不喜悦的。这里面的问题在于，为什么上帝不喜欢人类拥有"智慧"，其实圣经所表达的智慧之意，并非我们世俗概念之下人类处理人与人之间、人与自然之间关系的智慧（这样的"智慧"上帝是赋予人类的），而是人类至此就有了依照自己的意志判断事物的"标准"或"智慧"，这样的标准已不再是上帝的"标准"和"智慧"，而是人类的自我设定。正因为如此，人类从此就不再认识上帝，而是远离了上帝。他们从此只认识自己，只凭自我的标准来衡量世界，衡量自我，因而遭到了上帝的惩罚，死亡也因此成为人类无法摆脱的命运所在。

因为人类的始祖犯了原罪，遭到上帝的惩罚，所以他们的后代（也就是全人类）自出生以来就背负起了这样的罪（不认识上帝，远离了上帝）。这就是基督教的原罪观。原罪导致亚当的子子孙孙、世世代代都具有了一种先验意义上的罪性，它是遗传的，当然这种遗传所指的不是生理学意义上的遗传，而是心灵意义上的，就是对上帝意志的背离。

需要说明的是，虽然在圣经的表述中并无原罪的概念，但已经清晰地表明了偷吃禁果的代价就是死，这个代价波及了全人类。在犹太教中，并没有在决定论的意义上刻意渲染罪的遗传性这一概念，也没有刻意把民族的苦难命运归咎于始祖所犯的罪，而是归咎于自身对上帝的不虔敬。而基督教突出了这一概念，其对原罪的强调是为了引出基督教教义最核心的观念——救赎，可以说，原罪与救赎这一对概念构成了基督教神学最大也是最关键的奥秘。

一般说来，犹太教虽然讲述了原罪的故事，但犹太人是缺乏原罪意识的。从犹太教中发展出来的基督教，耶稣基督成为犹太教教义中描绘并盼望的救世主化身（这一点构成了导致基督教与犹太教分道扬镳的核心区别），犹太教对"弥赛亚"[1]的盼望转化成为基督教中耶稣基督以其生命替全人类承担罪孽——对原罪的"救赎"——的核心教义。"这样一来，基督就为我们展现了一种超越死亡的希望，如果说亚当犯的原罪使人类都陷入了死亡的宿命，那么，基督的死而复活就为所有的信徒展现了一种永生的希望……基督的救赎是与亚当的原罪相对立的一个概念，同时又是与它相对应的一个概念……既然原罪不是由我们犯下的，那么原罪的解救同样也不是我们能够做到的。在亚当的原罪中，所有的人都注定了死亡的命运，同样在基督的救赎中，所有的人都看到了复活和永生的希望。"[2]《圣经·新约》中，使徒保罗明确地阐明了这一教义，"死既是因一人而来，死人复活也是因一人而来。在亚当里众人都死了，照样，在基督里众人也都要复活。"[3]"如今那些在基督耶稣里的，就不定罪了。因为赐生命圣灵的律在基督耶稣里释放了我，使我脱离罪和死的律了。律法既因肉体软弱，有所不能行的，神就差遣自己的儿子成为罪身的形状，做了赎罪祭……如果神的灵住在你们心里，你们就不属肉体，乃属圣灵了。人若没有基督的灵，就不是属基督的。基督若在你们心里，身体就因罪而死，心灵却因义而活。"[4]

基督教之所以将"新约"作为其教义的必要组成部分，就是因为，"旧约"被视为上帝与以色列人所立之约，而"新约"则是耶稣基督代表全人类与上帝重新签订的"约"。耶稣基督就是第二个亚当，在第一个亚当里众人都死了，而在第二个亚当里我们都可以复

---

〔1〕 在希伯来语中原指"受膏者"，即上帝选中的人，具有特殊的权力，后来则用它来形容"救世主"。基督教则用来专指耶稣基督。

〔2〕 赵林：《在上帝与牛顿之间·赵林演讲集（1）》，东方出版社 2007 年版，第 40~41 页。

〔3〕《圣经·旧约·哥林多前书》15：21~22。

〔4〕《圣经·新约·罗马书》8：1~3、9、10。

活，复活的代价就是耶稣基督生命的"救赎"。既然死亡是人类逃脱不掉的宿命，因此任何宗教都需要直面死亡的问题，东方的宗教在面对死亡时，一种方法是追求长生不死（道教），一种方法是寄希望于轮回转世（佛教、印度教）。但基督教告诉我们的却是，"人生是充满罪孽和苦难的，因此是不值得留恋的，真正的生活是在死亡之后才开始的……基督教的救赎观其实表现了一种向生而死的态度，也就是我们的死亡是为了新生，或者说我们是向着一种更好的生活而死的。"[1]

犹太民族的历史经历所带来的苦难感受使他们具有深重的罪感意识，他们将其归咎于自身现世的过犯。基督教在一定意义上继承了它，但更加强调原罪意识。它试图表明的是，人类靠自己的努力是无法在罪的问题上得到解脱的，无论是原罪还是本罪，靠人肉体的力量永远无法克服。人类所追求的圣洁理想固然美好，但由于罪的存在，这样的理想是人的努力所无法企及的。因此，基督教的整个神学都是围绕着如何解除人性中的根本恶来展开。

显然，基督教关于罪恶问题的神学理论是奠基于"人性恶"的层面。但罪恶问题同时却不免引发出关于上帝性质认知上的悖论，其经典表述就是：既然上帝是全知、全能、全善的，他为什么要创造出一个充满罪恶的世界，如果说罪恶也是上帝所创造的，那么他就不是全善的；如果说上帝是全善的，他肯定愿意消除一切罪恶，而如果上帝是全能的，他肯定能消除一切罪恶。可是，罪恶依然存在，所以，上帝就不可能是基督教神学教义所描述的那个全知、全能、全善的上帝。

这样的两难推理在逻辑上是有力的，其逻辑范式可以概括为：

假如上帝（全能、全知、至善的存在者）存在，这个世界上便不存在（或者说，不存在"不必要的"）罪恶。

这个世界上存在罪恶（或者说，存在着不必要的罪恶）。

---

〔1〕 赵林：《在上帝与牛顿之间·赵林演讲集（1）》，东方出版社 2007 年版，第 41~43 页。

因此，上帝不存在。[1]

这一逻辑悖论的诘问的确非常有力，基督教神学是无法加以回避的。历史上，关于这一问题的回答通常被称为"神正论"或者是"神或上帝正义论"。"一般说来，所谓的'神正论'就是指这样一种理智的或理性的研究倾向：针对这个世界上存在的大量罪恶现象，力求从理论上或逻辑上来论证神或上帝是至善的、正义的。"[2]

虽然说"神正论"这一词句的提出者是 17 世纪的莱布尼茨（Gottfried Wilhelm von Leibniz，1646—1716），但神正论思想在基督教神学中是源远流长的。早期教父时代的奥古斯丁对此的论证被视为神正论思想的经典表述，在他看来，罪恶本身并不具备"自存性"，所谓罪恶，无非就是善的缺乏而已。他以动物（人）的健康为例，疾病或伤害并非肉身的固定存在，它只是健康的缺乏。"事实上我们所谓恶，岂不就是缺乏善吗？在动物的身体中，所谓疾病和伤害，不过是缺乏健康而已。若身体得医治痊愈，这并不是说，那先前存在的恶——疾病和伤害——离开身体去住在别处，而是说，它们都不再存在了。疾病和伤害并非什么实体，而是实体在肉身中的缺乏。肉身既是实体，所以是善的。那些恶，即失去健康，对善乃是偶然发生的事。同样，心灵中的罪恶，也无非是缺乏天然之善。它们一旦被医治好了，它们并不是转移到别处去了。当它们不存在于健康的心灵中，它们就不能存在于别处。"[3]

奥古斯丁将恶视为善的缺乏，并否定恶的"自存性"，从中我们能够明显看到古希腊哲学思想的痕迹，或者说，这一神正论思想本身就是神学与哲学相结合的产物。善是自存的、绝对的、永恒的，而恶是非自存的、相对的、暂时的，因此，恶只能依附于善才可能

---

〔1〕 参见张志刚：《宗教哲学研究——当代观念、关键环节及其方法论批判》，中国人民大学出版社 2009 年版，第 108 页。

〔2〕 张志刚：《宗教哲学研究——当代观念、关键环节及其方法论批判》，中国人民大学出版社 2009 年版，第 109 页。

〔3〕 ［古罗马］奥古斯丁：《教义手册》，转引自张志刚：《宗教哲学研究——当代观念、关键环节及其方法论批判》，中国人民大学出版社 2009 年版，第 111 页。

存在，并且是善的一种缺乏状态，正如疾病是健康的一种缺乏状态那样。因此，"通过善与恶的鲜明对比，可使人愈发认识到善的本性、价值和崇高，愈发崇拜作为至善者的上帝……所以，善终将制服恶，从而使信仰者靠上帝的恩典得以拯救和新生。"[1]

　　奥古斯丁神正论的经典表述尽管引发了一些后世的争议，但它的影响及其思考角度无疑是具有深远意义的。20 世纪美国著名的基督教哲学家普兰丁格（Alvin Carl Plantinga，1932—）站在人类自由意志论角度所作的神正论辩护则被认为开启了罪恶问题研究的新起点。传统的罪恶问题将上帝的全能、全善与罪恶的同时存在视为一个内在的逻辑矛盾，而在普兰丁格看来，这种矛盾最多只是形式上的、逻辑上的、隐含的，但他们未必是不相容的。因为——上帝创造了一个有罪恶的世界，但他这么做是有充足理由的。这样的理由，就是上帝要为人类的自由意志提供舞台，否则它将背离上帝创造人类的根本目的。他写道："若有这样两个世界，一个世界里的人有实实在在的自由（并自由自在地多行善，少作恶），另一个世界里的人则根本没有自由，尽管其他方面一样，但前者比后者更有价值。上帝虽能创造出自由的人，却不能致使或决定他们只做正确的事情。因为如果上帝这么做了，他们就谈不上有实实在在的自由了；他们就不能自由自在地正确行事了。因此，为了创造出能行善的人，上帝不能不创造出能作恶的人；而且上帝不能既给与人们作恶的自由，同时又阻止他们自由地作恶。十分不幸的是，某些由上帝创造的、有自由的人，却误用了他们的自由；这便是道德方面罪恶的来源。然而，某些自由的人有时也会犯错误，这一事实既无损于上帝的全能，也无损于他的至善；因为上帝若要阻止恶的出现，只有在道德

---

　　[1]　张志刚：《宗教哲学研究——当代观念、关键环节及其方法论批判》，中国人民大学出版社 2009 年版，第 111 页。

上祛除善的可能性。"〔1〕

事实上，普兰丁格的神正论思想不仅在于论证上帝的正义，更涉及基督教神学中的另一个谜题就是人类的自由意志问题，将二者通过分析哲学方法进行结合，是普兰丁格的一大贡献。而在普兰丁格之前的 17 世纪，一个伟大的德国科学家和哲学家，就是发明了微积分的莱布尼兹（"神正论"的概念就是他正式提出的），也就人类的自由意志与罪恶问题联系起来进行了思考，提出了被称为"最好世界理论"的观点。意思是说，尽管这个世界充满了罪恶，但它已经是一切可能的世界中最好的一个了。为什么这么说？莱布尼兹首先对罪恶问题进行了分类，第一类罪恶他称之为形而上学的恶，这一类的恶类似于奥古斯丁的观点，其本质就是善的缺乏。因为万事万物虽然都是上帝的创造，但他们本身相比于全善的上帝而言，都是不完善的，这种不完善就是欠缺，就是一种恶；第二类罪恶他称为道德的恶，它来自于人滥用自由意志的结果，包括人类的原罪与所犯的本罪；第三类的罪恶叫作形体的恶，就是人类的肉体和精神所遭受的一系列痛苦、死亡、灾害等等。之所以人类会遭受这种恶，在本质上是上帝对人类的惩罚。因为人类犯了道德的罪，亏欠了上帝的荣耀，滥用了人的自由，上帝必须要以公正和公义来加以惩戒，其目的是避免人类犯更大的罪，也使人类能够得到最终的救赎。

当然，上述论述事实上并无新颖之处，历史上的神学教义多有这种观点。不过莱布尼兹从哲学的思辨视角提出了现存罪恶世界为何合理而又不影响到对上帝全能、全善性质的判断的观点却具有新意。在他看来，万能的上帝当然可以有无数的选择而创造出无数可能的世界，但是在这无数可能的世界里，形而上学的恶都是无法避免的，因为它们作为被造物永远不可能与造物主具有同一性质。因此，对于上帝的选择来说，要么造出一些没有道德之恶的世界，尽

---

〔1〕 Alvin Plantinga, "God, Freedom, and Evil", from Louis P. Pojman, ed., *Philosophy of Religion: An Anthology*, third edition, p. 203. 转引自张志刚：《宗教哲学研究——当代观念、关键环节及其方法论批判》，中国人民大学出版社 2009 年版，第 121~122 页。

管它同时避免了形体之恶，人类可以没有痛苦、没有灾害甚至没有死亡，但它也同时意味着这样的一个世界将不存在人类的自由意志，人类只是上帝的木偶。对于上帝来说，这样的一个世界将仅仅是他自己的舞台，这远不是上帝创造人类的目的。因此，上帝宁愿承受可能产生罪恶的风险而依然将自由意志赋予人类。"在这里，莱布尼兹表现出了一种非常可贵的思想，即提出自由意志是上帝考虑问题的一个重要筹码，上帝把自由意志看得比人间的道德与否、幸福与否更加重要，上帝更尊重自由！"[1]

其实，从中我们不难发现，西方自古以来一以贯之的政治哲学思想中，自由之所以被视为最核心价值，与他们所坚持的自由意志观一脉相承。莱布尼兹通过他的哲学思辨，为自由理论寻找到了符合人类理解范式的神学依据和终极来源。"按照莱布尼兹的理论，上帝承认自由具有高于一切的价值。也就是说，如果有两个备选的世界，一个是机械论的世界，没有自由意志，一切都按照上帝的预先安排而进行，在这个缺乏自由的世界里，当然也没有罪恶；另外还有一个世界，就像我们现在这个世界，有自由，但是人们却可能滥用自由而犯罪，而且事实上人也这样做了。那么这两个世界在上帝眼里哪一个更好呢？上帝会选择哪一个世界呢？莱布尼兹断定，上帝会选择后一个世界。为什么呢？因为自由在上帝眼里具有更高的价值。"[2]

罪恶、自由意志、上帝的全善之间的关系永远是神学的主题。事实上，对罪恶的认识在基督教神学思想中还有另外一条进路，也就是从伊里奈乌（Irenaeus，约130—202）到希克（John Hick，1922—2012）的思想进路颇具代表性。伊里奈乌是早于奥古斯丁的教父哲学家，在他看来，上帝所创造的人类始祖并非奥古斯丁所描

---

〔1〕　赵林：《在上帝与牛顿之间·赵林演讲集（1）》，东方出版社2007年版，第53页。

〔2〕　赵林：《在上帝与牛顿之间·赵林演讲集（1）》，东方出版社2007年版，第53页。

述的那样是一个纯洁、清白或无罪的状态，尤其是在道德意义上远非完人，"而是素朴的、不成熟的、有待于塑造或发展的"〔1〕。他认为，人的发展需要经过两个阶段：在第一阶段，人仅仅是作为一种有理智的动物而存在，远非成熟的被造物，但是上帝赋予了人在道德上和精神上的发展潜力，这是一个漫长而艰辛的发展过程；在第二阶段，"人类通过自由地响应上帝的创造目的，从最初的存在层次逐步迈向最高的存在层次，即从'动物的生命'（*Bios*）走向'永恒的生命'（*Zoe*）"〔2〕。伊里奈乌把罪恶看成是人类道德或精神发展过程中必然经历的一个阶段，事实上意味着人只有通过自己的努力，运用上帝所赋予的人类自由，积极追求上帝之国和上帝之义，才能逐渐成为道德成熟之人。或者从"进化论"的思维视角来看，这也是"道德进化论"的一种神学表达。

希克作为当代宗教哲学家，更加重视运用当代哲学的语境来论述罪恶问题，因此他一方面继承了伊里奈乌思想中以发展的眼光来看待罪恶的辩护思路，同时也如莱布尼兹一样，在人的自由意义上来看待人类道德方面的罪恶现实。他认为，"善的形成有两种可能性，一是人类选择的结果，一是上帝赐予的本性。前一种可能性是指，只有在种种充满困难和严峻考验的境况下做出自由的、自我负责的道德选择，人类才有可能达到善的境界；后一种可能则意味着，善的形成根本无须人类的自由参与或道德选择，因为对人来说，所谓的善只不过是某种现成的东西，是上帝造人的自然结果。"〔3〕因此，就上述两种可能性相比，前一种可能的结果无疑比后者更有价值，"这个判断表明，上帝在创世过程中之所以先把人置于一种不完善的生存状态，就是想让人类实现前一种可能性，即通过人类自己

〔1〕 张志刚：《宗教哲学研究——当代观念、关键环节及其方法论批判》，中国人民大学出版社 2009 年版，第 125 页。

〔2〕 张志刚：《宗教哲学研究——当代观念、关键环节及其方法论批判》，中国人民大学出版社 2009 年版，第 125 页。

〔3〕 张志刚：《宗教哲学研究——当代观念、关键环节及其方法论批判》，中国人民大学出版社 2009 年版，第 127 页。

的意志和道德选择，历经艰难困苦，饱受严峻考验，最终实现'完善的人性'"[1]。

早在教父时代，面对罪恶的无所不在，伊里奈乌就敏锐地观察到，上帝所创造的这个世界并不是莺歌燕舞的"伊甸园"，以便让人类在其中无忧无虑地自在生活，获得最大的快乐并经受最少的痛苦。上帝创造这个世界的目的是作为"塑造灵魂或塑造人的场所"(a Place of Soul-making or Person-making)，人类只有在这个场所中通过克服种种困难、接受种种挑战的历练，才有可能成为"上帝的儿女"。希克同意这样的判断，他认为就人类的道德生活而言，理想中的那个没有罪恶存在的"乐园"固然美妙，但是它却是所有可能存在的世界中最糟糕的一个。其原因就像莱布尼兹所分析的那样，在其中泯灭了人的自由及其发展。他甚至断定，"假如还有一种适于人类道德发展的环境，它并不包括我们这个世界所特有的艰难险阻的话，那么，取而代之的肯定是其他的困境及其考验。"[2]

其实历史上所有"神正论"思想中关于罪恶问题的思辨都受到过无数的诘难。我们介绍这几种典型神正论思想的目的并非展开讨论，只是试图说明，西方基督教神学思想史上对罪恶问题的关注都具备一个共同的前提，它承认罪是人类的共同属性，这个意义上的人的平等性，亦如人都依上帝形象所造所体现的平等性一样，构成了人的相同品质。

## 第四节　神——大写的"人"

西方文明始于古希腊，这点在当代西方人的历史文化观中并无疑义。当然，广义的希腊文明可以前溯到公元前 20 到公元前 15 世

---

〔1〕　张志刚：《宗教哲学研究——当代观念、关键环节及其方法论批判》，中国人民大学出版社 2009 年版，第 127 页。

〔2〕　张志刚：《宗教哲学研究——当代观念、关键环节及其方法论批判》，中国人民大学出版社 2009 年版，第 129~130 页。

纪的米诺斯文明及公元前 16 到公元前 12 世纪的迈锡尼文明，然后才是最为人们所熟悉的古典希腊文明。

古典希腊文明留给人类的遗产众多，最为人们所熟知的是它的哲学思想和城邦政治。而希腊神话则是被作为文化遗产至今为人们所津津乐道，宙斯、阿波罗、普罗米修斯、雅典娜、潘多拉、赫拉、阿佛洛狄忒、波塞冬等等，那一个个似神似人的形象至今仍鲜活如斯，并以其绚丽多姿和美艳绝伦的特点而流传于世。事实上，古希腊神话传说在那样一个时代是希腊人精神生活的最重要组成部分，并构成了希腊人的宗教。荷马（Homer，约前 9 世纪—前 8 世纪）与赫西俄德（Hesiod，前 8 世纪）通过开创性的编撰整理，将一个系统化的美丽的希腊神话呈现在古希腊人面前，因此那个时代希腊人的精神寄托，在很大程度上是与荷马与赫西俄德所开创的精神世界密不可分的。

古典时代的希腊人是感性的，希腊神话带给他们的世界不是遥远的天国而是距现实世界不远的一个"神界"，他们真诚地相信神的生活只是人的生活的另一种状态，它意味着更好的生活。神与人并没有什么不同，神之所以为神，只是他们能够长生不死和拥有神力，除此之外，神就是人的化身而已。

古典希腊人的这种"神—人观"首先蕴含着一种"神—人"平等的世界观，与其他文化特别是东方文化中的神的形象与寓意不同的是，希腊人的神是一个大写的"人"，在这个意义上，神与人是平等的。这些希腊神灵们不仅与人同型而且同性，与人有相同的喜怒哀乐、悲欢离合，人性中的欲望和弱点不仅他们都有，而且更典型更极端，他们在道德上绝非无可指摘，不仅偷花眠柳、尔虞我诈、巧取豪夺、工于心计、挑拨是非等等，干尽了"神界"的"坏事"，而且他们的故事几乎都是围绕着争斗、战争而展开的。因此，如果说希腊神话就是古典希腊人的宗教的话，那这个宗教是带有典型人文主义特征的。希腊人是"这样一个人文主义者，他崇拜有限和自然，而不是超凡脱俗的崇高理想境界。为此，他不愿意使他的神带有令人敬畏的性质，他也根本不去捏造人是恶劣和罪孽造物的概念。"[1] 因此我们在希腊神话中可以看到，作为统治者的宙斯，集威严无比与多情滥情于一身，到处拈花惹草；而美丽绝伦的阿佛洛狄忒既是爱情的守护者，同时又是淫欲的化身和娼妓的保护者，这样一种看似矛盾实则体现出一种原始的和谐美，丝毫没有减低希腊神话的魅力。

希腊人是按照对人的理解去塑造神，因此这样的神不是高高在上的、可望而不可即的道德的化身，他只是人的另外一种境界。他们真诚地相信，神与人之间没有不可逾越的鸿沟，神既是自然的化身，也是人类的保护者或者不死的祖先，与人类有着承继性的血缘关系。

这种属性上的"平等"使得希腊人所崇尚的神灵既外铄于人而又内在于人，外铄体现在神是强力的、长生不死的，它寄托了人类那种希望生命永远延续的永恒期望；内在则体现在神不是可望而不可即的，它只不过是人生命的另外一种延续，一种可期望的延续。因此，他们把人性几乎原封不动地加到了神性中，在文学意义上，使神的形象鲜活丰满，跃然纸上；在生命意义上，神作为人生命的某种延续，高于人又等于人。因此希腊人对神的崇拜与向往更多体现在感觉意义上，表现为对肉体的崇拜，神灵的特征通常都以强劲、矫健、匀称等等充满美感特征的形象呈现出来。而在现实生活中，他们赞美肉体，强壮而矫健的身躯对希腊人而言是无比自豪的荣誉，因此健身成为希腊男人最重要的日常生活，这方面斯巴达即为典范。而竞技运动则是和平时期展现男性魅力的最重要舞台，竞技场上的优胜者所获得的荣耀一点也不亚于战场上的英雄。对希腊人而言，强健的躯体远胜于敏锐的头脑，"希腊人这种特有的风气产生了特殊的观念。在他们眼中，理想的人物不是善于思考的头脑或者感觉敏锐的心灵，而是血统好，发育好，比例匀称，身手矫健，擅长各种

[1] ［美］爱德华·麦克诺尔·伯恩斯、菲利普·李·拉尔夫：《世界文明史》（第1卷），罗经国等译，商务印书馆1987年版，第216页。

运动的裸体。"〔1〕他们通过对肉体的崇拜去接近神灵，感悟神灵，这一点既表现在他们的艺术作品——雕塑中，更体现在著名的酒神节——狄奥尼索斯（Dionysus）祭奠狂欢活动中。在希腊雕塑作品里，他们所刻画的人物通常都没有面部表情和眼珠，其意蕴充分展现于发达的肌肉与健壮匀称的躯体，以及洋溢在其中充满阳刚之美、自娱之情的美的质感中，它体现了古希腊人那种自由奔放和无拘无束的性格特征。而在著名的狄奥尼索斯祭中，这种美丽而又野蛮的宗教仪式以整夜的狂欢与宿醉给人以一种放荡不羁的感觉，但是在这种"沉醉状态中，无论是肉体上或者是精神上，他都又恢复了那种被审慎所摧毁了的强烈感情；他觉得世界充满了欢愉和美；他的想象从日常顾虑的监狱里解放了出来……崇拜者相信自己已经与神合而为一。人类成就中最伟大的东西大部分都包含有某种沉醉的成分。"〔2〕

在一定意义上，希腊的神话作为一种原始宗教，带有明显自然崇拜的印迹。这种自然崇拜固然有许多的感性成分，但是其魅力之所以经久不衰，是其神话背后所蕴含的一种深刻的"悲剧"——命运。"希腊悲剧的根源不在于恶的力量从外部对善的力量进行压制、摧残、吞噬，而在于某种从根本上超越了善恶的形而上学的决定论（命运）。"〔3〕希腊人对命运的理解是通过那些神话人物的宿命而展开的，无论他们具有多么强的神力，他们也无法摆脱那早已被某种朦胧的决定性意志所决定的命运。在这里，一方面，他们呼唤自由意志，也就是神（英雄）或人的自我存在；另一方面，这种自由意志无论如何与命运抗争，他们却只能亲手把自己送向已经被决定的结局（命运）。当然，如果只看到这里，我们只能看到一种宿命论式

---

〔1〕 纪琳：《古希腊神话的人本精神及对西方文化的影响》，载《山东师大外国语学院学报》2001年第2期，第49页。

〔2〕 [英] 罗素：《西方哲学史》（上），何兆武、李约瑟译，商务印书馆1997年版，第39页。

〔3〕 赵林：《西方宗教文化》，武汉大学出版社2005年版，第33页。

的思想，它完全是消极意义上的。而希腊神话或者说希腊悲剧的真正魅力，却在于他们将这种宿命以一种原始的和谐状态展现在同一个人物身上。它意味着，希腊悲剧与现代悲剧的最根本区别就在于："在希腊悲剧中没有善与恶的明确区分和截然对立，在那里这两者力量尚未分裂为外在性的对立……每个悲剧人物的行为都很难用通常的善恶标准来评判，因为在剧中激烈冲突的不是两种对立的自由意志（善与恶），而是自由意志与潜藏在它背后的决定论；不是一个人对另一个人的否定，而是自己对自己的否定。"[1]

　　命运在希腊人眼中只是一种朦胧意象，他们无法表述，但它却是早期希腊思想中最深刻的东西，也是真正最具有宗教色彩的东西。当它们转化为希腊哲学的时候，神话中扑朔迷离的决定性力量开始以概念性的语言表达转化为毕达哥拉斯（Pythagoras，约前 580—前 500）的"数"、赫拉克利特（Herakleitos，约前 544—前 483）的"逻各斯"、巴门尼德（Parmenides，约前 515 年—前 5 世纪中叶后）的"存在"和柏拉图（Plato，前 427—前 347）的"理念"。"希腊人具有这样一个牢不可破的理性主义观念，即宇宙是遵循某种法则的；世界虽然千变万化，但复杂的偶然性表象背后存在着某种必然的联系。"[2]这种希腊式的形而上学虽然植根于希腊神话的悲剧描述及其对某种决定性力量的思考，但它与其他东方哲学的本质不同，并不在于简单地将这种决定性力量视同于一种外在于人的最高存在，而是内在于人的自我之中。人与神之间、有形的存在与最高的无形存在之间，并没有一条绝对不可逾越的鸿沟。虽然命运无法更改，但人却可以参与到命运之中与命运共舞。由此我们不难发现基督教神学思想的影子。

　　希腊神话所孕育的"神—人"平等事实上更是一种终极性的平等——命运的平等，即便是最高的神——宙斯也不能例外。罗素写道："在荷马诗歌中所能发现与真正宗教情感有关的，并不是奥林匹

---

〔1〕　赵林：《西方宗教文化》，武汉大学出版社 2005 年版，第 32 页。

〔2〕　高春常：《世界的祛魅：西方宗教精神》，江西人民出版社 2009 年版，第 51 页。

克的神祇们，而是连宙斯也要服从的'运命'、'必然'与'定数'这些冥冥的存在。"[1] 在所有的希腊神话故事中，"命运不仅是高悬在凡人和英雄头顶上的达摩克利斯之剑，而且连克洛诺斯、宙斯这样的神灵对之也无可奈何。"[2] 希腊人之所以这样理解，正如前面所说的那样，神与人在希腊人眼里不存在根本的不同，神被看作是希腊人不死的"祖先"，他们"对神的态度类似于部族成员对于他们被神话的老酋长的态度"[3]。因此，神的存在无非就是人的另一种存在状态而已，但是，通过对神的崇拜和交往，可以使人体验到一种超越世俗的神性生活，使人的世俗生活更加充满魅力。神界的故事就是人间故事的翻版，神的思想就是人的思想的延续，神的喜怒哀乐就是人的情感的一种寄托性表达。可以说，"神对于凡人来说是一种更高的现实，是一种美的理想。神的存在是人的生活的另一种状态，在这种状态中，人超越了他自身的有限性和缺憾性。"[4]

不过希腊人明白的一个现实是，神作为人理想的寄托并不是无限的，他们同样也要接受命运的束缚，从人的肉身死亡中，他们发现了自己的命运，因此，他们也要为"不死的神"套上命运的"紧箍咒"，并在这个意义上获得与神的"平等性"。神虽然可以不死，但他们与人一样，都逃脱不掉命运的魔咒。在冥冥之中命数里，神——这个"大写的人"就与凡人获得了同一性。这样的一种"间接性"平等观其本质上是人对自身平等观的一种神意表达。

同时在秩序意义上，希腊神祇的谱系特点也反映出他们对人间秩序的诉求。一方面，希腊神话的特征是非伦理性的，最高的神祇在道德性上绝无可称赞之处，其德行也远非它们获得更高地位的原因，这在一定程度上反映出希腊人对人性的认知；另一方面，他们

---

〔1〕 〔英〕罗素：《西方哲学史》（上卷），何兆武、李约瑟译，商务印书馆1963年版，第33页。

〔2〕 赵林：《西方宗教文化》，武汉大学出版社2005年版，第33页。

〔3〕 赵林：《西方宗教文化》，武汉大学出版社2005年版，第64页。

〔4〕 赵林：《西方宗教文化》，武汉大学出版社2005年版，第64页。

也同意"神间"必须有秩序,正如人间必须有秩序一样:各归其位,各安其政。"宙斯是众神的命运代表和立法者,而每个神又是各自所辖领域的命运代表和立法者。在自己的领域内,他的权力是不受挑战的,但在权力的分配方面,宙斯又是不可挑战的。"[1]能够挑战宙斯的只有那个最深层次的命运,"即潜藏在神的自由意志背后的必然性,连希腊悲剧也无法拨开它那扑朔迷离的神秘雾霭"[2]。因此,虽然宙斯作为最高的神,但在希腊人眼中,他的形象也不是像东方专制独裁的君主那样专横跋扈,"而更像一个有威望的元老院领袖或议院议长"[3]。当然,这种神界统治形式的变化似乎反映了希腊人"民主意识"的觉醒,因为在宙斯的父辈及祖辈那些"老一辈"神的统治中,几乎与东方君主无异。而到了宙斯这新一代神,他虽然偶尔也表现得像一个暴君,但他的统治更多像是一种"协商式民主"的方式:诸神坐在奥林匹斯山顶的神殿中,共同商议神界和人间的事务,以宙斯为代表的"新一代神遵循一种民主原则和睦相处"[4]。黑格尔认为,这种转变象征着专制主义向民主精神的转变,妥协精神取代了独断专行。因此我们也就不难理解古希腊城邦制度所孕育的民主精神何以得到公民的认同(尽管它只是局限于狭义的"公民")。

民主是一种政治平等的合适表达,希腊神话所反映出的平等精神为其做了很好的注解。尽管它们充满了贵族气息,但与东方神话文化相比,这不啻是一种历史的进步。早期希腊神话充满了暴力气息,在其神系的自我发展中,暴力革命逐渐被民主精神所取代。神界的故事在本质上是人间智慧的升华,从中我们不难窥见古希腊文明作为西方文明之一端,是如何与基督教文明共同构成西方文明本源性精神遗产的。

---

〔1〕 高春常:《世界的祛魅:西方宗教精神》,江西人民出版社 2009 年版,第 50 页。

〔2〕 赵林:《西方宗教文化》,武汉大学出版社 2005 年版,第 35 页。

〔3〕 赵林:《西方宗教文化》,武汉大学出版社 2005 年版,第 68 页。

〔4〕 赵林:《西方宗教文化》,武汉大学出版社 2005 年版,第 68 页。

# 第三章

# 为什么平等，为什么不平等

在圣经的历史中，人类的始祖亚当和夏娃在伊甸园的生活是唯一"美好"的生活，因为他们尚未"堕落"[1]。但即便是这样的生活，依然存在着某种形式的"统治"，这是中世纪经院哲学集大成者圣托马斯·阿奎那（Thomas Aquinas，约1225—1274）的看法。"他推论上帝必定是要夏娃接受亚当引导；唯有如此，伊甸园中的生活才会是完满的。"[2]

亚当与夏娃的"二人世界"同样要分出主与辅，这似乎可以看成政治的最初始形态。托马斯从亚里士多德哲学中接受了男人自然优于女人的见解，原因可能是，圣经记载了夏娃是由亚当一根肋骨所造的事实，而且上帝造夏娃的目的是"看那人独居不好，我要为他造一个配偶帮助他"[3]。可见，一方面，

---

〔1〕 基督教神学常用"堕落"来形容始祖偷吃智慧果后得以分别善恶的故事，不少学者认为并非恰当。原因在于这一行为体现了人的自由意志，与其说是堕落，不如说是人由此上升到了更高层次的道德自觉意识。特别是在汉语语境中，堕落代表着极为负面的意义，并不能完全概括这一行为所蕴含的极为丰富的内涵。无数世纪以来，偷吃智慧果究竟是象征了人对神圣律法的首次反叛与违逆行动，还是象征人首次向自己的人性迈出试探性的一步，成为理解圣经思想的一个核心问题。

〔2〕 ［英］约翰·麦克里兰：《西方政治思想史》（上），彭准栋译，中信出版社2014年版，第123页。

〔3〕 《圣经·旧约·创世记》2：18。

夏娃（女人）的降生自初始就被定位为"帮助"的角色；另一方面，在自然状态下，男性的体力优势使他们自然而然成为性别角色中的强者和主导者。那么，伊甸园中的统治生活是如何发生的呢？亚当首先被赋予了为天上的飞鸟和地上的走兽命名的权力，甚至为夏娃命名的权力，它至少间接地表明了亚当的支配权。其次，上帝的诫命只传达给了亚当，即"园中各样树上的果子，你可以随意吃，只是分别善恶树上的果子，你不可吃，因为你吃的日子必定死"[1]。这样的一个重要诫命，上帝应当是通过亚当间接地传达给夏娃的，在这个意义上，夏娃违逆的并非上帝的直接命令，而是亚当的命令，这样就导致夏娃对于这个命令的服从态度被"打了折扣"。因此，上帝对夏娃除了同样以死亡的命运以及生产的痛苦予以惩罚外，还增加了一条服从性的惩戒："你必恋慕你的丈夫，你丈夫必管辖你。"[2]

上述记载似乎暗示着，哪怕是亚当与夏娃的二人世界中便已然存在了"统治"的规则和秩序（尽管我们不应该由此就简单推论出上帝是"男尊女卑"论的支持者）。事实上，对秩序的强调不仅体现在人的群体中，也体现在上帝创造万物的过程中，在圣经记载里，上帝六日创世，前四日，上帝所创造的是光与暗、诸天、陆地、海洋和植物、日月星辰；后两日，创造的是水里的动物和鸟类、陆上的动物以及人。这其中的区别何在，又象征了什么？我们可以发现，一切在前四日被造的存在物都没有自我运动的能力，而后两日创造的存在物都包含了某种主体行动的能力。"这里就引入了某种等级秩序，它以发起行动的能力为基础……造物的次序似乎确立了一种造物的等级秩序，它们包括日、月、星辰和大地这样的客体，以及各式各样在造物次序中位处较低等级的客体，还包括各种动物，最后

---

[1]《圣经·旧约·创世记》2：17。
[2]《圣经·旧约·创世记》3：16。

是据有最高等级的人。"〔1〕因为只有人是按照上帝的形象所造，因此被授予了支配其他一切存在物的权力。

对秩序的强调是圣经中上帝造物所内含的规则，谓之自然规律也好，社会秩序也好，无规矩不成方圆成为人类理解自然和社会的一种客观认识。在社会秩序中，上帝肯定了人间政治中统治权的天然性与合理性，尽管它不代表人类之间在本质上的"不平等"，但某种统治形式所导致的诸多相对"不平等"，在圣经所肯定的社会政治秩序中无疑是被认同的。

## 第一节　弱者的呼唤

亚里士多德说过这样一句话："弱者常常渴求平等和正义，强者对于这些便都无所顾虑。"〔2〕

此言不虚。

如果我们在抽象意义上看待人这个群体，所得出的平等肯定是抽象意义上的，亦如被造的平等、罪性的平等。或者就像拉德布鲁赫（Gustav Radbruch，1878—1949）所说的那样，"人的概念是一个平等性概念，在这个概念中，强者与弱者、占有者与非占有者、弱小的人与异常强大的群体被等同视之。"〔3〕这样的思考在理念上无疑占有了道德制高点，但事实上在现实的政治社会生活中，平等的价值之所以被作为一个永恒的主题，其根本就在于它的实现存在过多的限制条件。一个简单的事实就是：现实社会中的人谁最需要平等？或者说，平等的诉求来自于哪一类社会群体？无疑，只有感受到自身没有获得平等际遇的人或群体才会发出平等的诉求。尽管这样的诉求很可能出自于无数种具体的社会现实境况，但所指向的无非是

〔1〕［美］史蒂芬·B. 斯密什：《政治哲学》，贺晴川译，北京联合出版公司2015年版，第104页。

〔2〕［古希腊］亚里士多德：《政治学》，吴寿彭译，商务印书馆1965年版，第317页。

〔3〕［德］G. 拉德布鲁赫：《法哲学》，王朴译，法律出版社2005年版，第133页。

政治和经济两大领域。

平等的概念是人类群体才会产生的概念，或者说，是人类所专属的一种精神现象，动物并不具备这样的精神属性。一个显而易见的事实就是，当一群动物在争抢食物时，体魄强健者可以毫无顾忌地大快朵颐，而弱小者只能眼巴巴地等待分享强者剩余的食物，它们在这个过程中并不会产生"不平等"的观念。对于动物来说，力量就是一切，在获得食物等生存条件的过程中，自身的弱势并没有成为因为它们与强者具有共同的种属而要求获得平等待遇的要素。即使它们或许也能够发出悲怜的呼唤，但在群体学意义上，这样的呼唤基本不会获得响应。因为在本质上，尽管它们在本能上具备群体意识，但它们远不具备种属意识，尤其是这样的种属意识内在包含了某种朦胧的"平等"之观念的时候。

对于人类来说，他们所超乎于动物的，或许并不完全是智力上的差异，而是精神性平等之观念的出现。"今天意义上人类的出现，应该是以精神性之平等观念的形成及相应管理方式为充分必要条件的。平等是专属于人类精神状态的一种理念性追求。"[1]之所以这样说，乃因为平等的观念并不完全是后天社会因素所造就，而是某种先天所具有的"朦胧"意识。例如，对于尚处于朦胧状态中的儿童来说，假如其他同伴得到一样东西，他也希冀得到同样一份。对这样的要求，我们或许可以从占有欲的角度来理解，但事实上，他所冒出的想法亦可以用本能的"平等意识"来解释，"他知道自己完全没有可能用体力去战胜对方，于是便不会奢望夺过来也一人独吞，而只是在精神层面企盼能够同样享有一份。这是专属于人类的一种精神现象！"[2]

这种先天意识从哪里而来我们不得而知。但人类后天将平等无

〔1〕 冯亚东：《平等、自由与中西文明：兼谈自然法》（第2版），陕西人民出版社2012年版，第3~4页。

〔2〕 冯亚东：《平等、自由与中西文明：兼谈自然法》（第2版），陕西人民出版社2012年版，第4页。

论是视为一种自然权利的形而上学学说还是将之归结为宗教意义上的神学学说，它们首先都是将人类看成一个共同的种属进而求得平等的基础。尽管如此，在漫长的人类历史上，就个体而言，人的天性毕竟还是趋向于弱肉强食而非和平相处，强者永远不会主动与弱者分享所谓平等的权利。对平等权利的要求永远都是来自于弱者对强者的期盼。但这仅仅是就人的天性而言，毕竟人之所以被称为社会的动物、政治的动物，乃是因为他们无法独自生存，群居性的集体生活是人类生存的基础性条件。也只有在这个意义上，弱者对平等的呼唤才具备实现的可能。

所谓强者与弱者的势力划分在一定程度上属于相对的概念，主要相对于特定的历史条件及其生活方式。远古狩猎时代，体力强健、善于奔跑的青壮年男子是强者的必备条件；农耕时代，善于稼禾者则更有条件成为强者；进入商业文明社会，巨商富贾就会占据较高的社会地位，支配更多的社会资源。虽然在某个特定的历史时代强者群体会有变化，但惟一不变的是，他们所表现出来的"强"只是相对于整个群体而言，尤其是相对于群体中的相对弱者而言。在群体中，强者与弱者之所以能够和平相处，尤其是强者愿意拿出手中的部分财物与弱者分享，最大的动因是强者不可能脱离群体而单独地生存发展，他们需要归顺于群体。"这在初民时代显然并非自觉而属一种无奈——强者只有在群体中相对于弱者才能逞强；离开群体，便无法获得必不可少的人际交流、公共娱乐、艺术的创造和享受、性对象、满足繁衍和养育后代的情感、伤残病老的被照顾、对居所及火种的不间断照料，甚至每晚睡觉时如何避免外力侵扰都会成为难以解决的致命问题。"[1]

这或许可以看成原始共产主义的某种初态，无论是强者还是弱者，他们明白只有委身一个群体并出让自身的部分利益与其他成员进行交换，才能满足所有人的最基本生存条件。虽然这种状态不能

---

〔1〕 冯亚东：《平等、自由与中西文明：兼谈自然法》（第 2 版），陕西人民出版社 2012 年版，第 8 页。

简单理解为对平等之意义的诉求，但其结果导向则属于一种实质平等。同时是否也可以这样理解，早期人类的平等观远不能以伦理价值的形态进行定义，而更多地属于自然本能。当然，"原始共产主义社会的所谓平等，在具体计量上并不会简单等同于数学上的绝对平均；平等的实现更多只会表现为强者交出猎获物而由首领在群体成员间进行按需分配（即共产共食）；需要冲杀搏斗的强者显然是需要多吃多占一点的，这是弱者及整个群体保证明天食物的生存利益所在。"[1]

我们并不清楚伦理意义上的平等价值观在初民的意识中是何时逐渐萌生的，大致应当在政治学意义上的阶级社会或者是经济学意义上的剩余产品出现以后吧。因为有了剩余产品的分配就会产生阶级，强者及首领在剩余产品的分配中因为更多的付出而要求获得更多份额的要求就会出现。私有制的出现终结了原始共产主义的分配形态，至少在经济领域的不平等开始产生。它同时意味着经济基础所决定的上层建筑——政治不平等得以发生。正是在这个意义上，人类平等的观念在价值观意义上开始萌生，或者更准确地说，弱者群体依靠同类种属关系而希望获得平等际遇（无论是在经济领域还是政治领域）的需求开始出现。

即便如此，让强者放弃既得利益去平等地对待弱者（无论是在群体里还是社会中），特别是平等地分享财富、权力、地位等是不可能自动实现的。初民时期出于无奈对财物的平等分享（尽管不等同于数学上的平均分享）可以视为因生存环境所迫及对依靠群体才能提供的社会性需求的需要。那么当社会进入阶级化阶段之后，随着剩余产品越来越多，强者生存所受到的外在制约条件越来越少，越来越淡化。或者说，强者群体具备了更强的实力迫使弱者群体被迫接受不平等而无力加以反抗的社会现实开始出现了。

就此而言，弱者针对不平等现实所发出的平等呼唤必须寻找一

---

〔1〕 冯亚东：《平等、自由与中西文明：兼谈自然法》（第2版），陕西人民出版社2012年版，第9页。

个新的基点。作为灵性生物，人这一共同种属意识所萌发的价值思考，在形而上学意义上开始成为人衡量自身及其与他人关系的一个价值向度，平等价值的抽象意义逐渐凸显。弱者在与强者的社会关系思考中，他们开始将人的共同属性作为拉平他们与强者距离的一个标准或尺度，他们意识到，平等将更多地建立在大家同属于人而非其他的任何标准之上。虽然这样的意识在历史上的绝大部分时期中肯定是朦胧的（毕竟人权思想的系统形成只是极近晚期的事），但是当人开始了这样一种思考的时候，人类的精神革命才会真正发生。也就是说，平等作为人类区别于动物的专属精神属性才得以真正确立。

作为一种极为复杂的社会历史现象，弱者事实上也绝不奢望与强者来绝对平均地分享财富、权力、地位等社会价值（但作为一种社会理想除外），甚至在集体的社会意识中，某些不平等并不被认为是不合理的，例如世袭制和等级制度在多数朝代中都被认为是天经地义的事。因此，早期的思想家们（无论是东方还是西方）更多地关注于社会的正义与和谐而非平等。早在轴心时代，作为人类思想史上绝无仅有的思想文明高地，以苏格拉底、柏拉图为代表[1]的古希腊哲学家们最早阐释了有关正义的观念，其中柏拉图的《理想国》是比较系统地论述时代正义观的集大成者。在《理想国》中，正义问题构成了柏拉图政治哲学思想中的一个核心问题，他主要从城邦正义和个人正义两个方面阐释了正义作为最高政治理想的价值和意义。应当说，柏拉图并没有将这个"理想"的国家（城邦）看成现实中的国家蓝图，其用意只是激发一场讨论，一种关于正义思想的思考。在他看来，"国家就是一个放大了的个人，而个人则是一个缩小了的国家，所以一个人具有什么样的性质，一个国家也就具有什

---

[1] 柏拉图在其著述中常常借其老师苏格拉底的口来表述相关思想，因此后人往往分不清楚哪些是苏格拉底思想的原始表达，哪些是柏拉图借其老师口而表达自己的思想。因此我们不妨混而论之。

么样的性质。"[1]显然，柏拉图认识到了个人的美德是社会（国家）的美德的基础，而个人美德的塑造来自于人的本性，人的本性则在于灵魂，它包括理性、意志和欲望三个部分，分别对应智慧、勇敢和节制三种美德。如果在人的灵魂中都相应具备了这三种美德，那么作为整体的灵魂就具有了"正义"这种综合性的最高美德。这样的认知无疑是可以接受的，但接下来在国家正义的层面上，柏拉图则话锋一转，将这三种美德对应于国家的治理结构上面。他认为，"国家也是由三个等级组成，第一等级是国家的统治者，第二等级是国家的保卫者或武士，第三等级则是劳动者或一般民众，这三个等级就分别相当于我们灵魂中的理性、意志和欲望。因此，统治者的美德就是智慧，保卫者的美德就是勇敢，而劳动者的美德就是节制。如果这三个等级的人都各自遵循自身的美德原则，统治者勤于治理国家，保卫者勇于保卫国家，劳动者则恪守节制的美德，服从第一、第二等级的统治，那么这个国家就是一个正义的国家，即'理想国'了。"[2]

在那个时代，柏拉图的正义理想显然与我们今天所理解的平等观相去甚远。在某种程度上也恰如中国历史上儒家理想，承认等级差别，承认"不齐"，然后在等级差别和"不齐"中找寻社会的和谐。或者说，中华文明中所追求的"和谐"与古希腊文明所追求的"正义"虽然用词不同，却带有异曲同工之妙。囿于时代的历史局限，我们无法苛求古人，它反映出古代对人类平等观的认知还无法完全做到今人的思考。事实上，只有到基督教文明开始成为西方文明的母体，人作为上帝之下的平等受造物观念才开始在人的意义上找到了平等的标尺，人权观才逐渐萌发并成为社会政治理想的最高追求。

承认人的等级差别是绝大部分历史时期的普遍观念，例如柏拉

---

[1]　赵林：《西方哲学史讲演录》，高等教育出版社 2009 年版，第 123 页。

[2]　赵林：《西方哲学史讲演录》，高等教育出版社 2009 年版，第 124 页。

图时代就是一个崇尚英雄的时代（当然不仅仅是那个时代），所谓英雄不仅仅是武力上的，统治者也包含在内。人们很自然地认为这些英雄本来就是"高人一等"的，他们承认人与人之间的等级差别，因此接受英雄的统治和保护是一件顺理成章的事。柏拉图甚至以一种比喻的方法来论证人的差别，例如他认为神最初是运用不同的材料来创造人类的，统治者所用的是金，保卫者所用的是银，而普通劳动者则用的是铜和铁，因此不同的人应当各随其类，各归其位，各安其分。"在柏拉图的乌托邦中可能包含遗传工程学说：能力较差的公民应被劝阻不要生育儿女，有缺陷的婴儿应当被慎重地处理掉。而更有前途的婴儿要离开父母，在城邦一个隔离区的托儿所接受教育。最有天赋的人应当接受长期艰苦的教育……在完成启蒙开始公民生活之时，他们会看到自身的'善'，从而获得内心的坚毅，为国家带来和平和正义。"[1] 在他们看来，国家（集体）高于个人，国家正义高于个人正义，一切其他正义都要为国家正义服务。为了实现国家的正义，杰出人物的统治（柏拉图理想中的"哲学王"）是最重要的前提，贤人政治则构成其政治哲学的基本主张。因此，社会最高的"善"就是人们在其统治者通过理性进行管理的高雅社会中接受教育，并以他们应当享有的方式来生活。如果超越了他们各自的"本分"，就是僭越，就是不道德。

这样的一种思想虽然在今人看来与我们的世界观、价值观相去甚远，但在历史上的绝大部分时期则是具有观念基础的。即便是东方文化（例如中国文化）在历史上虽然提出过"王侯将相，宁有种乎"等类似口号，不过人们似乎更愿意承认统治权是具有某种"基因"的，正如在对待皇权继承的正统性问题上，血缘关系成为区分正统与非正统的惟一要素。西方文化的血统论在这方面与东方文化同样是一脉相承的，直到基督教出现以后，弱者——底层人民才从其教义思想中找到了自己与其他社会等级的平等归宿——哪怕最初

---

〔1〕 ［英］凯伦·阿姆斯特朗：《轴心时代：人类伟大宗教传统的开端》，孙艳燕、白彦兵译，海南出版社2010年版，第365页。

仅仅是精神性的。

马克思的这一观察是正确的：基督教的创立乃是属于被压迫者的宗教。历史学家汤因比（Arnold Joseph Toynbee，1889—1975）也同意这一看法：对于底层的劳苦大众来说，"他们发现耶稣是一个先知，他到这个世界上来不是为了巩固有权力者的地位，而是为了鼓舞卑微和善良的人们。"[1] 房龙（Hendrik Willem Van Loon，1882—1944）则以充满感触的笔调写道："那是一种亲身的接触，一种直接和个人的亲密情感，赋予了基督教超越所有其他信仰的巨大优势。基督耶稣对全世界和无权利的最底层人们不断表达各种各样的爱，伴随着他所说的话传遍四方……奴隶们会用耳朵去听，用心去理解，他们在光辉未来的崇高诺言前战栗了，第一次在他们的生活中看到了一线希望之光。……这就是新信仰的力量所在。基督教是一个赋予普通人平等机会、具有实际意义的宗教。"[2]

历史上的基督教就其"出身"而言，在很长一段发展时期里的确是流行于底层民众之中，其意义就如上面所分析的那样，它使得普通人在艰辛的无望生活中获得了盼望，也通过对未来的期盼找寻到现实生活的意义并且在精神生活中获得了某种平等性价值，这一点是尤为可贵的。特别是耶稣基督以其"卑微的身份"所获得的至高性对底层民众的吸引力是巨大的，曾经而言，现实生活对他们来说看不到希望，而对未来世界的憧憬也难以找到依托，基督教既让他们对现世的存在获得意义性（救赎），也使他们对未来的盼望获得可及的目标（复活）。因此，当基督教脱离犹太教的母体而成为一种普世性宗教的时候，在数个世纪时间内，其感召力便因其深厚的信众基础以不可挡之势快速在罗马帝国疆域内普及开来。

不过，当基督教成为罗马帝国的国教，已经不再局限于它的原有信众基础。罗马帝国作为那个时代最大的横跨欧亚非三大洲之帝

〔1〕［英］汤因比：《历史研究》（上），曹未风等译，上海人民出版社1997年版，第160页。

〔2〕［美］房龙：《人类的解放》，刘成勇译，河北教育出版社2002年版，第36页。

国，其宽容的宗教政策曾经使其成为一个"广纳众神"的国度。但当它最终放弃无数的"偶像神灵"而选择一个曾经代表着屈辱的十字架信仰，"接受来自遥远沙漠的异族宗教，其因由之一就在于基督教中的原罪观念及上帝说中，包含着罗马各个阶层所渴求的自由和平等的双重要素；贵族所向往的自由找到了'原罪'的说明，而平民所渴望的平等则在极不可靠的国王之外，又获得了对'上帝'偶像的寄托……而'四海之内皆兄弟'和对敌人也应宽容忍让的信条，使罗马帝国的统治者们最终也不得不心悦诚服地接受基督教。"[1]

## 第二节 平等的不平等：一个悖论

以观念而言，我们尽可以在上帝之下求得一种精神意义上的平等，抑或在自我主体意义上求得"佛性"之平等。但是在任何的现实政治社会中，当平等转化为某种实际的社会政治经济权利的时候，平等是绝不可能自发实现的。

平等总是意味着弱者对强者利益的分享，其分享诉求无论具有多少正当性理由，其实现都需要通过某种机制才得以可能。它意味着："平等只能依靠一种超越平等主体的权威力量才能求得——这种力量一定比强者更强，且为弱者所拥戴所推崇。"[2]这个道理其实很好理解，当幼童需要向哥哥或姐姐求得某种平等待遇的时候，例如要分得哥哥或姐姐手中苹果的一半（在他本能的观念中，他绝对认为他有这个权利，但他也明白，依靠自己的力量可能无法从哥哥或姐姐手中取得），他惟一的办法就是借助于家长，因为只有家长的权威才能为他争得平等的待遇。同样的道理放之于社会，弱者群体希望从强者群体手中分享某种利益的时候（当然其前提是弱者认为这

---

〔1〕 冯亚东：《平等、自由与中西文明：兼谈自然法》（第2版），陕西人民出版社2012年版，第107页。

〔2〕 冯亚东：《平等、自由与中西文明：兼谈自然法》（第2版），陕西人民出版社2012年版，第5页。

种分享符合某种平等或正义的价值），他们同样明白这样的利益不可能自动获得（强者群体不会高尚到主动出让自身的利益），而只有借助于那些高于强者的权威力量来主持公道并制服强者。

其结论就是，平等的精神性实现可以通过精神的权威来主持（例如上帝），而平等的社会性实现却不得不通过社会性权威（无论是人还是人的组织）来主持。于是平等的悖论开始出现："平等是需要权威才能实现的，于是权威若系世俗群体中的一员，那他同其他成员之间便再无平等可言。"[1] 在远古时代，权威往往是年长的氏族长老，长老的权威不是基于他的体力而是他的经验、能力以及他处理氏族事务的公正，因此其权威往往得到群体中多数成员的拥戴和认同。换作社会契约论的说法，群体成员自愿出让一部分个人的权利而换得共同权力，这个共同权力于是被交与长老来行使。这是群体得以维系与生存的一个重要前提。同样，以家族文化为基因的东方文化（中国文化）中，家长（家族首领）的权威在几千年中是作为中华文明的基本要素得以维系的（以此来定义皇权的权威，皇帝事实上就是一个最大的家长）。

进入近现代社会以来，公共权力的行使主体往往已不再是某个个人，而是政治组织。但人类社会无法回避的根本问题就是，任何组织都是由一个个个人组成的，并且权力的行使也不得不委托于具体的个人。虽然人类发明了若干具体的政治制度设计，根本目的都是对权力者行使权力的限制，但是权力所依托的权威却是任何政治制度都无法解决的。权威在本质上是一种社会维系的必要存在，虽然政治设计可以限制权威的权力滥用，但无法限制权威本身。人类社会需要秩序，因此产生了政治，而政治在本质上就是一种管理，通俗地讲，就是人管人，因此只要有人群存在的地方，就需要权威的存在，这是颠扑不破的真理。但无论在什么意义上，权威的存在与其成员就是一种地位上的不平等。

---

〔1〕 冯亚东：《平等、自由与中西文明：兼谈自然法》（第 2 版），陕西人民出版社 2012 年版，第 9 页。

当然现代的民主政治就其本意而言是一种"多数决"的政治安排，其目的就是减少某些个人意志对社会政治决策的影响。但它又同时面临两大难题：首先，人类社会是永远需要管理并服从权威的。民主政治能够在一定程度上解决的，是个人的权威转变为法律之权威。由于法律可以视为众意的表达，在理论上，它实现了传统意义上个人权威向形式意义上主权在民的法律权威的转换，故权威依然在位，但权威主体则由人转换为制度机制（法律）。但接下来的问题则是，是否法律的权威就真正能够排除了个人的影响呢？西方法治民主的政治实践并未能得出乐观的解答。正如我们在第一章中分析的那样，以代议制民主政治为基本模式的法治民主充其量只能解决机会平等或者说政治投票权平等的问题，但由于权力在本质上是不可能被平等分配的资源，这就决定了政治平等最终是永远无法实现的。而权力作为权威的基础，也就决定了权力行使的主体——最终必须落实到具体的个人或个人组织（政府、政党）身上，权威的人格化或组织的人格化都是不可避免的——毕竟组织同样也是少部分人群所组成，并依旧是科层性质的。

　　正是因为平等观念自身就包含着一种不平等的悖论，因此每个时代的思想家们都不得不接受这样一个真理性的残酷结论，并将其作为自己构建平等思想及其秩序体系的理论基点。早在古希腊时期，其思想家中最著名的三杰都认识到了这样的现实，他们不约而同地将社会的良序在很大程度上寄托于权威——统治者的身上。苏格拉底承认统治者与被统治者之间有一道"鸿沟"，国王是"人民的牧人"。柏拉图的理想则是"哲学王"的出现。亚里士多德说得更为直白："世上有统治和被统治的区分，这不仅事属必须，实际上也是有利益的；有些人在诞生时就注定将是被统治者，另外一些人则注定将是统治者。"[1]不难看出，即便作为人类政治发展史上最早的民主政体，古希腊的城邦民主至今依然被人们津津乐道，但即使如此，

--------

　　〔1〕　〔古希腊〕亚里士多德：《政治学》，吴寿彭译，商务印书馆1965年版，第13页。

人们依旧不能否认梭伦（Solon，约前 640—558），伯里克利（Pericles，约前 495—429），克里斯提尼（Cleisthenes，前 6 世纪）等政治人物的作用，无论是制度的建立还是运行，没有人的作用特别是优秀政治人物的作用几乎是不可想象的。我们很难天真地认为制度一旦建立就能够自发地运行，何况任何制度都需要不断完善与改进，其间政治人物的作用、权威的力量将是关键性的。在这个意义上，古希腊哲学三杰之所以不约而同地没有将制度作为最佳的选择而关注于人，并非没有道理。同理，中华文明的秦皇汉武、唐宗宋祖等历史人物的作用总是被人们津津乐道。在历史发展观中，究竟是"英雄创造历史"还是"历史是由人民群众创造的"始终是一个各有其解的话题，但英雄（权威）人物的历史作用却无论如何是无法抹杀的。

　　世俗的平等意识通常认为来自于希腊化时期的斯多葛学派。这个学派的思想在某种程度上与中国的老庄比较相近，在其创始人芝诺（Zeno，约前 340—）看来，与自然相一致的生活，就是道德的生活。他们将宇宙（自然）看做一个有序的、完善的整体，人是这个宇宙中的一个部分，而且每个人都像一个"小宇宙"，是"大宇宙"的缩影。因此只有顺应宇宙的内在规律和秩序，人才能获得幸福。反映到社会生活中，斯多葛派所主张的"世界公民"思想应当是最早的关于人类平等意识的系统化表达，他们认为世界只有一个国家即世界国家，只有一种公民即世界公民，进而打破了那个时代根深蒂固的关于希腊人和"野蛮人"的界限。更为可贵的是，奴隶在那个时代曾经被视为不仅仅是身份的区分，更是人在"品质"上的差异，因此奴隶并没有被视同为"完整的人"，而仅仅是主人的"财产"。而斯多葛派的代表人物之一塞涅卡（Lucius Annaeus Seneca，约前 4—65）却明确提出：奴隶也是人，他们在天性上与其他人是相同的，奴隶的灵魂中，同样被赋有其他人所具有的自豪、荣誉、勇敢和高尚那些品性，而不管他们的社会地位如何。毫无疑问，这样的思想是难能可贵的。后世将斯多葛学派的思想视为西方

"天赋人权"学说的第一次论证，同时也是"人生而平等"这一世俗人文主义理想的思想来源。其关于不分主人和奴隶、希腊人和异族人、高贵者和卑贱者、富人和穷人，所有人在精神上和人格上都一律平等的思想成为西方最早的平等观。同时，基督教关于平等主义的神学思想中，借鉴于斯多葛学说的论证也被认为比比皆是。

　　但我们也需注意到，斯多葛的平等主义并不以反对权威为前提，他们同样主张这样一个"平等的"世界国家需要一个智慧的君主来统治，这与他们推崇的自然理性思想有关。在他们的政治思想中，宇宙的最高理性就是神（虽然指向的未必是基督教的上帝），自然秩序就是神的秩序（在这个意义上，接近于斯宾诺莎的泛神论思想），既然存在秩序，就存在秩序中的序列。因此，斯多葛的平等观依然是形而上学意义上的，属于精神上的、人性上的、人格上的平等（这一点在那个时代已经相当可贵了），而在现实的政治安排中，人世间个人的幸福实现除了在内心中遵从自然的"天命"之外，安于自身的社会地位，接受社会身份上的"宿命论"，也就是服从权威的统治，同样是不可或缺的，因为世俗权力的权威在斯多葛学派的学说中本身就是自然理性的重要组成部分。

　　到了基督教时期，在其教义中，基督教并不否定世俗的权威（权力），最典型的表达就是耶稣基督的名言："上帝的当归上帝，恺撒的当归恺撒"。这其中首先的意义在于，惟一的真正权力只能来自于上帝，在上帝面前，任何人世间的权力都是没有存在价值的，同样任何人世间的所有差别（地位、财富、权力）都是可以忽略不计的。因此，基督教只承认一个权力——上帝的权力。正如罗素所指出的那样："与权力有关的最重要的基督教教义是：我们应当服从上帝而不是人。"[1] 但同时，也就是在上帝的惟一绝对权柄之下，在对待世俗权力（恺撒）的问题上，基督教也承认其存在的合理性，早期教父哲学的代表人物奥古斯丁就以上帝之城与人间之城的分野奠

───────────

〔1〕 ［英］罗素：《走向幸福》，王雨、陈基发编译，中国社会出版社1997年版，第253页。

定了基督教圣俗二元的经典论观，界定了世俗权力的性质和边界。一方面，圣经中有明确的基督徒必须顺服世俗权力的经文："在上有权柄的，人人当顺服他；因为没有权柄不是出于神的，凡掌权的都是神所命的。所以抗拒掌权的，就是抗拒神的命。"[1]但它同时也意味着，世俗权力并非绝对，在世俗权力之上还有一个高贵的神圣权力的存在，在这个意义上，世俗统治者的权力及来源是受托的和有限的，它的存在不是目的而是手段，是替上帝维护俗世间的秩序。同时，正义仅仅是属于上帝的理性，而原罪则属于人间之城的所有成员，包括最高统治者也不能例外。既然人是有罪的，更是有限的，因而，世俗的任何权力者都不可信任，需要受到制约，无论他是世俗事务统治者还是世俗社会负责精神事务的统治者。这种由基督教原罪观导引出的对权力及其权力者的不信任，始终是西方文化中根深蒂固的传统观念，深刻影响着西方社会的伟大思想家们。[2]

关于世俗权力的相对性和有限性，基督教是从三个方面来认识的：其一，世俗生活与精神生活。在基督教的神学政治中，尽管认为世俗国家是不可或缺的，但却是一种"必要的恶"，世俗国家本身不具有终极的目的，它只是人类向更高一目标亦即"上帝之城"演进过程中的一个环节，因此国家不能以神圣价值的承担者自居，国家的权力只能限定于世俗领域而不能进入人的精神生活即信仰领域，这一观念自奥古斯丁起便成为基督教教义思想的重要内容。其二，宗教改革特别是加尔文新教更加强调人的罪性与沦落，也正是由此出发，基督新教发展了基督教教义中平等观的意义，认为人既是平等的同时又是不平等的，平等是因为在上帝面前人人都是罪人，且罪无差等，皆需要靠上帝的恩典而得救。不平等是在于一部分人在世俗社会中是属于统治者而另一部分人则属于被统治者。世俗社会的现实安排意味着不平等虽然无法更改，但从人的罪性而言，统治

---

〔1〕《圣经·新约·罗马书》13：1~2。

〔2〕 参见王建芹：《法治的语境——西方法文明的内生机制与文化传承》，中国政法大学出版社 2017 年版，第 146 页。

者也必须受到统治，从而达到终极平等的目的。引申到社会政治层面，就意味着统治者的世俗权力同样需要受到制约。其三，基督教认为上帝赋予了人一些最基本的权利，例如生存权、自由权、追求幸福权以及财产权等一些"基本人权"，这些权利是属于绝对的权利，国家包括其他人都无权剥夺与干涉，国家的作用在于在被治之民的同意下维护这些权利。这一观念既为后来的社会契约论及其人民主权学说提供了思想基础和养分，也为界定国家的世俗权力边界及其有限政府理念的生成提供了依据。[1]

从整体上看，基督教的教义在解决平等之悖论的问题上，通过上帝之城与人间之城的分野，通过精神权力与世俗权力的界分，事实上解决了政治学或哲学意义上的平等与自由的关系问题。正如黑格尔指出的那样，"只有在基督教的教义里，个人的人格和精神才第一次被认作有无限的绝对的价值。一切的人都能得救是上帝的意旨。基督教里有这样的教义：在上帝面前所有的人都是自由的，所有的人都是平等的，耶稣基督解救了世人，使他们得到基督教的自由。这些原则使人的自由不是依赖于出身、地位和文化程度。这的确已经跨进了一大步……多少世纪、多少千年以来，这种自由之感曾经是一个推动的力量，产生了最伟大的革命运动。"[2]落实到具体的政治设计上，西方文化以上帝的权威塑造了人人平等的精神领域，在这个领域里世俗的权力绝不可以染指，因而人既是平等的又是自由的。在现实政治社会生活中，尽管平等的法则无法确证在每一具体权利项下的绝对平等，但通过法治的权威，在行为实践上最大限度来践行自由的原则。之所以说西方政治文化始终将自由作为最核心价值，事实上是这种终极平等观为其提供了理念支撑。托克维尔感慨道："在精神世界，一切都是按部就班，有条不紊，预先得知和预

---

〔1〕 参见王建芹：《法治的语境——西方法文明的内生机制与文化传承》，中国政法大学出版社 2017 年版，第 147 页。

〔2〕 ［德］黑格尔：《哲学史讲演录》（第 1 卷），贺麟等译，商务印书馆 1981 年版，第51~52 页。

先决定的；而在政治世界，一切都是经常变动，互有争执，显得不安定的。……这两种看来互不相容的趋势，却不彼此加害，而是携手前进，表示愿意互相支持。……自由认为宗教是自己的战友和胜利伙伴，是自己婴儿时期的摇篮和后来各项权利的神赐依据。自由视宗教为民情的保卫者，而民情则是法律的保障和使自由持久的保证。"[1]

　　希腊文明曾经以一种早熟的方式奠基了西方古文明的文化观念，但只有它被基督教文明所吸收并以另一种方式发扬光大，才形成了今天意义上的西方文明。"基督教的'上帝说'给欧洲的穷人们带来了以观念虚拟的方式重构平等的希望和寄托，'原罪说'则时时告诫富人们在自由的创造中须不断克服和洗刷源自本能的兽性冲动……基督教成为从根本上改造西方文明的一大关键。"[2]平等、自由、博爱这三大基本价值之所以可以被西方视为普世的，其观念推导无论从宗教学意义上还是从哲学形而上学意义上，都必须具有超验的基础，基督教发挥了这样的作用。在西方思想史上，它具有一脉相承的显著特点。

## 第三节　追求不平等：人之本能

　　人类平等意识具有明显的二重性特征：即一方面追求平等，另一方面又追求不平等，平等问题的博弈其实是在这两者之间的权衡与取舍之中展开的。平等是弱者的愿望，不平等则体现强者的价值。因此，之所以说平等几乎是人类难以实现的、可望而不可即的理想，就在于平等问题永远会面临不平等的极强张力。

　　弱者追求平等而强者追求不平等仅仅是一个大致的意识范畴，

〔1〕　[法]托克维尔：《论美国的民主》（上卷），董果良译，商务印书馆1991年版，第48~49页。

〔2〕　冯亚东：《平等、自由与中西文明：兼谈自然法》（第2版），陕西人民出版社2012年版，第239页。

强与弱在复杂的社会现实中不仅仅常常是相对的而且常常是相互转化的。事实上,"当人们在一个不平等的环境中处于弱势的时候,首先追求的是平等,而当人们认为自己有可能进入强势地位的时候,却又转而追求超越,即不平等。甚至,有些人还处于弱势的时候就已经在既追求平等又追求不平等。此外,同一个人也往往是在某些方面追求平等,某些方面追求超越。"[1]

就人的个体性而言,他对财富、权力、地位、名誉的追求在一定意义上是社会发展和进步的动力,这点无可否认。因此,平等与效率(自由)的内在矛盾之争便成为政治哲学和经济学的核心议题。人类至今所能求得的共识仅仅在于:依据不同的历史发展阶段和经济社会发展现实来处理平等与效率(自由)的关系,当平等的矛盾过于突出的时候,就不得不牺牲一些效率来维护社会平等;而当平等开始阻碍了社会发展效率的提高,就得牺牲一定程度的平等来换取社会整体在创造方面的进步。至今为止,人们还远没有找到平等与效率(自由)之间的最佳平衡点。或者按照一种悲观的说法,平等与效率自身就内含着逻辑上的紧张关系即价值目标上的悖论,两者是无法同时兼容的。

以实证角度而言,如果说追求超越或者说追求不平等属于人类的本性,应当是有根据的。早在孩童时代,小朋友们下意识中就存在超越他的同类群体的某种本能,他们会为自己比其他小朋友个子高、力气大、跑得快、穿得漂亮甚至哪怕吃饭多等等而骄傲,这是因为他们在这些大人们看似无足轻重的细节中找到了自己与其他同类的不同之处,而这些不同之处是足以显示自身与众不同的某种特殊价值。虽然它是否属于人类的先天本能我们尚无从得知,但毫无疑问,只要人类意识到了自己的社会性,他就意识到了自己在社会中必须具有某个特定的"位置",而这个位置是在与其他人的"位置"比较中获得的。只要有比较,就有高低短长强弱之分,求高求

---

[1] 毛德操:《论平等——观察与思辨》,浙江大学出版社 2012 年版,第 19~20 页。

强成为一种本能的反应。

尽管说动物群体中的求强意识肯定也是具备的，但人类之不同，在于人类的精神性。动物求强所凭借的往往是先天的体力，基本不存在后天努力的可能（自身也意识不到）。而人类的求强意识随着智识的发展，先天的体力越来越难以构成其社会地位的主导性因素，而非体力性的智力、经验、水平等能力性因素开始成为个体的人占据群体优势地位的主导性因素。更重要的是，人开始意识到，后天的努力完全有可能弥补其先天性的某些劣势，进而在某一个方面达到超越其同类的效果。也正是因为这样一种超越意识的存在以及实现超越的可能，人才能首先超越于动物进而不断超越自身并实现超越同类的一种进步。

在这个意义上，人类对不平等的追求才构成人类社会进步发展的动力，这么说是有道理的。在我们能预见到的现实及未来的政治经济社会中，只要存在竞争，就必有对超越即不平等的追求。即便对于某些人类社会理想例如"大同社会"（比如共产主义）而言，采取的是"各尽所能、各取所需"的分配原则，在物质占有方面的超越意识在理论上似乎可以消除（当然物质分配的平等也不意味着绝对平均），但按照马克思主义的原理，共产主义社会同样会存在先进与落后、正确与谬误的矛盾，矛盾的存在就意味着对矛盾的超越，尽管它也许不体现在物质占有等经济利益方面，而是精神性的意识之超越。可见，超越之意识或超越之本能对人类社会而言将是一个永恒的主题。

对人类超越意识的哲学分析，叔本华（Arthur Schopenhauer，1788—1860）将之命名为"生命意志"（或译为"生存意志"）。在叔本华看来，生命意志是物质本能中一种无法遏制的盲目的冲动和无限的欲求，而欲求的本质则是生命，即生存和繁衍。这是一种永不停歇的力量，驱使着万物去运动、去发展。这种生命意志体现在世界万物之中，但越是等级高的动物，生命意志就越是强烈，人就是这样。对人类来说，欲求产生于不足和匮乏，是对现状的不满足，并且这种不满足将是无止境的。叔本华作为西方悲观主义哲学的代表人物，他认为这种生命意志带给人类是痛苦而且是无尽的痛苦，因为每一次欲望的满足都将是下一次欲望的开始，永无止境。纵然欲求得到了完全的满足，它所带来的又是孤寂、空虚和死寂，也同样是一个充满痛苦的过程。这样看来，人生就是痛苦，其根源就是人类的欲望。从这个角度看，叔本华学说受到东方佛教思想的影响很大。

叔本华是以人类作为整体来论证他的"生命意志"学说，阐释的是人的本能之中欲求（超越）的力量。但如果我们从另一个角度来看，这种不断超越的力量又何尝不是人类社会在物质上和精神上不断得以发展和进步的一种动力呢。一方面，人之不自足所带来的精神痛苦的确正如其学说的悲观预见；另一方面，正确面对痛苦又恰恰是人类寻求精神超越的一种特有本能，虽然这种超越只有通过宗教来加以回答，但并不代表人类不能换一种方式来加以"解脱"。叔本华的时代是西方启蒙思想勃发的时期，对传统基督教神学的反叛以及对人自身主体性的彰显是那个时代的主题，在这个乐观的氛围中，叔本华的悲观主义哲学既可以看作一种启蒙的反思，也在某种程度上预见了后现代主义的虚无主义结局。

叔本华的哲学思考启发了尼采，他不再以人类群体而是以个体之人的角度来思考人的超越意识，并将叔本华的"生命意志"主题转换为"权力意志"，他认为事物的生命意志目标如果仅仅在于求生存是远远不够的，更重要的还在于求权力、求强大、求优势、求自身超越，这就是权力意志。求生存可以说是事物最基本的，也是最低的要求。事实上任何事物都决不会满足于这种要求，凡有意志存在的地方，即一切事物，都必须追求力量的强大，竭力占据优势。在尼采哲学中，权力意志是一切事物的本质，一切事物无不是权力意志的表现。人的一切行为、活动都是权力意志的表现。人们追求食物、追求财产、追求工具、追求奴仆和主子，根源都在于权力意志。在社会生活中，压迫、剥削、奴役、战争、人们之间的争斗等等，都是不同的权力意志相互作用的表现。

将这一理论引申到人类社会之中，尼采（Friedrich Wilhelm Nietzsche，1844—1900）就提出了他关于强者道德与弱者道德的哲学观。在尼采看来，强者是一个社会发展进步的主要力量，人类社会就是一个强者征服弱者的过程。他相信社会与自然界的本质是同一的，天然地具有等级。如果人人都是平等的，那么就等于把那些超群出众的具有创造精神的个人降低到普通人的地位。在他看来，有人生而为弱者，有人生为强者，前者构成极大多数，后者构成极少数，而人类社会是由极少数的强者所创造所推动的，这是人类个体生命存在的一个基本的事实。因而强者与弱者间的"权利不平等"体现的是生命的权力意志，是一种"高贵的不平等"，因此，人类社会的道德只有鼓励和保护强者，社会才能更好地发展和进步，社会的道德向度应体现的是强者的道德而不是弱者的道德，这才是社会真正需要遵循的道德，才是社会的本质。一个社会只有鼓励这样的道德，才能不断地发展和进步。

需要解释的是，尼采所说的"权力"并非人们在世俗意义上所理解的"政治权力"，而是指一种在人的内心中让自己变得更强大、更强壮、更富有创造力的欲望。因此，也有译者将"权力意志"译为"求强意愿"似乎更为准确亦更易理解。尼采认为，强者在一个社会中总是少数人群，但是在原始的民主模式下，多数人的暴政使得强者不得不屈服于弱者的围攻之下。这种原始的民主模式本质上来源于基督教所宣扬的社会道德观，而这种道德观是一种弱者的道德观，抑或被他称之为"奴隶道德"。这样一种道德"表面的内容是同情、仁慈、谦卑、平等，其实本质上，是弱者为了掩盖自己对强者的恐惧、嫉妒和自私，借助奴隶道德去限制强者"[1]。在这个意义上，他旗帜鲜明地反对人人平等的社会道德观，虽然这并非代表他不同情弱者，不主张对弱者的关怀。在他看来，无论是强者还是弱者，本性中都必然地具有求强意愿，但是当一个社会的道德被

---

〔1〕　林欣浩：《哲学家们都干了些什么》，北京联合出版社 2015 年版，第 322 页。

弱者道德所绑架的话，这种道德最终所起的作用就是对强者的限制，进而限制人类的进步和发展。

不难看出，尼采的思考深深浸染了进化论的观念，但是如果将其简单地归入达尔文主义也是不准确的。达尔文主义将人类归结为一个物种，在本质上是与动物无异的，因此生存斗争体现的是"物种"间的适应性竞争。尼采对人"求强意愿"的表达强调的则是物种之中个体的"自我提高"，而不涉及物种间的竞争问题。尼采的哲学批判事实上就是一种道德批判，对社会道德的批判，重点是对基督教道德的批判。但正如后人所评判的那样，尼采对基督教的理解是简单化的，既具有深刻的一面，又具有十分浅薄的一面，他将对传统形而上学的攻击，对传统道德的攻击，一并加到了基督教的头上。这与他的性格、家庭环境、狭隘的道德观念不无关系。他的身上充满着矛盾，生理上的疾病和心理上的强烈欲望，癫狂的思想和冷静的思辨，缺陷的家庭和追求完美的人生哲学，都构成了思想中极强的张力。在他生活的时代，启蒙运动已近尾声，两千多年来，西方文明一直生活在基督教价值体系中，人们从上帝那里获得价值依归。而随着上帝之死，意味着一切传统价值的终极基础和支柱的崩塌，人被抛回到他的自身，他需要从自身当中找到存在的意义。因此对尼采来说，人正面临着一个可怕的两难处境：宣告上帝之死，就是否认了任何东西所具有的终极意义和价值，而相信上帝存在，就是生活在一个虚无的世界当中。这种无力感使得尼采不得不感叹：两个世界之间，一个已经死去，另一个却无力诞生。"在'上帝死了'的世界中，一切都变得毫无意义，所有的价值、意义和目的都只源于人的权力意志，所有对于世界的认知都只是出于某个视角的解释，'上帝死了'，从此欧洲人再没有确定生活的整体意义和未来目标的尺度，再没有安身立命的信仰和根基之所在，那么，人类将如何在这个四大皆空的世界中生活呢？"[1] 不得不说，尼采最后走向

---

〔1〕 张旭：《上帝死了，神学何为——20 世纪基督教神学基本问题》，中国人民大学出版社 2010 年版，第 2 页。

了精神崩溃，是否与他绝望的心情和分裂的人格有必然联系，不得而知。

尼采对基督教那种根深蒂固的偏见也使得他对基督教价值观特别是新教伦理中所蕴含的许多积极因素视而不见，例如节俭、勤奋、自信、平和、忍耐、自我约束等，他没有看到新教伦理对近代资本主义发展所起到的积极作用。事实上，近代资本主义的发展，以及对人在社会意义上的解放，与尼采心目中的人之解放在本质上并无太大的区别。他事实上也未真正意识到，"保罗宣扬的基督教义是成功的。他以柔弱胜刚强的方式最终征服了犹太人的征服者，使罗马统治者皈依了基督教。基督教能够从一个亚洲边缘地区的小教派传播、壮大并扩展成为一个北非和欧洲地中海地区的主流教派，最初的功劳都应该记在使徒保罗的账上……后来基督教神学家们总结说，保罗所宣讲的'原罪'和'救赎'的概念，完全是照应人们当时的实际生活状况而进行的，因此，也可以视为对犹太教先知'启示神学'的革命……他的宗教逻辑是，只有在承认人们现实苦难的基础上，人们期盼的救赎和耶稣殉难的道德意义才有充分的价值。"[1]诚如美国著名学者乔治·桑塔亚那（George Santayana，1863—1952）评论的那样，"尼采是'生活在理念的光芒之中'，在那种光芒之中，民众的基督教就会显得只是软弱的、顺从的、虚伪的。他未能正面评价无数基督徒默默无闻的生活之质朴的美德，那恰恰是能表现高贵的力量升华的美德。而且，他显然也未能理解真正的基督教信仰核心里的自由和肯定生命的欢乐。"[2]

## 第四节　你丈夫必管辖你

性别平等在当今时代是属于政治正确的话题，恰如种族平等的

---

〔1〕 单纯：《启蒙时代的宗教哲学》，中国社会出版社 2010 年版，第 392～393 页。

〔2〕 [美] 詹姆斯·利文斯顿：《现代基督教思想》（上），何光沪、高师宁译，译林出版社 2014 年版，第 841 页。

问题一样，在道德上和政治上获得正确性已然没有异议。但是当我们将此类问题深入展开的时候，却发现它们的基础很难脱离开某种预设的前提性条件，无论是来自于宗教的或者哲学形而上学方面的。

不可否认，当我们坚信人类在生物界是具有某种特殊地位的特别生物的时候，我们必须承认人类之间除了一些基本的共性，还会具有某种差异，而最显著的差异必然来自于男女之间。因此承认男女之间的平等首先应当以承认他们之间的差异为前提，它与政治或道德无关。或者换一个角度说，政治上或道德上对其平等性的认知首先要解决的是对其差异性的认知，它关涉到平等性的内涵，也就是男女之间的性别平等究竟在平等什么。在一个具体的政治社会中，男女平等是以承认他们之间的"一致性平等"为主要目标还是以区分二者之间的差异为主要目标？显然，答案通常是需要兼顾考虑。但兼顾考虑所涉及的优先性问题在平等主义诉求中则是有明显分歧的。以社会政治的角度看，一致性平等具备明显的话语优势；而从心理分析的角度，差异性的话题却也论据凿凿。如果我们再将宗教背景所带来的复杂性加进来的话，"平等"与"差异"之间的张力便会引发诸多持续不断甚至不可化约的紧张关系。

通常而言，对性别平等的价值追求来自于女性，因为在现实的政治社会中女性往往是平等权利中的弱势一方。因而女权主义者对平等的诉求，显然不是将其视为与男性的简单同一，他们往往是站在与男性生理差异的角度寻求获得某种差异化对待。例如，体力上的差异使得女性不可能被要求在战争中与男性同样地冲锋陷阵，也不可能在某些更需要体力的工作中让她们与男性平等竞争。男女不同的生理特征决定了他们之间在社会角色上需要区别对待，因此便产生两种类型的平等理论：其一，主张男女同质论，即男女是生而平等的，他们之间不存在本质的差别。这样的主张源自于对历史上绝大部分时期男权社会的反抗，它们通常来自于较为激进的女权主义者，甚至认为女性比男性更为优越，特别是在现代生活中，他们认为女性在诸多方面有着比男性更高的素质。因此这类女权主义理论基于历史上女性所受到的不平等对待，试图为当代女性取得平等际遇甚至更高的社会地位寻求依据。其二，主张男女互补论，即"男女两性是生而平等的，但两者并不是完全同质的，而是有一定的差别，两者是互补的，因而在社会关系上，应当是协作且双赢的"[1]。他们主张男女之间的平等和协作。显然，后一种主张更多地出于对女性社会平等地位的承认与肯定，相对符合当今社会人类的认知范畴。

在权利意义上肯定男女平等在当今社会的理论依据是人权思想所获得的基本共识。也就是在人的意义上，男女之间无论具有多少差别，他们的本质是同一的。但是，正如人权思想的理论大厦脱离不开某些先验的思想基础一样，发轫于西方的人权观念同样无法背离他们的思想文化根基，即基督教文化的形塑与培育。事实上，在漫长的历史发展时期中，早期基督教思想带给西方的性别文化观却是男性中心主义和父权文化形态的。这并不奇怪，正如历史上母系社会解体以后的绝大部分社会发展阶段中，父权制几乎成为所有文明的基本社会结构一样，它来自于人类社会生产力发展水平的客观要求。因此，男性中心主义和父权制文化反映出特定文明发展时期由生产力发展水平和经济结构所决定的社会结构与文化形态，并不能简单以道德论加以评判。

以思想史的角度加以观察，基督教神学思想中的性别观在早期同样体现出明显的男性中心主义和父权制特征。虽然说圣经中对于性别的问题并没有固定的、一成不变的论述，而是形成多层次、多角度观点的综合，但由于对圣经的阐释与解读出自于男性所垄断的教会之特权，因此男性中心主义不可避免长期体现在其教义思想之中，进而形成早期基督教文化中对女性性别上的贬抑。

首先，"在圣经的本体论阐释中，'上帝'并非是一种抽象的或非物质的存在，上帝是有形体的，并且常常被理解为有性别的。"[2]

---

〔1〕 舒也：《圣经的文化阐释》，江苏人民出版社 2011 年版，第 82 页。

〔2〕 舒也：《圣经的文化阐释》，江苏人民出版社 2011 年版，第 58 页。

尽管在圣经中，上帝并没有被明确表述为一位男性，但从语言学的角度分析，上帝所使用的都是属于男性所特有的动词和修饰词。特别是"天父"这一词汇被专门指向于基督教的上帝，其性别特征及地位特征显明了父权制下的宗教文化理解。新约中主祷文中开篇即言"我们在天上的父，愿人都尊你的名为圣"，更是明明白白将上帝的性别特征显明于世，男性化、父权化成为对上帝世俗化理解的一种解答。

如果说关于上帝性别问题的讨论还不足以左右对人类社会性别结构的理解的话，那么圣经中关于人类起源的记载常常成为男性中心主义的依据。"圣经提供了一种由男及女的人类起源说，并且构造了一种'女自男出'的女性起源观，它把女性的起源解释为男人的一根肋骨。这一解释模式直接地将女性归附为男性的一根肋骨，从而将女性宣布为附属于男性的，女性是男性的一个部分，是'从男人身上取出来的'，这样，女性天然地丧失了独立性，成为男性的从属和附庸。"[1]进而，在圣经的记载中，女性不仅是由男性身体的一个部分所造，而且女性被造的目的亦是为男性所服务。"耶和华神说'那人独居不好，我要为他造一个配偶帮助他'。"[2]至少从字面上看，"女性的出场，从一开始就被定位为是为男性服务的。"[3]更重要的是，当夏娃受到蛇的引诱而率先偷吃智慧果之后，上帝对于女性的宣判："我必多多加增你怀胎的苦楚，你生产儿女必多受苦楚。你必恋慕你丈夫，你丈夫必管辖你。"[4]如果我们单单就字面意义而理解的话，仅仅是"你丈夫必管辖你"这句话，女性的从属地位就被决定了。

圣经作为一部历史书，尤其是旧约部分，所记载的是古代希伯来民族的历史变迁及其对历史的阐释。就其内容而言，"圣经记载的

---

〔1〕 舒也：《圣经的文化阐释》，江苏人民出版社 2011 年版，第 65 页。

〔2〕 《圣经·旧约·创世记》2：18。

〔3〕 舒也：《圣经的文化阐释》，江苏人民出版社 2011 年版，第 65 页。

〔4〕 《圣经·旧约·创世记》3：16。

历史，几乎是一部男性的历史……它记载的是以男性族长、家长、君王和祭司为中心的族长史、家长史、君王史和祭司史。"[1]对圣经的阐释离不开时代的背景，正如后世人们既可以在圣经中找到无数贬抑女性的词句与记载，及其对女性社会地位的否定，也同样可以在圣经中找到许多肯定女性价值的神学阐释一样，它反映出的是权力结构的时代化特征。

进入新约时代，如果说关于耶和华上帝的性别依然尚不明确的话，但耶稣却是一位明明白白的男性。更重要的是，"在《新约》记载的耶稣的言论中，没有任何可被看作是反对女性、厌恶女性或性别歧视的内容。耶稣以同样的标准对待男人和女人，耶稣从未想过对妇女规定一套女人必须遵守的妇德。耶稣没有把妇女放在低一级的位置上来看待，对男性和女性施以均等的同情和关注。"[2]他对犹太律法中歧视女性的部分进行了大幅度的改革，尤其在婚姻关系中，对结婚、离婚、再婚等方面都进行了改革，不可随意休妻成为对女性权利的最大保护。关于男性与女性的最核心关系即婚姻关系，耶稣尤其强调丈夫对妻子的爱。"你们做丈夫的，要爱你们的妻子，正如基督爱教会，为教会舍己。"[3]当然，耶稣同时又说："你们做妻子的，当顺服自己的丈夫，如同顺服主。因为丈夫是妻子的头，如同基督是教会的头……教会怎样顺服基督，妻子也要怎样凡事顺服丈夫。"[4]如何理解妻子对丈夫的顺服，如同如何理解"你丈夫必管辖你"这种语意明确但在理解上却带有时代性的问题，成为不同时代处理性别关系中需要不断解答的问题。

两千年来，对圣经的不断诠释意味着对上帝话语的不断重新发现过程。对女性性别价值和社会地位的重新阐释同样是可以在圣经中获得发现的。如果我们注意到关于上帝造人的记述中"神就照着

〔1〕　舒也：《圣经的文化阐释》，江苏人民出版社 2011 年版，第 67 页。

〔2〕　舒也：《圣经的文化阐释》，江苏人民出版社 2011 年版，第 76 页。

〔3〕　《圣经·新约·以弗所书》5：25。

〔4〕　《圣经·新约·以弗所书》5：22~24。

自己的形象造人，乃是照着他的形象造男造女"[1] 这一描述，同样可以理解为女性与男性一样分有了上帝的形象且上帝的形象并没有局限于男性之性别特质。更有观点认为，当亚当被造之时，并无男女之别，"亚当最初也是中性的，亚当兼有男女两性的属性，直到女性创造出来后，亚当身上的男女属性才分离出来"[2]。同时，夏娃虽然最早偷吃了禁果，一方面，犯了原罪（这样的原罪是与亚当共同承担的且受到了共同的惩罚），但另一方面，它又显示了夏娃的勇敢，这种勇敢所带给人类的是获得了自由。在这个意义上，将夏娃视为人类自由之母亦不为过。在女性主义者的另一种阐释中，"上帝造人，女性生育人，女性继承并延续了上帝造人的职责。耶稣复活第一个发现者是玛利亚，是女性见证了耶稣的复活，而耶稣复活在基督教中是一个核心事件，可见，女性在基督教信仰中有着非常重要的位置。"[3]

圣经被视为神的话语，尽管它不得不通过人类的语言加以记述，但人类语言的局限使得对圣经的理解和解读造就了不同时代文化背景中的丰富性。圣经与其他宗教典籍之不同，就在于它的话语从来都是极其清晰明白的，这导致不同的人、不同的时代从圣经的话语中甚至能够解读出许多"矛盾"的地方：它一方面可以被视作人类思维的有限，另一方面恰恰证明神的丰富与无限。正如前面所分析的那样，圣经对男女性别结构的价值解读很难得出单一性的结论，历史上男尊女卑的事实固然不难从圣经的词句中找到神学依据，但随着女性社会地位的实质性提高，圣经神学同样是可以为其找到价值依归的。在某种意义上，它背后所指向的，事实上是人类社会发展实践中权力政治的演化逻辑。就性别关系背后所隐含的政治关系而言，洛克的分析应该是有道理的："虽然夫妻只有同一的共同关系，然而由于各有不同的理解，他们不可避免地有时也会有不同的

---

[1] 《圣经·旧约·创世记》1：27。
[2] 舒也：《圣经的文化阐释》，江苏人民出版社 2011 年版，第 80 页。
[3] 舒也：《圣经的文化阐释》，江苏人民出版社 2011 年版，第 81 页。

意志；因此有必要使最后的决定——即统治——有所归属，这就自然而然地落在较为能干和强健的男子分内了。"〔1〕洛克完全是从政治理论的角度来看待历史上的性别关系，但他并不认为这样会导致不平等，推而广之，他同样认为"人类在能力上有着种种重要的差异——并由此而在品质和优点上有着功能性的差异"〔2〕。由此，"虽然我在前面说过，所有的人生来都是平等的，却不能认为我所说的包括所有的各种各样的平等。年龄或德行可以给一些人以正当的优先地位，高超的才能和特长可以使另一些人位于一般水平之上。"〔3〕

显然，洛克的本意是基于现实社会政治也就是权力关系的考虑，在人类社会中只要存在群体，哪怕小到家庭，大到国家，就必然存在权力分配问题，而在权力的意义上是不存在平等分配的。它并不关涉平等的本质意义即人性或人格、人权的平等，而只是在互相平等的存在者之间，谁更有权力的问题。这样的看法既矛盾又合理，它事实上也是平等理论不得不面临的一个悖论。只不过对于权力的来源，现代政治学将其解读为社会契约论即平等的权利拥有者同意出让部分权力交托给权力者来行使，其前提是将权利的让渡者之同意作为权力的基础。但在神学观点上，是否将其归结为上帝的初始意志，却可以做出多样化的丰富解答。

以洛克的思想为例来探讨性别平等关系是极有代表性的，他关注到了性别之间的自然差异，并因此认为"妻子的服从是以女人的自然劣势为基础的"〔4〕。如果承认这一点，我们就不得不承认历史

---

〔1〕［英］洛克：《政府论》（下篇），第82页。转引自［美］沃尔德伦：《上帝、洛克与平等：洛克政治思想的基督教基础》，郭威、赵雪纲等译，华夏出版社2015年版，第37页。

〔2〕［美］沃尔德伦：《上帝、洛克与平等：洛克政治思想的基督教基础》，郭威、赵雪纲等译，华夏出版社2015年版，第39页。

〔3〕［英］洛克：《政府论》（下篇），第54页。转引自［美］沃尔德伦：《上帝、洛克与平等：洛克政治思想的基督教基础》，郭威、赵雪纲等译，华夏出版社2015年版，第39页。

〔4〕［美］沃尔德伦：《上帝、洛克与平等：洛克政治思想的基督教基础》，郭威、赵雪纲等译，华夏出版社2015年版，第41页。

上对女性地位的贬抑具备某种天然合理性。但同时我们也不难推理出，当女性的自然劣势随着时代的发展而相对消失甚至转变为优势的时候，女性地位的提高甚至高于男性也是符合逻辑的。即同样在社会生活或婚姻家庭生活中，女性凭借自身的能力通过平等竞争获得各种权力以及在家庭中占据某种"支配"地位就自然符合洛克的这一原则，这一点在时代的发展中有无数的事例能够加以验证。如果承认这一逻辑，其背后的平等问题便在某种意义上又回到了其原点，即平等究竟为何的问题。这样，洛克思想体系中的左右摇摆反映出他在处理这一问题时的矛盾心态。他一方面认为丈夫的权力与政治的权力无关，即仅限于夫妻共同关心的事情，且不影响妻子的个人财产权，也就是说，丈夫的权力仅仅局限于婚姻关系之内。另一方面，他又认定夫妻之间的服从关系是属于一种"自然服从"的形式，"婚姻关系中的权力是自由的个人和稍稍低于自由个人的生物之间的一种关系……这种关系完全不受与政治相关的以平等为指向的原理之规制"[1]。洛克所做的这种解释的确有他的苦衷，他既要肯定男女之间的平等又要区分男女之间的自然差别，同时还要为家庭关系中的权力和社会的政治权力寻求某种先验的自然基础，要同时达到这三个目标，其内在的冲突就不可避免，以至于他不得不采取一种似是而非的说法来遮盖其内在的逻辑不足，"如同亚当是世界的君主一样，夏娃不也应该是世界的女王吗？即使有人说夏娃还是附属于亚当，不过我们觉得它之附属于亚当，也不致妨碍她对万物的统治权或所有权，因为，难道我们可以说上帝许给两人以共同的赐予，而只有一个人应当独享其利吗？"[2]

正如平等问题所面临的巨大张力那样，洛克的困境事实上反映

---

〔1〕［美］沃尔德伦：《上帝、洛克与平等：洛克政治思想的基督教基础》，郭威、赵雪纲等译，华夏出版社2015年版，第44页。

〔2〕［英］洛克：《政府论》（上篇），第29页。转引自［美］沃尔德伦：《上帝、洛克与平等：洛克政治思想的基督教基础》，郭威、赵雪纲等译，华夏出版社2015年版，第46页。

出男女性别平等问题的深刻性，"一种像两性之间的差异那样突出的东西，本身必定会构成一种对基本平等的驳斥"[1]。在道德上和政治理念上，认同性别平等并不存在障碍，但如果我们将其转化为具体的社会政治生活，就不得不面临顾此失彼的某种窘境。虽然我们至今还难以在世俗政治哲学中找到逻辑清晰的答案，也不太容易在奠基了西方文化的基督教思想中找到一以贯之说法，就像沃尔德伦所说的那样："《圣经》和自然都被引来证明女人次于男人的命题；并且，《圣经》和自然也都被引来证明男女平等的[2]命题——他们都赋有来自上帝形象的感觉、意志和理智。这两种立场的混合让我们相当困惑。"[3]

作为现代西方政治哲学的奠基人之一，洛克试图在基督教神学与世俗政治哲学之间找到某些弥合点。在其对性别关系平等问题的思考中，他非常努力地在平等与差异之间寻求兼容之处，来为他的平等理论奠定神学基础。"他个人在努力接受一个现实，这就是，女人同男人一样，都是依照上帝的肖像所造的，并且都被赋予了稍许理性，而这种理性在洛克看来是人类平等的标准。"[4]但是除此之外，洛克关于男女差异的论述中总是会遇到难以一以贯之的标准上的矛盾。其实这并不是洛克的过错，正如平等理论必然会遇到差异化对待的内在逻辑悖论一样，无论是在神学意义上，还是在道德哲学上或政治哲学意义上，至少到目前为止，并无一个完满的解答。

---

〔1〕〔美〕沃尔德伦：《上帝、洛克与平等：洛克政治思想的基督教基础》，郭威、赵雪纲等译，华夏出版社2015年版，第51页。

〔2〕〔美〕沃尔德伦：《上帝、洛克与平等：洛克政治思想的基督教基础》，郭威、赵雪纲等译，华夏出版社2015年版，第51页。

〔3〕〔美〕沃尔德伦：《上帝、洛克与平等：洛克政治思想的基督教基础》，郭威、赵雪纲等译，华夏出版社2015年版，第51页。

〔4〕〔美〕沃尔德伦：《上帝、洛克与平等：洛克政治思想的基督教基础》，郭威、赵雪纲等译，华夏出版社2015年版，第27页。

| 第四章 |

# 我服从，但我们平等

关于顺服的教诲在圣经中反复被强调，它被视为上帝对他的儿女在世俗生活中的诫命。

圣经中涉及顺服的经文中最核心也是最重要的首先是顺服神，十诫中的第一诫"除了我之外，你不可有别的神"，鲜明地表达了上帝的立场：人最终顺服并且只能顺服的只有上帝。顺服神的带领，顺服神的安排，顺服神的命令，这是一切顺服的基础。在这个前提下，上帝同样要求人顺服于人世间的政治和社会秩序安排，他要求人顺服于执政掌权者、妻子顺服丈夫、儿女顺服父母、仆人顺服主人、年幼的顺服年长的，等等。

如果单纯从经文上看，这种顺服的要求似乎与我们当今基于权利价值观所理解的平等意义存在偏差，甚至与我们的许多日常经验相悖。那么，除了对上帝的顺服以外，上帝对我们在世俗社会中的顺服要求出于什么原因和理由？顺服是无条件的吗？如果是有条件的顺服，条件和标准又是什么？特别是，当基督徒面对非正义、不公平、面对世俗社会政治之"恶"的时候，如何顺服？因此，顺服的问题常常成为我们理解圣经教义的一个重要难题。

圣经通篇都对人间政治、人间权威持贬抑的态度，但它同时又要求我们必须服从它，顺服它，出于何故？原因就在于，在上帝看来，任何人世间的秩序安排、制度安排之好坏优劣在上帝的眼中都没有任何本质区别，所谓的"好"的统治与"坏"的统治相比起"天国之城"中上帝的统治几近于没有差别。因此，面对人间之"恶"的顺服尽管不代表上帝对"恶"的肯定，但"恶"亦可以成为上帝神圣意志的"工具"。在面对种种人世间的非正义、不公平的时候，上帝需要基督徒秉持谦卑的精神、学会忍耐、学会盼望、学会倚靠，这恰恰是上帝对他儿女的要求和最大的爱。

但是对于基督徒来说，顺服的精神并非无条件，他们可以在肉体上顺服，但惟一必须以不服从为要的，只能是国家等任何权威要求你做直接违反上帝法则之事的时候。

## 第一节　篡权者

僭主制作为古希腊政治形态由君主制、贵族政治向民主制过渡过程中的一种政体制度，在认知上通常是贬义的，并被视为以专制集权为基本特征且合法性缺失的一种政体形式。其概念由柏拉图所创立，意指军事领导人、贵族或其他的人通过政变或内战夺取政权而建立的军事独裁政体。

僭主即僭越之主，所谓僭越包括两层含义：其一，相对于君主制和贵族制，僭主的权力来源无法获得传统的"君权神授"或历史传承的规则及习俗上的合法性；其二，相对于民主制，僭主的权力属于没有经过合法程序即没有经过公民的授权而僭取的，因此他的权力不仅来路不明，而且手段不合法。在这个意义上，僭主制不仅被柏拉图和亚里士多德视为"最坏"的一种政治制度，而且在后世也将其与专制集权、暴政等直接画上了等号。

僭主制在本质上是属于君主制政体形式的，但其与君主制的最大区别，形式上似乎是其权力来源的"合法性"问题，究其实质，却往往反映出平民对传统君主制、贵族制所维护的等级制度的斗争和反抗。早期，僭主政治本身并无贬义，"它产生于平民反对旧氏族的斗争。在早期希腊，僭主政治打击的对象是氏族贵族。所谓僭主也往往是平民领袖。"[1]因此，僭主的权力基础通常来自于底层的民众，对于僭主来说，固然以攫取政治权力为目的，但出于维护权力并巩固其统治的目的，他们必须依靠城邦中的多数群体即平民来获得拥戴，从而避免因权力来源合法性不足所带来的政权危机。"这些僭主为了维持自己的统治，所采政治一般不能违背压抑贵族，加惠平民的常例。"[2]因此，这些事实上的君主，所采取的政策就需要以维持城邦内各成员之间在财富方面大体的平等为主要目标。显而易见，君主制与僭主制虽然都可以被视为专制集权的政体模式，但两者的执政理念在出发点上却具有很大的区别。

僭主制的出现，并不主要是针对君主制而是针对贵族政治的。事实上，古希腊城邦到了公元前8世纪，王权已经式微，贵族的力量相对强大，他们甚至取消了王位而代之以贵族的寡头统治，并通过贵族立宪政体进行统治。"立宪意味着法治，意味着合议和契约，参加合议或议事的贵族的地位凸显。"[3]从这点可以看出，城邦民主制之所以最早能够在古希腊产生，与它们较早就出现了"贵族式民主"的议事规则不无关系。"城邦据以建立起来的宪法结构是贵族政治。当生活稳定下来的时候，个人领导权让位给一个阶级的稳定的影响力量……政府的主要机构是议事会，它或者是贵族的一个核心集团，或者是整个的特权公民。取代了君主政体这个集团的团结一致予人以强烈的印象……希腊国家的本质在于国家是一个阶级的国家。'宪法就是统治阶级'，国家是围在一个小圈子里的。这就是贵族政治的遗产。"[4]

〔1〕 董建萍：《西方政治制度史简编》，东方出版社1995年版，第27页。

〔2〕 顾准：《希腊城邦制度：读希腊史笔记》，中国社会科学出版社1982年版，第140页。

〔3〕 陈刚：《西方精神史——时代精神的历史演进及其与社会实践的互动》（上卷），江苏人民出版社2000年版，第106页。

〔4〕 转引自顾准：《希腊城邦制度：读希腊史笔记》，中国社会科学出版社1986年版，第65页。

贵族政治尽管不属于王权的个人独裁，但转化为阶级的寡头统治，它必然以维护自己的阶级利益为政治诉求，自然地，平民阶层出现了不满。区别于历史上农耕文明的平民特征，古希腊平民更多从事农工商业，经年累月的航海经商、海外殖民使得古希腊城邦相对富裕，它同时也激发了平民阶层的政治意识、民主意识。他们不满于贵族阶级对城邦政治权力的把控而不断加以反抗，僭主就是在这样一种政治环境下出现的。"僭主政治在古希腊从公元前8世纪到公元前4世纪的数百年间反反复复出现，淋漓尽致地展示出人类政治形态从集权政制向民主政制演进的艰难曲折过程。僭主政制成为基于平等观念和权威意识而形成的集权政制，同主要基于自由观念和个人意识而结成的民主政制之间的一种过渡政体。"[1]

可见，僭主政治如果单从形式上来看，似乎退化为君权、王权的独裁式统治。但考虑到历史背景，僭主事实上并无王权那样大的统治权力。由于僭主的统治基础在于平民，他们必须要维护平民的利益，同时，贵族阶层毕竟是社会财富的主要拥有者，其政治影响力和利益诉求也必须加以考虑。因此，僭主们只能在这两个阶级之间小心翼翼地维持平衡。正如亚里士多德分析的那样："国家的构成有两个成分，无财产者阶级与私有财产阶级，所以僭主便需要对两方面暗示，说他们的幸福皆有赖于他的政权。哪一些人得势，僭主就特别对他们关怀，以便支持自己的政权。所有这些策略很明显：僭主必须在自己的臣民的眼里显得不是一个僭主，而是一家之长兼君主，不是篡夺者而是保护人；僭主必须维持一种简朴的生活方式，不能让自己沉湎于豪华，必须用权术把显贵们吸引到自己这边，而同时运用煽动的手段以指挥多数人。"[2]

僭主政治作为君主制、贵族政治向城邦民主制过渡过程中的一

---

〔1〕　冯亚东：《平等、自由与中西文明：兼谈自然法》（第2版），陕西人民出版社2012年版，第97页。

〔2〕　参见陈刚：《西方精神史——时代精神的历史演进及其与社会实践的互动》（上卷），江苏人民出版社2000年版，第107页。

种中间形态，实际上反映出古希腊随着平民阶层地位的提高，他们在城邦政治、经济和军事等活动中的重要性愈益增加。但是，平民阶层尚缺乏有效的政治手段来维护自身的阶级利益，起初，他们亦如其他文明形态特别是农耕文明那样，试图通过统治者的更迭来改变社会分配制度，但是这种"换汤不换药"的统治权变更方式最终还是会导致新的统治者再次成为寡头。在长期的海外殖民经验中，希腊人意识到，只有统治权的"共享"才有可能保证各个阶层利益上的共享和均等，因为"天下"是大家一起"打下来"的，自然要一起"坐天下"。汤因比就此写道："根据法律和地区的组织原则而不根据习惯和血统的组织原则，最早是出现在希腊的这些海外殖民地上，到后来才由希腊的欧洲部分仿效实行。在这样建立的海外城邦里，新的政治组织的'细胞'应该是船队，而不是血族。他们在海上'同舟共济'的合作关系，在他们登陆以后好不容易占据了一块土地要对付大陆上的敌人的时候，他们一定还同在船上的时候一样把那种关系保持下来。这时在陆地同在海上一样，同伙的感情会超过血族的感情，而选择一个可靠的领袖的办法也会代替习惯传统。事实上组织一个船队到海外去开辟一个新居，到后来会很自然地形成一个城邦，那里的各族人民由一个公推出来的行政官进行管理。"[1]

在不断的殖民战争中，传统的、稳定的政权结构被不断打乱，同时战争也使希腊人意识到，取得战争的胜利一方面需要依靠大家携手共同战斗，另一方面有能力的优秀指挥官也是不可或缺的。作为共同作战的战友，他们在战场上是平等的，但战争的经验也使他们意识到权威的重要性。而权威的树立不是靠血缘也不是靠习俗，只能靠群体的"公认"。当战争的权威形成方式转换为和平时期之时，"僭主"作为那个时期的"最有能力者"成为权威也就不奇怪了。之所以僭主通常无法成为君王，就在于他们总是被视为"执政

---

〔1〕〔英〕汤因比：《历史研究》（上），曹未风等译，上海人民出版社 1997 年版，第 132 页。

官"而非高高在上的"神授统治者"，他们的权力就像战场上的指挥官一样是一种"公推"的结果。因此，当希腊最终还是抛弃了个人集权式的僭主政治而演绎出"主权在民"的城邦民主模式时，事实上反映出希腊人的权力认知观。

僭主政治作为古希腊特有的政治形态，较为典型地反映出希腊人看待平等与权威关系的思维范式。作为较早萌生平等意识的希腊人，在其神话中即使那些不死之神，他们也没有将其视为高高在上、可望而不可即的遥远存在，在骨子里他们认为这些神灵不过是人的另外一种生存状态而已。神话思维其实在某种意义上同时也是现实生活思维的一种表现方式，故此在现实的政治社会中，希腊人之所以与其他以种地为生的欧洲民族早早地分道扬镳，并"之所以能够较快清除臣民对君主的奴性而突出个性——建立起城邦国家与民主政制，其根本原因在于两点：一是基于希腊自身三面环海且有众多岛屿与亚非大陆相勾连的地理环境——能够通过海路较为便利地从周边攫取物质财富；二是从克里特所承袭的个人本位和自由进取的精神——使新的生存方式能够得以制度化的理性构造"[1]。正是因此，希腊精神一方面是个人本位的，另一方面又是具有集体精神的，个人本位塑造了他们的自由精神和平等意识；集体精神则塑造了他们协调集体生活的政治原则——权威意识。没有个人本位，就不会产生城邦民主，没有权威意识，就无法形成有效的集体。但在两者的关系中，权威服从于集体也就是服从于个人本位，权威的权力基础来自于对每一个具体的个体的利益保护。因此，当他们从消灭王权再到消灭贵族特权，逐渐走向城邦民主的时候，僭主的出现可以视为他们在处理权威政治关系中的一种制度探索。

这种探索并非是自觉的，毕竟僭主政治在整体上是一种威权主义，以威权来维护平等其本身就是一种悖论，但是，对于希腊平民来说，从贵族手中分享利益并不可能自动获得。至少在早期阶段，

---

〔1〕　冯亚东：《平等、自由与中西文明：兼谈自然法》（第2版），陕西人民出版社2012年版，第93页。

僭主政治尽管是反自由且带有王权性质的集权政体，但这种权力只要能实现某种现实的阶层利益平衡，它就并非不可接受。事实上也是这样，如果我们不再单纯地用今人的眼光和价值观将政体模式简单地贴上道德标签的话，那么专制主义、集权政治在人类历史发展一定阶段的出现具有其必然性和合理性，"它毕竟能提供一定的价值中心点，把全社会在古代的条件下凝聚起来，按照一定的秩序共同生活"[1]。虽然在历史学家们看来，究竟是人民群众创造历史还是英雄人物创造历史被视为没有答案的论题，但至少从具体的历史进程中，优秀的政治人物所发挥的某种决定性作用的确是客观存在的。"事实上在古希腊公民之间财富平等的大体实现，仍然是很大程度依赖权威的。靠着提修斯（Theseus）、梭伦、庇西特拉图（Peisistratos，约前600—527）、克里斯提尼、伯里克利等英明的强权人物，在数百年间通过多次的政制改革，而在一种自由进取的氛围中实现了一种'几何的平等'（而非'算术上的平等'）；其核心是'比例'——按个人的能力和贡献的大小占有与之相应的财富。也正是由于这些努力，以平民为主导的公民共和制才得以较完美实现。"[2]

如果在平等的意义上看待希腊民主，其局限性自然早有评判，即它的民主仅仅是少数人（公民）的特权。在城邦的所有公民中，它实现了平民与贵族的平等，但是，由于具有公民权的人数是极其有限的，事实上就导致了公民权这一最蕴含平等意义的权利成为一种"特权"。以雅典为例，"不但占雅典居民大多数的奴隶没有公民权，即使累世居住在雅典的外邦人，按照伯里克利时代的法律，也绝难取得公民权。在雅典本邦的自由民中，妇女也没有公民权。这样，具有公民权利的人就仅仅限于少数籍隶雅典的成年男子。"[3]亦

---

〔1〕 陈刚：《西方精神史——时代精神的历史演进及其与社会实践的互动》（上卷），江苏人民出版社2000年版，第124页。

〔2〕 冯亚东：《平等、自由与中西文明：兼谈自然法》（第2版），陕西人民出版社2012年版，第119页。

〔3〕 吴于廑：《古代的希腊和罗马》，生活·读书·新知三联书店2008年版，第56页。

有资料表明，由于行使公民权的主要方式就是参加公民会议，而公民会议的开会时间通常为早晨，因此在雅典具有公民身份的二三万人中，散居在各个村社的多数公民大多无法按时参加，公民会议的参加人数通常只有二三千人。"这就是说，在号称全民民主的政治制度下，实际上只有约十分之一的公民能够在公民会议中行使他们的政治权利。"〔1〕如果再将这个人数相比于雅典城邦的全部人口，其比例就更加低得可怜了。即便如此，在这部分具有公民"特权"的少数人口中，"在实际上行使的立法权力也是很有限的。每个公民在会议中虽然都有权提出新的法案或建议撤销现行的法令，但是由公民会议通过的任何法案，如果经公民法院判决与雅典基本法相抵触，不但法案本身要被宣布为违法，而且原提案人还要负法律上的责任，受到严重的惩罚。这种办法，在名义上是为了保护雅典的宪法，而实际上却是限制民主，保护奴隶主的既得利益。所以雅典的国家制度尽管挂着民主的美名，但实质上只是为少数的统治者服务。"〔2〕

以雅典为代表的城邦民主制之意义并不在于它究竟实现了多少真正的广泛民主，而在于在他们能够在当时的社会历史条件下，创设了一套相对完善的以法治为保障的民主制度模式，这是它最为难能可贵的地方。"雅典政治的最重要特征不是其确定国家政策的方法，而是作为一种控制政府官员的权力行使的手段的陪审法庭制度的运用。在任何社会中，与制定一般法律的立法人员相比，直接与公民打交道的官员，其权力对公民的个人自由的影响更大。在一个等级制的政治制度中，每个官僚都对它的直接上级负责，这就形成了责任链，一直到不需要对任何人负责的'最高统治者'。显然，雅典官僚制度不是一个等级责任链。所有官员，无论职位高低，都必须对所有公民负责……而雅典的司法制度还具有另一种功能：控制

---

〔1〕　吴于廑：《古代的希腊和罗马》，生活·读书·新知三联书店 2008 年版，第 56 页。
〔2〕　吴于廑：《古代的希腊和罗马》，生活·读书·新知三联书店 2008 年版，第 56 页。

掌握在官员手中的国家权力。"[1]

显然，雅典民主之意义，在本质上更是一种权力约束制度，虽然这种约束仅仅来自少部分公民的"特权"，但它之所以成为现代政治制度的先驱，不在于它的民主基础之不足，而在于它的政治制度体现了一种多层次并具有相互权力约束结构的政体模式。它改变了权力结构的等级型金字塔状态，使过分的集中权力成为不可能。因此，政治权威的统治或者说国家强制性权力的行使就在一种机制内得以被控制、被制约。在后世看来，"古代雅典可能是世界历史上第一个建立稳定、有效的民主政治的国家，并且值得赞扬的是，它开创了一种通过制衡的方式控制权力的制度结构"[2]。

无论是僭主政治还是民主政治，希腊人都开创了人类政治制度史上的先例。就其个例来看确实极具研究价值，因此几千年来学者们从多角度、多视角、多层面进行过非常深入的分析，至今依然被津津乐道。但事实上，古希腊城邦国家中既有以雅典为代表的民主政治的政体模式，亦有以斯巴达为代表的集权政治的政体模式，并且雅典的民主政治并非一蹴而就，长期以来都是在与专制的博弈中不断反复的。如果仅就其生命力而言，它不但在与斯巴达的伯罗奔尼撒战争中最终败下阵来，而且也根本无法抗衡马其顿专制帝国的战争铁蹄。短暂的希腊民主文明最终只能成为昙花一现的制度个案。因此，从特定的意义上看，希腊的政制演变历程不失为人们思考专制与民主、威权与平等之博弈关系的一种特别视角。

## 第二节　为我们立一个王

犹太民族自认为是上帝的选民，一部圣经旧约史就是以色列人

　　[1]　[美] 斯科特·戈登：《控制国家——西方宪政的历史》，应奇等译，江苏人民出版社2001年版，第77页。

　　[2]　[美] 斯科特·戈登：《控制国家——西方宪政的历史》，应奇等译，江苏人民出版社2001年版，第82页。

如何当好选民的历史。但恰恰从其记载中，我们却更多地看到的是以色列人如何悖逆神，从而不断遭受神的惩罚的历史。

　　神为什么要惩罚以色列人？这其中最主要的原因是他们总是不断崇拜和跟随其他的偶像神，从而违背了耶和华上帝颁布给他们的诫命中最核心的一条：除了我之外，你不可有别的神。[1] 以色列民族对偶像神的崇拜和跟随在圣经中是被耶和华上帝反复谴责并不断施以惩罚的历史事件，这种偶像往往是那些有形的偶像，它属于一条明线。但圣经中其实还有一条暗线，即耶和华上帝同样不喜悦以色列人崇拜那些无形的偶像——权力。圣经中反复强调，权力是惟一的，它只能来自于上帝，任何人世间的权力都是虚幻的、短暂的，这类权力来自于上帝的"授权"，如果它被用之于归向上帝的意志，才属于正当，否则就将是邪恶的。

　　早期，以色列民族并没有君王，其统治权力来自于士师。士师是以色列人结束游牧生活定居于迦南地后对其军事首领及审判官的一种称号，相当于部落领袖或酋长，他们同时具有先知的身份。在圣经的记载中，士师不同于君王，因为君王只能是上帝，而士师被视为上帝在人世间的代表，他只是代表上帝来管理人间的具体事务，因此，无论是从摩西到约书亚，再到圣经记述的十二位大小士师，他们都不被看作是真正的王。以色列君王时代的开始是以最后一位士师撒母耳（Samuel）膏立扫罗（Saul，前1110—1038）为起点，扫罗成为真正意义上的以色列君王，同时以色列也从部落变成了一个"国家"。

　　这样的一个政制发展在今人看来似乎是再正常不过的事，但是我们从圣经的记载中发现，耶和华上帝对此却是"不喜悦"的。圣经上这样记载："撒母耳年纪老迈，就立他儿子做以色列的士师……他儿子不行他的道，贪财图利，收受贿赂，屈枉正直。"[2] 显然，既然新的士师不够称职，以色列人对此有怨言也是很正当的事，因此，

---

〔1〕《圣经·旧约·出埃及记》20：3。
〔2〕《圣经·旧约·撒母耳记上》8：1、3。

"以色列的长老都聚集，来到拉玛见撒母耳，对他说，'你年纪老迈了，你儿子不行你的道。现在求你为我们立一个王来治理我们，像列国一样。'"[1]这里面有两个关键点：其一，为我们立一个王；其二，像列国一样。从第一点来看，立王就意味着要改变士师制度，也就是他们不再需要上帝的"代言人"而要一个人间的统治者——"王"；从第二点来看，像列国一样就意味着他们想放弃自己的选民身份而同化为其他的异邦民族。因此从这个看似正当的要求中，反映出以色列人对神的离弃。对此，撒母耳是如何处理的呢？"撒母耳不喜悦他们说立一个王治理我们，他就祷告耶和华。"[2]可见撒母耳虽然意识到了以色列人的悖逆企图，并表现出他的不悦，但他还是要将这样的一件"大事"求告于耶和华来处理。而耶和华上帝的回答就说出了事情的本质："耶和华对撒母耳说：'百姓向你说的一切话，你只管依从，因为他们不是厌弃你，乃是厌弃我，不要我作他们的王。自从我领他们出埃及到如今，他们常常离弃我，侍奉别神。现在他们向你所行的，是照他们素来所行的。故此你要依从他们的话，只是当警戒他们，告诉他们将来那王怎样管辖他们。'"[3]

耶和华上帝的这段话非常重要，它表达出这样几层意思：第一，百姓所提出的立王要求，其本质是对神的背弃，因为他们所要的是人间的王，是人间的权力而不再是神的权力；第二，神历数了以色列人从出埃及以来不断悖逆即常常侍奉别神的历史，因此，今天他们所提出的立王的要求反映出以色列人依然"冥顽不化"，王权虽然在形象上与木偶所制的"别神"有区别，但本质上依然是要去侍奉人间的权力而离弃神的权力，依然是对"偶像"的侍奉；第三，神要求撒母耳满足百姓的要求，事实上是对以色列人的一种惩罚。表面上看，神满足了以色列人立王的要求，但他同时已经发出了警告，预告了不能得到神所祝福的人间权力的统治将是一种"悲惨"的

---

〔1〕《圣经·旧约·撒母耳记上》8：4~5。

〔2〕《圣经·旧约·撒母耳记上》8：6。

〔3〕《圣经·旧约·撒母耳记上》8：7~9。

结局。

撒母耳因此这样回答了以色列百姓："管辖你们的王必这样行：他必派你们的儿子为他赶车、跟马，奔走在车前；又派他们作千夫长、五十夫长，为他耕种田地，收割庄稼，打造军器和车上的器械；必取你们的女儿为他制造香膏，作饭烤饼；也必取你们最好的田地、葡萄园、橄榄园，赐给他的臣仆。你们的粮食和葡萄园所出的，他必取 1/10 给他的太监和臣仆；又必取你们的仆人婢女、健壮的少年人和你们的驴，供他的差役。你们的羊群，他必取 1/10，你们也必作他的仆人。那时你们必因所选的王哀求耶和华，耶和华却不应允你们。"〔1〕

尽管撒母耳依照神的意思警告了以色列人，但"百姓竟不肯听撒母耳的话，说：'不然，我们定要一个王治理我们，使我们像列国一样，有王治理我们，统领我们，为我们争战。'"〔2〕于是，撒母耳就照百姓的意思并按照神的旨意，选择并膏立了扫罗作以色列人的王。至此，"以色列从周期性的、部分的士师统治过渡到制度化的、世袭的君主政体"〔3〕。尽管无论是士师还是王，都是神所拣选的，但其最大的不同，就在于以色列人对王的选择，"已经拒绝了神权的治理（神直接施行统治），而选择了君主政权"〔4〕。

其实单就统治形式而言，士师制度和君王政体并无本质的区别，从圣经的记载中我们可以看到："问题不在于以色列人是否需要一位君王，而是在于他们将会有一位什么样的君王。这个问题的关键在于这位君王是否会对耶和华忠心，是否会反映出耶和华的性情，不管以色列君王在其他方面的实际情况如何，他将是耶和华对以色列

---

〔1〕《圣经·旧约·撒母耳记上》8：11~18。

〔2〕《圣经·旧约·撒母耳记上》8：19~20。

〔3〕［加］戈登·菲、［美］道格拉斯·斯图尔特：《圣经导读：按卷读经》，李瑞萍译，上海人民出版社 2013 年版，第 64 页。

〔4〕［加］戈登·菲、［美］道格拉斯·斯图尔特：《圣经导读：按卷读经》，李瑞萍译，上海人民出版社 2013 年版，第 65 页。

的统治在地上的代表。"〔1〕即便如此，作为神统治的代表，君王所掌握的世俗统治权力要远远高于士师，权力对君王的腐蚀在人性的弱点上开始体现出来，他们将更多地依靠自己，自恃高于律法，像列国的君王那样，可以不依靠神自行治理以色列。从这一关键点可以看出，神对以色列百姓的"厌弃"是针对百姓对于世间权力的服从。如果统治者对于权力的来源和性质没有清醒的认识，那么权力所带给他个人的，并进而带给百姓的，就往往是作恶的性质。

在旧约所记载的以色列诸王中，除了大卫、所罗门等极少数几位君王统治被视为忠于耶和华神的君权统治之外，大多是"行耶和华眼中看为恶之事"，因此，依次受到了神的审判。即便是以色列国最为昌盛时期的大卫和所罗门统治，也因为大卫的行恶（娶了乌利亚之妻拔士巴，并借刀杀死乌利亚）和所罗门的悖逆（娶了许多外邦妻妾、崇拜偶像），同样遭到神严厉的惩罚。可见，圣经中对以色列诸王的记载，并没有回避他们的统治者在历史上一次一次、反反复复作恶的历史，以至于以色列民族始终饱受蹂躏，并遭受国家分裂和流离失所的悲惨命运。之所以会出现这样命运，在以色列人看来，这是他们背离神而同化为外邦人行事规则的注定结局。

撒母耳作为先知代表神所做的预言，清晰地表明了圣经文化对于世俗权力的观点。但是，圣经对于世俗权力也不全然是否定的，这一点从神对摩西的拣选、对摩西权威的确立以及对摩西统治权的安排中都可以看出来。首先是神对摩西的拣选。在圣经记载中，摩西并非一个平凡之人，他首先在埃及皇宫中生活了 40 年，这 40 年是他接受情感与知识教育的关键年龄。上帝巧妙地使摩西母子重聚，让摩西在幼年时能够领受母亲、宗教和种族的教育，使他有机会明了上帝对以色列民的旨意和同胞所受种种虐待的痛苦，以增长他的民族志诚。以后，上帝又安排他第二阶段的教育，使他进入王宫，

---

〔1〕 〔加〕戈登·菲、〔美〕道格拉斯·斯图尔特：《圣经导读：按卷读经》，李瑞萍译，上海人民出版社 2013 年版，第 65 页。

受王室的教育。当时的埃及，乃是文明大国，有许多博学之士作摩西的老师，教导他各种知识。青年时代的摩西，天资发展，尽得了埃及的一切学问，如司提反所说的"摩西学了埃及人一切的学问，说话行事，都有才能"[1]。这是上帝奇妙的安排和造就，预备他成为以色列民的领袖。到了第二个40年，摩西的人生开始从高峰跌落到了谷底，因为路见不平杀了埃及人，昔日的王子只能逃到米甸的旷野去牧羊。这个40年是上帝磨练摩西意志品质的时期，40年旷野的生活，他学会了忍耐、温柔、同情和怜悯，这些美德使神能将新的使命托付给他。如今他感到自己是那样的不够，这也是他所受训练中必要的一部分。前后两个40年的磨练使得已届80岁高龄的摩西才具备担当以色列民族领袖的资格。可见，神意对领袖人物的拣选绝非盲目。同样，我们从约书亚、扫罗和大卫的身上，也能看到他们均具备一定出色的品质，但后期的王由于施行君主世袭制，导致他们过分迷信自己手中的权力而离弃神。这同时也应验了撒母耳关于王权统治的预言。

当神拣选摩西作为以色列民族的领袖，并承担带领以色列人逃离埃及为奴之地的历史责任的时候，摩西开始是抗拒的。《出埃及记》记载了摩西五次的抗拒行为，"但仔细分析这五次抗拒，我们会发现摩西并不是出于感情任性地反抗上帝，他知道这一任务的艰巨……如果随意答应那才是不负责任"[2]。摩西知道，光有上帝的授权和赐福还是不够的，"出埃及、西奈山立法都是民族大业，摩西一人无力承当，他必须依靠众多的得力助手，而他的助手们必须尽力维持他的权威"[3]。于是，耶和华上帝指派了他的哥哥亚伦协助摩西，表面上看，亚伦能言善辩，口才很好，弥补了摩西"拙口笨舌"的缺陷，但实际上，选择亚伦做摩西的助手，绝不仅仅是因为他的口才，而是因为亚伦的背后是整个祭司阶层和利未族，选择亚

---

〔1〕《圣经·新约·使徒行传》7：22。
〔2〕 舒也：《圣经的文化阐释》，江苏人民出版社2011年版，第172页。
〔3〕 舒也：《圣经的文化阐释》，江苏人民出版社2011年版，第173页。

伦辅助摩西就意味着有一股强大的政治势力在背后支持他。其次，耶和华上帝又借摩西的岳父叶忒罗之口为摩西的统治权作了精心的安排，叶忒罗告诉摩西说："并要从百姓中拣选有才能的人，就是敬畏神、诚实无妄、恨不义之财的人，派他们做千夫长、百夫长、五十夫长、十夫长，管理百姓……大事都要呈到你这里，小事他们自己可以审判。这样，你就轻省些，他们也可以同当此任。"[1]任命这些"官员"事实上就是一种分权行为，表面上看，是为了减轻摩西的管理压力，实际上这是为以色列国的政治制度做了提前的安排。这里面有非常重要的一点，就是在"官员"的选择标准上，首要的一条就是"敬畏神"。敬畏神意味着虽然在形式上他要服从摩西的权威，但在本质上，他们更要服从上帝的权威，这是最重要的"政治正确"。

我们还可以看到，当神为摩西选定了助手，以整个祭司阶层的政治势力作为摩西后盾，并通过分权制度建立了摩西统治架构之后，他又为摩西"钦定"了接班人——约书亚——最终带领以色列民族进入迦南地的优秀民族领袖。约书亚在摩西时期是军事首领，他代表了武力和征服。亚伦和约书亚作为摩西的左膀右臂，一文一武，才能保证摩西的统治权威得以维系。

从以上这些故事可以看出，随着以色列民族的发展壮大（据记载，出埃及后的第二年，以色列人 20 岁以上能出去打仗的，就有 60 万左右[2]），对部族的管理已经成为头等大事。虽然部族历史上一直有长老、族长、会众首领等权贵阶层，但这些权贵们在圣经的记载中常常是挑战摩西权威的，因此摩西需要建立一套自己的权威体系以实现更为有效的管理，这也预示着从部落政治向王权政治过渡的一种安排。可见，神并不反对人间的政治权力，也不反对人间的政治制度安排，关键在于这种人间的权力如何行使，它涉及人间权力的性质——它是来自于神，还是来自于人？

---

〔1〕《圣经·旧约·出埃及记》18：21~22。
〔2〕《圣经·旧约·出埃及记》12：37。

"摩西死后，以色列人的政体不是君主政体，不是贵族政体，也不是平民政体，而是神权政体。这个政治共同体有了一部神授的法典，因而他们的任务便不是要去思索各种各样的政治制度，而是要认真地遵行律法的诫命，因为它是神秘的上帝借摩西传授给他们的，其神圣性不容置疑，而'优良的生活'便不在于思考各种各样的政体，而在于持守摩西所传的上帝的律法。"[1]上述分析指出了一个要害，上帝对人间政治秩序的要求不在于具体的政治制度，事实上，任何具体的政治制度都是有历史局限的，任何的政治权力安排都与特定的历史发展阶段具有契合性，永远不存在一劳永逸的所谓"优良政体"。人间政治秩序惟一所不变的，就是它必须朝向于"做祭祀的国度、为圣洁的国民"，其余的制度规则都要为其所服务。对此，我们不能将其简单理解为神权与政权的简单合一，即所谓"政教合一"，而是可以用奥古斯丁的"双城论"作一个近似的理解。就像奥古斯丁所分析的那样，人类分为两种，一种是按照"人类之法"而生活，一种是按照"上帝之法"而生活，它并不指向具体的政体制度，而是生活的终极规则。"一个实际上的城市或帝国，并不一定在各方面均被局限于地球之城以内，它可以做一些善事——贤明地立法，公平地审判，协助教会，那么这些善行便是发生于上帝之城的范围之内。这个精神上的城市并不是与天主教会完全一致的，教会本身可能会怀有俗世的利益期待，教会人士也可能陷于自私自利和罪恶，经一个城市转入另一个城市。只有在最后审判时，这两个城市才能分开，赫然有别。"[2]

奥古斯丁关于上帝之城与人间之城的分析意味着，所谓上帝之城并不是一个有形的具体政治组织或具体政治制度，也不是单指教会这种神权组织，而是一种权力政治导向。无论是掌握俗世政治权力的国家还是掌握精神权力的教会，它们的权力只有按照"上帝之

---

〔1〕 舒也：《圣经的文化阐释》，江苏人民出版社2011年版，第205页。

〔2〕 ［美］威尔·杜兰特：《世界文明史：信仰的时代》（上），台湾幼狮文化译，天地出版社2017年版，第72页。

法"而运用，那么它们在精神上就是"上帝之城"的国民，否则就只能堕落于"人间之城"。对应于现实政治生活，他既认同人间之城不等同于俗世的国家，上帝之城也不等同于教会，但其基本的倾向及隐含的意思还是表明，教会的精神权力是高于国家政治权力的，只有教会才能引导堕落的人类走向"上帝之城"。事实上，奥古斯丁思想所表明的一个基本态度是对俗世政治权力的否定，尽管这种政治权力依然具有某些"积极的"作用，但在本质上，俗世政治权力并不具有终极的价值。可以说，这种思想形塑了西方文明的政治思想及其权力政治观，西方政治文明的发展始终是在这样的一个思维范式下演进至今的。

## 第三节　恶之花

人性论历来都是伦理哲学上争论不休且无答案的命题，人性本善抑或人性本恶，站在不同的角度均可以得出形式自洽的推论。以基督教文明为基础的西方文化是性恶论的代表之一，其理论基础来自于圣经及其基督教神学教义所演绎出的"原罪说"，主要指向于人类因违背上帝的意志而导致的人性堕落，这种堕落的含义并非单指我们今天所理解的违反世俗法律或社会道德的那些行为或思想，更指向于人类滥用自由而不再"认识"和遵从造物主上帝的"罪恶"。

中华文化中关于性善与性恶问题的争论自古亦有之，其中性恶论的代表是儒家的荀子及法家学派。荀子将人天生所具有的食色、喜怒、好恶、利欲等本能视为性恶之源，它属于动物的先天自然本能，因此主张通过后天的教育即礼乐教化来引导人之向善。荀子所试图表明的观点在于强调后天教养的重要性，正如冯友兰先生评价的那样，表面上看，似乎荀子低估了人，可是实际上恰好相反。荀子的哲学可以说是教养的哲学，他的总论点是，凡是善的、有价值的东西都是人努力的产物，凡是没有经过教养的东西是不会善的。法家在出发点上是与荀子相近的，承认人性本恶，且这种恶来自于人的利己之本能。在韩非子看来，这种利己之"恶"是正当的人性，并没有任何不妥。关键在于，国家如何通过赏罚制度来引导人趋利避害，将利己行为转化为利公和利他。可见，荀子性恶论的落脚点是强调后天的教养，韩非子性恶论的落脚点则是强调国家制度及其法律。二者虽然侧重点不同，但其所表达的诉求都具有特定的价值。

如果以"性恶"作为立论的出发点，那么在西方文化中，性恶说与平等说就出现了张力，它意味着人性本恶与人性平等就只能在"恶"的基础上实现统一。这样看来，如果人性是恶的，那么人类之间除了其他的平等之外，恶的平等也是一个重要的平等要素，不过它依然是抽象意义上的。按照圣经的描述，上帝所造之人即人类的始祖——亚当与夏娃原本是善的，只是因为违背了上帝的意志即偷吃了智慧果，一方面使他们及他们的后代获得了自由，另一方面也使人类滥用这个自由而导致堕落，人性自此就成为"恶"的。照此分析，人性中既有善亦有恶，其善恶之别仅在于是否遵从上帝的意志。在这个意义上，基督教文明所形塑的西方文化对于人性问题的认知事实上是善恶双重的。善与恶的关系按照哲学意义加以解释的话，相当于辩证统一的关系。其实，中华文化中关于人性善恶问题的讨论尽管立论基础不同，但所遵循的似乎是同一个路径，即如何由恶至善，或如何由善避恶。

西方文化对善恶的理解更多的是出于宗教意义上，中华文化对善恶的理解则出于世俗的人性意义上，如果试图找到一个共通点的话，基本可归结为人的利己之本能。既然人都是自私的，又是自利的，那么就意味着人与人之间的关系，在本质上就只是一个利益的相互争夺与较量问题，因为在任何社会条件下，利益总量永远是有限的，不可能存在一种利益均等的社会分配机制。就此而言，出于个体的人之利益最大化本能，人与人之间必将永远存在利益之间的争夺。但这样的争夺必将导致社会化的弱肉强食，而人之理性亦将意识到单纯依靠人的本能所建诸的社会是不可取的，因为强与弱总是在不断相互转化，在一个弱肉强食的社会中，所有人最终都可能是弱者，都可能被"强食"。因此，按照一个"最大公约数"的方案来分配社会利益总额就成为人类社会的基本共识。

只不过，这个"最大公约数"是什么，它又该如何建立，东西方文化走向了不同的路径，也涉及不同文明中对"平等意识"的认知。前述我们已经论及，以中华儒家文明为代表的东方文明的平等观是"等差序列"型的，是在承认不平等的基础上求"平"，即不平等中求"和谐"。而以基督教文明为代表的西方文明的平等观不承认人之间的差别（当然这种观念的形成有一个历史过程），因此其平等不仅被视为精神意义上的，更需要转化为具体的社会制度安排。在这样的认知基础上，东方文明实现平等的"最大公约数"就只能建立在威权制度之下通过政治权威（主要是皇权）来实现。西方文明则走向了制度化的法治路径，它虽然也承认权威，但权威仅仅是相对意义上的，人的权威永远低于法的权威，因为法的权威被视为来自于自然法则，而自然法则是来自于上帝的。

能够代表这一观念的是罗马帝国私法的产生。从表面上看，罗马私法是世俗力量的博弈，即罗马贵族为了其财产权利与皇权抗争的结果，但是为什么中国几千年的帝制下从来没有产生过私法的观念，而罗马人在两千年前就意识到"自下而上"抗衡公权力之"私"的意义，这不能不说是与古希腊文明所塑造的"公民"意识、自然法观念及基督教教义中以"个人"为基点的核心要素共同作用的结果。我们常说西方文化是个人主义的，且常常将个人主义与集体主义相对立并做贬义化的理解，事实上，个人主义最重要的意义是每个主体的个人都是平等的，而不论其具体的社会身份是什么。个人主义思想意识反映到制度生活中特别是法治文明中，就是私法观念或者说私法意识的萌生，"它强调社会的基本单元一定是每一个独立存在的个体，而不是首先以团体为它的本位"[1]。因此，个人主义传统被视为西方私法文明的一个重要基础，它所强调的一个最

────────────

〔1〕 刘家安：《西方法律文明：私法文明》，载丛日云主编：《西方文明讲演录》，北京大学出版社2011年版，第192页。

重要原则,就是对人自由意志的尊重。

就罗马私法的发展来看,其内容早在古希腊城邦时代就已经基本成型,"随着希腊社会航海贸易的发达,私有财产关系特别是商品货币交换关系错综复杂,平等主体之间自发的契约形式呈多样化——物权债权制度达到了相当繁复周密的程度"[1]。但是,为什么希腊的"法"徒有其"表"(形式、内容)而无其"里"(法律精神),这与古希腊城邦的政治制度有关。古希腊城邦的"直接民主制——公民们可以直接投票决定城邦的每一公共事物,于是个人的种种'权利'便很大程度直接等同于国家权力,故虽有私法的体但却并无赋予其名之必要,并不存在私法(私权利)同公法(公权力)的公开对抗局面。"[2]可见,私法精神的产生必须要具备两个前提,一是平等的个人为主体,二是主体的个人权利(私权利)与国家政治权力(公权力)形成对抗。古希腊城邦政治在一定程度上具备了第一个前提(尽管它是不完整的),但由于缺乏第二个前提,因此它可以发育出私法的形式但难以发育出私法的精神。

在另一个意义上我们也可以看到,私法精神的背后就是权利意识的萌生,而权利只有在与公权力相对立的意义上才具备价值。"在古希腊'平等人'的自由氛围中,反而是很难产生权利概念的,因为个人并不需要从国家那里争得什么——个人同国家高度融为一体。"[3]"希腊哲学家们并不议论权利问题,这是事实。他们议论的是,什么是正当的或什么是正义的。但是罗马人却以法律,即政治组织的强力的系统适用,来支持凡是正当的或正义的事情,而这就

〔1〕 冯亚东:《平等、自由与中西文明:兼谈自然法》(第2版),陕西人民出版社2012年版,第117~118页。

〔2〕 冯亚东:《平等、自由与中西文明:兼谈自然法》(第2版),陕西人民出版社2012年版,第118页。

〔3〕 冯亚东:《平等、自由与中西文明:兼谈自然法》(第2版),陕西人民出版社2012年版,第122页。

引到权利的概念上来了。"[1] 罗马帝国时期，作为统治者的皇权（国家公权力）为巩固其统治基础，通常会选择维护帝国居多数的弱势群体即贫民的利益，形成对少数群体即贵族们的打压。这就出现一个十分吊诡的局面，需要争取权利的不是处于社会最底层的贫民反而是社会的富有阶层——贵族。其实这也不难理解，作为公民最重要的权利——财产权，对于贫民来说只能是奢望，他们更需要的是正当的生存权，因为他们没有财产权需要维护。而贵族则不同，他们除了世袭的身份权利之外，最重要的权利就是财产权，这个权利他们不希望被国家的公权力染指。正是在这个意义上，贵族群体争取自身权利的斗争自然要指向于国家公权，与公权相对立的私权及私法概念由此产生。他们在争取权利的过程中，必然要为其权利之来源寻找理论基础，"基督教教义中以'个人'为基点的核心要素和源自希腊城邦的自然法观念，成为古罗马的法学家们推出私法概念的思想理论前提。古代社会的思想家理论家们，在大多数时候都会自觉充当贵族的代言人；反过来，有钱有闲的人也才可能成为专事清谈的理论家——罗马帝国时期的五大法学家皆为大贵族，他们为私法概念的推出付出巨大努力。"[2]

罗马私法的发展在其城邦时期并无建树，原因很简单，因为那个时期的政制是贵族共和制，贵族群体掌握了国家权力，因此他们大体上是能够实现自由占有财富之愿望的，因而在制度上并没有设置私权的必要。直到帝国建立以后，国家的政治大权旁落到元首（皇帝）手中，而皇权出于政权巩固的需要，在政策上会更多考虑惠及平民的利益，当贵族阶层无法在政治权力上获得支配地位的时候，经济利益即对他们财产权的保护就显得尤为必要。这个时期，私权的意识亦即私法的概念开始萌生，因此他们需要用制度、用法律来

---

〔1〕［美］罗斯科·庞德：《通过法律的社会控制》，沈宗灵译，商务印书馆 1984 年版，第 44 页。

〔2〕冯亚东：《平等、自由与中西文明：兼谈自然法》（第 2 版），陕西人民出版社 2012 年版，第 117 页。

保护自己的财产权利。这就为贵族思想家们运用古希腊而来的自然法观、用基督教的个人平等思想为其私法理论之理据找到了用武之地。

同时我们也需要注意到这样一个现实，对法的意识自古有之，对法的理解就是法律、律法，但法律的实施需要依靠权威——无论是国家的政治权力还是王权、皇权，它意味着"由远古平等观念相袭而来的权威体制及所有法律，都只能是源自国家的公法体系而与权利观念很难兼容。权威体制下对个人所要求的是绝对服从而不是主张权利……面包（资源和财富）不是通过对个人预设的权利系统进行程序性的配置，而是由国家以强权方式做出实质性的均平安排。"[1] 因此，法律在古人的理解上，是一种自上而下"管理与被管理"的关系，是一种"治民"的手段，是维系政治权力的制度安排。他们并没有将法律理解成为公民（平民或贵族）争取自身权利的一种手段。在这个意义上，罗马私法的出现，最本质的意义就在于它蕴含了对"权利"的诉求。"按照孟德斯鸠和韦伯的看法：对权力的限制和分割才使公法的设想成为可能——反过来，也才使私法的构造同时得以实现。"[2] 它意味着，自古意义上的法其实并无公与私之分，法就是权力的代名词，它只是权力实现的一种手段。惟有将权力的对立面——权利，从权力中剥离出来、"创立"出来，私法与公法之别才可能产生，不同利益集团才可能在法律制度的框架内形成权利与权力的博弈、私权与公权的博弈、私法与公法的博弈，也才能达成由法制向法治的转换。

当然，私法概念的出现虽然是贵族阶层出于自身利益的考量而推出的，但如果它仅仅只是保护了某一阶层的利益而忽略了其他，或者说它无法成为不同利益阶层的"合意"，同样也难具生命力。罗

---

〔1〕　冯亚东：《平等、自由与中西文明：兼谈自然法》（第2版），陕西人民出版社2012年版，第121页。

〔2〕　冯亚东：《平等、自由与中西文明：兼谈自然法》（第2版），陕西人民出版社2012年版，第120页。

马私法的长久生命力显示出它的背后具有深厚的"民意基础",至少,贵族阶层之外的其他社会阶层也在其中找到了"合意"的基础。在罗马帝国时代,除最高皇权之外,"社会分裂为贵族、骑士、平民、外来民和残余的奴隶等若干利益集团;而对每一个体来说,动荡秩序中身份之边界本身模糊不清且存在随时转化之可能。于是,复杂的利益冲突之下各方基于世俗生活对等关系合意而成的私法意识,便应运而生。"[1]可见,当身份不再成为不可逾越的障碍之时,与其采取一种弱肉强食的丛林规则来处理相互之间的关系,不如理性地采取一种共同认可的规则来界定相互的权利义务(亦如"社会契约论"的分析思路)。于是,私法的作用就从单纯地保护财产权的意义上升到社会规则的高度,从私权抗衡公权的角度扩展到安排社会政治经济秩序的广度。"私法成为每个人在日常交往中必须遵守的一种行为规则,成为解决人际利益冲突和安排社会经济秩序的最有效手段。从而在一定程度上代行了世俗权威的角色并也被赋予一种至上'权力'的意义。"[2]

正如东方例如中华文化对法的理解"法即刑"一样,尽管"刑"同样也是维护社会秩序的工具,不可或缺,但由于权利观的缺位,臣民无法利用法的工具行使自身的权利,臣民意识也就无法转换为公民意识。罗马私法则是与公民意识相辅相成、互为倚重的一对概念,其背后是基督教教义思想所带来的平等意识的逐渐萌生,这个平等不仅仅是个体的人之间的人性平等,而扩展到个体的人、人的群体、阶层之权利与权力的平等。在这方面,罗马贵族法学家们、思想家们进行了精彩的演绎,自由——自然权利(自然法)——世俗权利——私法的逻辑推演成为罗马私法的理论基础。自由作为基本前提,首先被认为是与生俱来的人之本性,由上帝

---

〔1〕 冯亚东:《平等、自由与中西文明:兼谈自然法》(第2版),陕西人民出版社2012年版,第120页。

〔2〕 冯亚东:《平等、自由与中西文明:兼谈自然法》(第2版),陕西人民出版社2012年版,第120页。

(尽管它未必只朝向于基督教意义上的上帝)所赋予,因此在世俗生活中对人之自由的制度性保护就具有正当性意义,它被认为是人的权利的思想来源和理论依据。而私法无疑成为权利制度性保护的最有力武器,同时财产权作为自由权的最重要方面(尤其是对于贵族阶层而言),就成为权利的核心内容,"先有权利后有面包(资源与财富)"成为人类政治史法律史上一种新观念诞生之发端。

奠基于个人精神性平等观念基础之上的平等意识一旦转化为制度性诉求,权利意识及其思想演变就自然转向了私法制度之建构,它成为罗马私法内在的逻辑规则。

## 第四节 自然之法

自然法是西方文明的独有概念,其并非今人所理解的实在意义上的具体法律规范,而是一种观念形态的思维抽象。就一般的意义而言,它指的是在人为制定的法律之外,一种永久存在、普遍适用的"法",更准确地说,是一套需要人类共同认可并共同维护的正义规则的总称。

自然法必定是先验的,西方文明此一意识的萌生源自古希腊,也可以视为古希腊思想家们从神话文化中抽象出的对自然法则之思考所带来的一种观念。我们知道,希腊神话无论在故事性上多么丰富多彩,其最深刻的寓意或者说最深刻的本质就在于对"运命"、"定数"和"必然"等冥冥之中所存在的"命运"观的思考,"命运"在希腊神话中成为无论是众神祇还是人类都无法逃脱的必然存在。诸神祇虽然超越于人,是不死的神灵,但他们与人一样,都是具有人格的主体,他们也需要服从无法抗拒的命运之安排,而这个命运就是自然法则。然而自然法则又是什么?神话中虽无明示,而在古希腊思想家们看来,它就是正义。"这种正义的观念——不可逾越永恒固定的界限的观念——是一种最深刻的希腊信仰。神祇正像人一样，也要服从正义。"[1] 因此我们可以看到，古希腊思想家们多将正义作为其哲学思想的起点及其归宿，对正义问题的探讨成为古希腊哲学的内在思想理路。

由此，当古希腊思想家们借助于神话意识而思考人间社会秩序之时，他们意识到了规范人间社会秩序的基本载体——法律的二重性，即自然法与人定法之别。这种意识所体现出的最重要意义就是他们对法的来源之思考。显然，他们认为法的本质所体现出的正义不可能来源于人类自身，只能来源于高于人的超越性存在——"神"，当然这个"神"不是神话中的神——因为在希腊人看来，这些神无非是人的另外一种存在状态而已。这个超越性的最高"神"，在神话中就是命运，在哲学中就是"上帝"（尽管尚未指向于基督教的上帝）。因此，自然法只能来自于自然，这里所指的自然、神、上帝、正义等应该可以被视为同一语义。

希腊思想家们抽象出了自然法之观念。古罗马时期的西塞罗是最早系统性地表述自然法概念的思想家，他认为，自然法是普遍存在的、至高无上的法则，它先于人类现实法律而存在，其作用远远超过人类所制定的法律。也就是说，人类的实在法是从自然法中产生出来的，受自然法的指导和制约，相对于人类社会的法律，自然法是最高法，实在法只是自然法的摹本，只有符合自然或自然法的实在法才是真正的法律。显然，西塞罗在人类社会的法律之上抽象出一个更高的存在，将之作为人类社会实在法律的来源或者说人类社会正义的来源，它是上帝为人类设定的普遍秩序。它既是任何实在法制定的基础，也是国家、民族和任何个人需绝对遵从的准则。自然法的基本原则就是自然、理性、自由、平等与正义等，它也就是自然法则。如同自然规律一样，自然法则不能变更，更不能违背。

就此而论应该不难理解，但如果论及自然法则或自然规律，人类社会的规则却恰恰是一种"反自然"的状态。这其中的反自然并

---

[1] [英] 罗素：《西方哲学史》（上卷），何兆武等译，商务印书馆1963年版，第53页。

非指人类可以违反自然规律,而是指人类的理性特质所指向的生存状态不是消极地、被动地适应自然环境,而是创造性地改变环境而生存和发展。人不仅需要生存,更需要发展,因此,人类所遵从的自然法则就不仅仅是自然界的优胜劣汰、适者生存、弱肉强食等自然现象,而是应当建立在正义、平等、自由等理性特质之上,它既是人类群体的基本生存所需,更是发展所需,是人超越于动物本能之上的特有理性观念。因为人类的生活经验通过理性告诉我们,人类的生存法则与动物的弱肉强食自然法则具有本质的不同,因此也只有人类才会具有文明。"人的首要目标是各种需要的完全满足,而文明则是以彻底抛弃这个目标为出发点的。……就幸福乃是需要的完全满足而言,文明中的自由本质上与幸福是相对立的,因为这种自由对幸福作了压抑性的改变(升华)。"[1] 它意味着人类的文明是以控制自身的个体欲望为出发点的,"于是,人类的社会生活一开始便呈现出理性战胜兽性,善良压倒邪恶,道德法则克服自然法则的趋势"[2]。

问题在于,为什么只有人类才具有这一理性特质和道德性观念,这显然是一个形而上的问题。也可以说,自然法观所抽象出的社会正义之立论基础显然需要一个超验的思想来源。古希腊人已经意识到了这点,因此他们塑造了一个至高的"神"——上帝,由这个超验的上帝赋予人类以理性的正义。但是这个上帝毕竟过于抽象,是哲学家们的上帝,所以即便在古希腊时期,自然法的先验性基础便受到了挑战,在被称之为"智者学派"(或称"诡辩派")的学者看来,"人们渐渐地不再把法律看作是不可更改的神授命令,而认为它是一种完全由人类创造的东西,为便利而制定,并且可以随意更改。同样,人们还剥去了正义概念超自然的灵光,开始根据人类的

---

〔1〕 [美] 马尔库塞:《爱欲与文明》,黄勇等译,上海译文出版社1987年版,第3、8页。

〔2〕 冯亚东:《平等、自由与中西文明:兼谈自然法》(第2版),陕西人民出版社2012年版,第150页。

心理特征或社会利益分析正义。"〔1〕它其实也为16、17世纪由格老秀斯（Hugo Grotius, 1583—1645）开创的古典自然法学说提供了理论铺垫。

由哲学家们抽象出的自然法之形而上基础显然是单薄的，因此它只能交由基督教的人格化上帝来完成。当上帝成为人间权力的绝对主宰之时，自然法的超验性意义才能找到理论根基。人间的正义只能来自于上帝所规定的秩序，人间的理性只能来自于上帝的理性，人间的权力只能来自于上帝的权力，而作为人格化的上帝，"基督教将'理性'落实于'耶和华'这一特定的拟人化符号，从逻辑上说，使得一元权力政治有了思想基础。"〔2〕虽然说一元化的权力很容易与专制主义和集权政治相联系，在世俗社会中就如中世纪的教皇权力和君主权力之争，但无论权力由谁来行使，其来源与合法性都只能来自于超验性的、人格化的上帝。其意义就在于，这种思想对世俗的最高权力者（无论是教皇还是君主）的意志做出了有力的限制，特别是在更广泛的意义上，使得"王权可以而且应该被限制"成为一种普遍的观念，它事实上也奠定了西方宪政思想的理论根基。

为什么说只有人格化的上帝才能赋予自然法的理性特质？虽然说上帝的观念自古希腊起即已有之，但这样的上帝仅仅只是观念性的、抽象符号的化身，他离人类的生活过于遥远、过于抽象，或者说仅仅是人类思维的产物。除了哲学家以外，民众感受不到他的存在，更不用说对民众日常生活的直接影响了。而在中世纪基督教文化的氛围下，上帝的人格化特征使得上帝观成为活生生的存在，因为关于上帝的认识不再来源于知识，而是通过心灵、通过启示，特别是通过耶稣基督的神人二性（既是神，同时又是人）来完成与人的直接对话。通过神性的一面，耶稣基督实现了"救赎"；通过人性

---

〔1〕［美］博登海默：《法理学——法哲学及其方法》，邓正来、姬敬武译，华夏出版社1987年版，第3页。

〔2〕朱海波：《论现代立宪主义的文化基础——理性主义与自然法哲学》，法律出版社2008年版，第117页。

的一面，耶稣基督完成了与人类的感性直观。上帝不再是高高在上、无法感知的遥远存在，而是与人具有共同情感意志的"同类"。正是在这个意义上，人格化上帝所赋予的宗教情感，最直接地切入了人类的心灵，上帝的意志也才能最直接转化为人的意志。

基督教上帝为人类社会所规定的"秩序"就成为自然法的超验性来源，它意味着人类的世俗法律具有了宗教性基础，法律只有在符合上帝意志的基础上才具有合法性，否则，世俗法律无论是来自于君主的意志抑或是所谓"众议"的产物，都不具备真理性。正是因为由基督教所形塑的自然法观在历史上对人的法律情感和心理基础的培育，使得西方人在法律观念上始终无法摒弃法律背后所蕴含的"终极价值"，尽管自然法这一概念在今天很少再被提及，但古代的自然法思想传统在西方历史长河中一直在被不断演绎，并赋予新的思想内涵，"这一概念被不同的人们在不同的时期为着不同的目的而使用……它曾经被认为是对与错的终极标准，也曾被嘲讽为无稽之谈。它提供了人类自我反省的一个有力激素、既存制度的一块试金石、保守与革命的正当理由。它也是组织人们看待人与自然的关系、人与人的关系的观念模式，是人们观察、分析和评价法律体系的参照系。"[1]

在基督教神学体系中，13世纪经院哲学集大成者托马斯·阿奎那继承了亚里士多德政治哲学的衣钵，通过对宇宙秩序的描述，区分了"高级法"与"低级法"这两类秩序规则，其中"高级法"包含了永恒法、神法（圣经）、自然法这三类超验性的法律秩序，而"低级法"也就是人类自我制定的"人法"即世俗法律。在阿奎那看来，永恒法就是受神理性支配的宇宙秩序，"上帝对于创造物的合理领导，就像宇宙的君王那样具有法律的性质……这种法律我们称为永恒法"[2]。但永恒法毕竟是一种只可意会的存在，在阿奎那的

---

〔1〕 张文显：《二十世纪西方法哲学思潮研究》，法律出版社1996年版，第37页。

〔2〕 ［意］托马斯·阿奎那：《阿奎那政治著作选》，马清槐译，商务印书馆1963年版，第106页。

秩序体系中,"莫测高深"的永恒法与显性直白的人法之间需要一个沟通的"桥梁",那就是自然法。上帝所造的人是一种特殊的理性动物,"因其自然本性是理性并且自由的,因而可以实现自我支配并且支配其他动物;于是,人分享了上帝的智慧,世俗社会的法则既体现了上帝的理性,又来自于人的理性安排,于是自然法得以还原为人的理性之产物"[1]。阿奎那对人理性特质的强调成为自然法被纳入基督教神学体系的一个重要支点,"与其他一切动物不同,理性的动物以一种非常特殊的方式受着神意的支配;他们既然支配着自己的行动和其他动物的行动,就变成神意本身的参与者。所以他们在某种程度上分享神的智慧,并由此产生一种自然的倾向以从事适当的行动和目的。这种理性动物之参与永恒法,就叫做自然法。"[2]

通过这样的解释,阿奎那将人法严格限定在永恒法和自然法之下,其中神法(圣经)介于永恒法和自然法之间,因为在基督教神学体系中,圣经被视为神的启示,它有助于人类对永恒法的认知以及对自然法的理解。在上述架构中,由永恒法、神法、自然法所构成的"高级法"体系就成为人定法(世俗法律)的来源和评判标准。正是这样一种界定所引申出政治理念,使得世俗国家的统治权威并不具有终极价值而是应当受到限制的"权力限制"观念得以成为西方基督教文明的一种共识。

自然法观念由古希腊的神话意识所发轫,到中世纪被纳入基督教神学体系,再到世俗化的古典自然法观逐渐成熟。在西方文明的形成过程中,自然法始终被视为世俗法律的本源。事实上,在中世纪后期,神学自然法已然经历了一个重要的转向。在回答人的理性是如何认识自然法时,后经院主义哲学家费尔南多(Fernando Savater,1947—)就指出,虽然自然法的正当性来源于上帝,但是,人类是

---

[1] 朱海波:《论现代立宪主义的文化基础——理性主义与自然法哲学》,法律出版社2008年版,第119页。

[2] [意]托马斯·阿奎那:《阿奎那政治著作选》,马清槐译,商务印书馆1963年版,第106页。

通过上帝已然预先赋予人类的理性能力来认识自然法的。这产生了一个极其巧妙和重大的转向，即上帝并不明确提出善恶的本体，而是通过赋予人的先天理性来引导人类认识善恶。从此，自然法学说开始去掉了神学的标签，披上了理性的外衣，开启了由格老秀斯为始的古典自然法的世俗化历程。

无论自然法之源是来自于基督教神学之解释还是世俗化的人类理性之解释，它们所共同遵循的一个前提就是人类社会的法律不再是人们可以随心所欲的创制，特别是它不再是君王意志的体现或者是任何人的意志哪怕是任何人类群体的意志的体现。作为世俗法律的"上位法"概念，自然法在形而上的意义上对世俗法律的善与恶、正义与非正义提供了一种终极意义上的解释，这也正是西方法理学上流行的说法——"法律只能被发现，而不能被创制"之渊源。

事实上，"有史以来的自然法，便始终以一种对观念及理想进行抽象的理论状态而存在，并不直接具有实定法的强制功能。"[1]"自然法的任务不是给我们一个关于理性法令的普遍立法，而是给我们一种对实在法中的理想成分的鉴定。即使绝对的理想不能被证实，这种鉴定可以确定和陈述出一定时间和地点的社会理想，并且使它成为对各种论述、解释和适用标准的出发点进行选择的尺度。"[2]的确，对于人类来说，自然法作为一种"虚拟"的存在，我们无法在现实生活中确切地找到它，但人类的理性又告诉我们，人类头脑中所隐含的某些概念——平等、自由、正义、博爱、人权、民主等等，其确定性的内容尽管在不同的历史时期会有不同的理解，但其中所蕴含的观念意涵却是人类值得追求并愿意遵循的，它完全可以归结为"自然法"的形态之下。因此，"自然法的设计，须是紧紧围绕人类自然而然的基本价值目标进行；在相互冲突的各种价值中寻求

---

〔1〕 冯亚东：《平等、自由与中西文明：兼谈自然法》（第2版），陕西人民出版社2012年版，第174页。

〔2〕 [美] 罗斯科·庞德：《通过法律的社会控制》，沈宗灵译，商务印书馆1984年版，第3页。

一种既能有效推动社会进步，又能为大多数人所接受的衡平方案"[1]。

如果我们需要在自然法与平等理念之间找寻某种内在关系的话，恐怕多属于形而上意义上的，因为无论是将自然法归结为神学智慧抑或俗世智慧，其所蕴含的平等价值之所以被普遍认同，必定与它符合人类头脑中"先天"存在的某些终极价值相关，正如意大利当代法学家登特列夫（Alexander Passerin d'Entreves，1902—1985）所言："如果没有自然法，意大利半岛上一个农民小共同体的渺小法律，绝不可能演变成为后来国际文明的普遍法律；如果没有自然法，中世纪神学智慧与俗世智慧之综合，亦必永无可能；如果没有自然法，恐怕也不会有后来的美国与法国大革命，而且自由与平等的伟大理想，恐怕也无由进入人们的心灵，再从而进入法律的典籍。"[2]

〔1〕 冯亚东：《平等、自由与中西文明：兼谈自然法》（第2版），陕西人民出版社2012年版，第176页。

〔2〕 ［意］登特列夫：《自然法——法律哲学导论》，李日章、梁捷、王利译，新星出版社2008年版，第9页。

# 第五章

# 平等的权利与平等的东西

"凡有的，还要加倍给他叫他有余；没有的，连他所有的也要夺过来。"[1]这是《圣经·新约》中"马太福音"中的一段经文，后世将其应用到社会学、心理学等领域，意指强者恒强、弱者愈弱的一种社会规律，被称之为"马太效应"。

中国古代的老子也提出过类似的思想，"天之道，损有余而补不足。人之道则不然，损不足以奉有余。"[2]可见，东西方都从这一现象中发现了人间社会中这样一种"不公平"的社会现实，强者恒强、弱者愈弱，适者生存、弱肉强食。这一点似乎与社会达尔文主义有某种共通之处。不过东西方文化透过这一社会现实却反衬出不同的思想路径。老子谓之"天"指向于自然界的规律，其意在于说明"人之道"惟有遵行"天道"才属合宜。"道法自然、天人合一"作为老子思想的精髓，一方面，反映出东方文化崇尚人与自然整体和谐的思想意境；另一方面，对应于人之社会关系（人之道）中，则可被视为"均贫富"观念的一种最早哲学表达。

基督教文化在处理人与自然的关系中，自然界在地位上是低于人类的，人所需要效仿之"天道"并非指向于自然之道而

---

〔1〕《圣经·新约·马太福音》25：29。
〔2〕《老子》第七十七章。

是上帝之道。人与自然虽同为上帝的创造物，但他们的地位并不等同，自然是由上帝交给人类来"认识"和"治理"的。它表明，自然界的功用乃为人类所利用、所服务。因此，在人与自然的关系中，认识自然之"天道"（自然规律）的目的固然是要遵行自然规律（因为它来自于上帝），但更重要的意义则在于为人类服务（它亦可视为科学思维、科学思想之发端）。因此，人与自然在一定意义上并非平等的主体，而是有主次之分的。

对应于人间社会"马太效应"之规律，基督教文化并不简单地主张"损有余而补不足"，它肯定强弱之分、智愚之别，但并不肯认弱肉强食、胜者全得；它既肯定平等也肯定不平等，但肯定哪些平等又肯定哪些不平等呢？至少通过"马太效应"我们可以看到，世俗社会中财富等物质形态的平等并不是基督教文化真正追求的目标。

## 第一节　平等"什么"

在社会生活中，总有一些权利是人人都应当享有的，并且这些权利是等价的，并无高低贵贱之分。也可以说，它属于人平等的最基本范畴。正是因为这些权利的存在且被"天赋"在每一个个体的人之上，我们才能够断言人之平等。换言之，在对平等最基本也最无歧义的理解上，这些基本的权利构成了平等的最初始内涵。

但是基本权利的内容却是历史发展的产物，也就是人之间究竟在平等"什么"。平等毕竟只是观念产物，而平等所包含的内容才是平等价值的具体实现。在人类观念史上，平等观古已有之，但平等权利转化为现实的社会政治制度及其相应的法律规则却是近现代之事。西方文明自古希腊始，平等观来自于哲学或神学所赋予的超验价值，也就是在最基本的"人"的意义上求得观念性平等。就此而言，中华文明与西方文明的平等观早在"轴心时代"起就出现了分殊，中华文明以"齐"为美，而"齐"的前提是承认人的不平等，并在此基础上求得"不平等"中的"和谐"，即"齐"；西方文明希腊化时期的斯多葛哲学最早提出了"世界公民"的思想，他们承认任何人——无论是自由民还是奴隶——在精神上和人格上都是平等的这一观念，其难能可贵处就在于，它打破了奴隶在那个时代曾经被视为不仅仅是身份的象征和区分，更是人在"品质"上的差异这样一种观念，进而成为"人生而平等"这一世俗人文主义理想的最早表达。但真正在本质平等意义上得到西方文明所肯认的，却是犹太宗教中以上帝平等造人说为基础的宗教文化之浸染，任何人，由于在其本性中都分享了上帝的"神性"，因此在他们的人性之中，平等便具有了题中应有之义。由神性平等而引申出的人性平等，意味着"不管人们的天赋、成就和社会贡献如何的不同，就个人应该受到尊重而言，是人人平等的。"[1]

无论是斯多葛派的哲学思辨还是犹太宗教发轫出的基督教神学理念，对人的平等性思考尽管依然是观念性的，但由其所奠定的平等思想逐渐内化于西方文明的积淀之中，这也才有自启蒙运动始平等理念逐渐转化为政治制度和法律规则的社会实践。之所以西方文明能够以平等和自由作为制度文明的价值诉求，其奠基于"人权"理念之上的文化基因无疑是不可或缺的，而"人权"就其本源而言，恰恰就是对人类平等本性终极价值的认知。

当然，说西方文明之早期的平等认知仅仅是观念性的也不尽然，在古希腊时期，就社会阶层和社会地位而言，公民与自由民、自由民与奴隶、男人与女人之间是不存在平等关系的，其平等仅局限于地位相近者之间的平等。但就其社会治理来说，有一种平等却早早被认知，那就是法律上的平等。特别需要指出的是，这种法律上的平等目标并不指向于"法律面前人人平等"这一近现代理念，"而在于法律人人（某些情况甚至包括奴隶）得而用之，以及没有人能够自外于法律……希腊人最接近法律面前人人平等的地方在此：他们坚持没有人能免于诉讼，一个人的公共地位无论多低，都能告公

---

〔1〕　高瑞泉：《平等观念史论略》，上海人民出版社 2011 年版，第 27 页。

民同胞。"[1] 这其中的关键在于，希腊城市没有公诉人（检察官）制度，所有的诉讼都是个人告个人，但能够行使诉讼权利的，却只能是拥有公民权利的个人，这就意味着每个公民都是潜在的公诉人，"在最好的城市里，一个公民在有人（无论其人是谁）损害别人而他本人并未受害的情况下，也会对这个兴讼"[2]。从中可以看出，城邦公民的政治身份中具有一个十分重要的"特权"——诉讼权，这个特权使他拥有了"路见不平"的诉讼权利，利用这个权利他可以去告"任何人"——只要是这个人违犯了城邦的法律。它同时也意味着，即便是那些没有公民权的个人——奴隶、外国人、妇女等等，当他们的权利受到了侵害，即使自身并不拥有诉讼权，但他们完全可以寻求"公民"的帮助，由公民代为行使诉讼权来维护自身的权利。在这个意义的法律普适上，就可以保证没有人能够自外于法律，它同样是一种法律面前的"平等"。

希腊人很早就明白一个道理："城邦法律是人为的，而既属人为之物，就会改换。法律永远是某个政权的法律。"[3] 但是他们似乎不甘于此，毕竟城邦统治权的转换所引发的频繁的法律变更不利于公民过良好的政治生活，因此他们需要将法律的来源"神秘化"而尽可能保持法律的"稳定性"。"希腊人知道，一部宪法容易被视为老旧，以及不免于政治偏见之嫌的弱点有办法避开，其中一个办法是说这部宪法的确非常古远悠久，也就是将一部宪法的起源神秘化，神秘化到无法追溯其起源。实际做法是索性方便权宜，将这部宪法说成不朽之物，是不朽智慧的产物，而世上仅有的不朽智慧是神，或者是一些与神相似的人……哲学家也乐于致力建构理想的宪法，

〔1〕〔美〕约翰·麦克里兰：《西方政治思想史》（上），彭淮栋译，中信出版社2014年版，第10页。

〔2〕〔美〕约翰·麦克里兰：《西方政治思想史》（上），彭淮栋译，中信出版社2014年版，第10页。

〔3〕〔美〕约翰·麦克里兰：《西方政治思想史》（上），彭淮栋译，中信出版社2014年版，第11页。

因为此事参天地之化育，是神的工作。"[1] 正是因此，到了希腊化和罗马时期，因为法律来自于神的观念所引申出的自神之下人之间的平等观念，以及自然法观念的出现似乎就顺理成章了。

在城邦存在的那些世纪里，法律应该包括什么以及应该由谁来制定，一直存在重大的分歧，但关于不能没有法律这一共识，却是没有歧义的。事实上，当法律需要具体落实到现实的社会政治生活中时，尽管可以将法律（宪法）精神之源抽象于神秘的"神"，但毕竟还要具象于具体法条的落实，由此还是需要回归到法律的具体制定上。就此而言，希腊人天然地认为平等只是存在于地位相近者的阶层之中，因此他们的法律均以维护这样一种"自然的平等"为其宗旨。在这样的意义上，这种平等观似乎接近于中华文化的"齐"之观念。不过希腊人关于法律普适性的认知，虽然欠缺了"法律面前人人平等"的现代观念，但已然属于超前，至少它为社会"弱势阶层"提供了"维护权利"（尽管不是平等权）的法律武器。当没有任何人能超脱于法律之外时，意味着无论是寡头、僭主还是富人群体、执政者，都不可能为了一己之私而将法律仅仅当作统治工具而使用。

在罗马时期，就个体的人而言，平等的权利意识也是不存在的。但是他们通过共和国政治制度的建构将不同社会阶层及群体的权利巧妙地平衡进了政府制度中，也就是说，尽管不同阶层的人就其个人身份而言无法与其他阶层实现平等的权利，但作为一个社会阶层，他们却能够通过政治制度与其他阶层分享相对"平等"的权利，至少他们能够通过政治制度得到了表达阶层政治诉求的权利，这是"共和"政制的力量，且并非昙花一现。"罗马共和国的宪法是个长命的奇迹，历来的标准解释将这长寿归因于罗马政府是君主政治、贵族政治与民主这三种基本政府形态的幸运组合。罗马的执政官是

---

〔1〕〔美〕约翰·麦克里兰：《西方政治思想史》（上），彭淮栋译，中信出版社2014年版，第12页。

那些君主，元老院是其贵族，人民及其护民官则构成民主部分。古代世界有个标准学理，指出'纯一'的政府形态不可能长久。就是最好的君主政体，后来都不免腐坏，严于自律的贵族逐渐退化成唯财富是逐的寡头集团，民主则每每终于暴民统治。罗马很幸运，因为在共和国的政府里，各阶层往往抵消彼此的恶质，只留下好的一面，人民抑制贵族天生的倨傲，元老院抑制人民天生的动乱倾向，最后，执政官任期一年，使执政官们时时记得他们是不能久居其位的君主。罗马共和国何以出现这么巧妙的混合政府，确实原因留待后世寻索，罗马人相信因为他们德行可嘉，所以众神赏给他们这么好的政府。"[1]

希腊罗马时期，就个体的人而言，平等的观念尚无法转换为平等的权利。其实这也无可厚非，希腊文明的哲学观是柏拉图式的，而柏拉图视"国家"（城邦）为第一要务，个人只是国家的一分子，是有机组成部分，个人的价值只有体现在国家的价值之中时才有意义。集体高于个体，城邦高于个人，国家正义高于个人正义。在其"理想国"的政治图景中，人的品质是有差异的，他以金、银、铜、铁来分别比喻不同的社会阶层，而且人的品质是天生的，不可僭越。奴隶天生就是奴隶，努力做一个好的奴隶才是本分；统治者天生就是统治者，一个优良国家（城邦）的教育体制，就是最有效地训练统治者如何实现最好的统治。因此，个人在柏拉图的政治哲学理念中并非不重要，但其重要性体现在"各从其位、各安其政"，僭越自我的身份是最大的亵渎。事实上，自希腊至罗马，个人出身所决定的身份阶层都是无法跨越的，只不过，这种个体身份上的不平等它们是通过政治制度的安排来实现一种"和"，所谓"共和"也就意味着"和而不同"。这与中华文化的"齐"亦有了异曲同工之妙。

整体上看，古代西方文明除了在观念上早早衍生出了人的平等价值思想以外，其平等的实现却属于"曲径通幽"式的"和文化"

〔1〕〔美〕约翰·麦克里兰：《西方政治思想史》（上），彭淮栋译，中信出版社2014年版，第89页。

实践，平等远未涉及近现代意义上以打破身份地位并还原为个体的人所具化的权利平等。即便在梭伦改革时期，曾经为了打破贵族的世袭特权，实行了以财产而非血缘来划分等级的制度，即公民按照财产的多寡划分为若干等级，享有不同的权利，"也就是说，一个公民应该从他人、社会那里获得什么并相应地给予什么，不是根据他的血缘的世袭的身份，而是根据他所拥有的财产；不是根据他所处的人与人的依附关系，而是根据他'以物的依赖为基础的人的独立性'。政治因而被看作这些独立人的联合。"[1] 这一改革被视为一种进步，因为相对于血缘身份的无法选择而言，财产则是流动的，由财产关系而非血缘关系来界定权利，至少为阶层之间的流动提供了机会。"财产关系中个人至少在法律上是独立的、平等的。由于财产的托持，个人得以成为独立的、平等的权利主体。"[2] 即便如此，"政治联合的实质是财产和财产权利的平等的联合。说到底，这种政治也是一种特权政治，只是用平等的财产特权代替了世袭的不平等的身份特权。"[3] 充其量它属于一种"金权政治"而非近现代意义上的"民权政治"，将其视为一种历史的进步主要是通过动态的财产关系扩大了公民的范围，因为只要具备了一定基数的财产，平民也可以参政、外邦人也可以获得公民权。在那个时期，可以参政的公民权是一个人身份的最重要象征。公民权之所以重要，是因为只有公民才真正被视为城邦的主人，而城邦则是人生活的中心，个人的价值只有融入国家（城邦）的价值之中时，生活才是有意义的。因为"公民"这一概念的出现，其本意就是"属于城邦的人"或"组成城邦的人"。而缺少了政治权利的"非公民"则被视为不是一个完整的人，或者说，是不具备完整的人格的。

当然，希腊时期是没有权利之概念的，至多是具备了一定的"观念"。"权利"成为一种与义务相对应的法律概念，是在罗马时

---

〔1〕 夏勇：《人权概念起源》，中国政法大学出版社 1992 年版，第 77 页。

〔2〕 夏勇：《人权概念起源》，中国政法大学出版社 1992 年版，第 77 页。

〔3〕 夏勇：《人权概念起源》，中国政法大学出版社 1992 年版，第 77 页。

期。罗马人没有希腊人善于哲学思辨、凡事讲求理念的智慧，但他
们更具备务实精神，更愿意以实证主义的态度来处理生活中的问题。
罗马毕竟不像希腊那样是由一个个小共同体所组成的城邦，而是庞
大的帝国，要管理好这样一个地域辽阔、人口众多的"巨无霸"国
家，首先要处理的就是各种各样纷繁复杂的利益关系。因此，如何
处理利益关系就成为罗马建构社会制度的首要之选。利益关系说白
了就是"义与利"，罗马法学即"罗马法"之发达其根本原因就在
于罗马人早早就意识到，"用法学上的权利和义务来建构社会制度，
实际上是以各种各样的利益连带关系来建构社会制度。这种社会制
度的目的已经不是简单地维护社会治安，而是维持各种利益的安
全。"〔1〕法律是什么？法学是什么？"就是计较、评估每个人的'应
得''应予'，就是权利义务之学。"〔2〕当然，罗马法之发达是私法
之发达，而私法就是界定人与人之间利益关系即权利义务关系之法。
罗马法中并没有具体提出"权利"的概念，但他们"创造了许多权
利义务的种类和形式，如家父权、债权和债务、自权和他权、居留
权、受益权、地役权等等，其中，权利的分类已经比较细致。"〔3〕而
且他们还创造了概括权利的概念，即各种权利和义务的集合。有学
者认为罗马法中的"ius"一词在某些情况下具有现代意义上的主观
权利的含义。不论学术如何争论权利概念的发明者，至少在罗马时
期，他们已经在法律上很好地应用了权利义务来规定各种社会利益
关系，并赋予权利以具体的实际内容。更重要的是，其权利范畴涉
及了除罗马公民之外的大量"外来民"，这就是它的"万民法"之
创制。"承认并保护外邦人的权利，并因此形成了比较成熟的人类共
同权利概念。这种共同权利也就是普遍权利。"〔4〕万民法承认了外来
人可以享有独立于罗马社会权利义务关系之外的人身权利和财产权

---

〔1〕 夏勇：《人权概念起源》，中国政法大学出版社 1992 年版，第 34 页。

〔2〕 夏勇：《人权概念起源》，中国政法大学出版社 1992 年版，第 34 页。

〔3〕 夏勇：《人权概念起源》，中国政法大学出版社 1992 年版，第 34~35 页。

〔4〕 夏勇：《人权概念起源》，中国政法大学出版社 1992 年版，第 79 页。

利，"对外邦人的人格和地位的认可，意味着对普遍人格的承认，这在古代具有革命意义……万民法富有平等精神，它是古代自然法观念的成功实践"[1]。正是因此，万民法被看成是最早的一部人权立法，也就不以为奇了。

从权利概念的清晰化到基本权利概念的提出，意味着人的平等性已经不再止于观念形态而需要通过国家法律规制加以明晰。"基本"两个字本身就意味着这种权利不需要附加任何外在条件，即不以身份地位、血缘关系、财产等等任何被加之于人身上的外在标准加以区分。也就是说，只要是自然状态下的任何自然人，就天然地、无差别地享有这些权利。因此，尽管说基本权利的法律属性当今已无歧义，但在确定究竟是什么样的权利可以构成"基本"之内涵时，却是一个动态的、随历史变迁而具有一定变化并体现时代特色的东西。

在法学家们看来，基本权利曾经无限接近于自然权利学说中关于人的权利的本质属性，也就是"人权"。其思想渊源来自于西方的自然法观念，按照非神学的世俗化解释，其逻辑体现在，"人类社会的原初存在着一个自然状态。在自然状态下，人人享有自然权利，后来人们为了结束无序状态、保障自由而建立了社会，但人在进入社会之时，并没有放弃这些自然权利；相反，作为契约的内容和条件，社会状态中的国家必须负责保护这些权利。自然权利是先国家的先验主张，它先于国家，高于国家，国家以维护和保障自然权利作为自己存在的合法依据。"[2] 但自然权利无论是借助于神学论证还是社会契约论证，基本上属于一种价值寄托或哲学思想，很难在实定法的意义上获得具体的规范。因此，随着近现代主权国家制度的建立，自然权利学说向实定法意义上的基本权利转换就不可避免。特别是随着社会的发展，基本权利观已经由初始社会状态下保护个人免受犯罪行为的侵害（在任何社会状态下，很多侵犯行为如杀人

---

〔1〕 夏勇：《人权概念起源》，中国政法大学出版社1992年版，第79页。

〔2〕 郑贤君：《基本权利原理》，法律出版社2010年版，第14~15页。

偿命、欠债还钱等都属于天经地义的，必须被禁止）转变为个人对国家提出的要求。也就是说，基本权利的基础不再是个人对个人的权利主张，而转变为个人对国家的权利主张。"宪法基本权利之规定，是完全针对国家而发，基本权利条款的本身，就富有纯粹针对国家之性质，而非针对人民性质。"[1] 这是基本权利观的第一个转向，"要求国家不得侵犯个人权利是在资产阶级革命过程中逐渐确立的，这一权利主张和要求不同于历史上以往的任何时期"。继而，随着国家制度的发展，资产阶级的国家理念开始由消极国家观转变为积极国家观，而基本权利开始实现第二个转向，体现在"不仅包括不受政府侵犯的消极权利，还包括要求国家采取行动的积极权利"[2]，"国家不仅负有尊重个人免于政府侵犯的消极责任，也需要承担积极责任保护和促进个人尊严的实现"[3]。

基本权利由此成为人权概念的最核心主张。从抽象意义上讲，人权就是人所应该享受的最基本权利，"它不考虑各国具体制度和现有物质条件，仅以人性为依据，主张人所应该享有的权利"[4]。人权意味着两个最核心内涵，"一是它是一种自然、与生俱来的权利；二是这种权利是神圣的、政府负有保护人权的义务。"[5] 正如沃克在《牛津法律大辞典》中为其所作的定义那样：人权"指人们主张应当有或者有明文规定的权利。这些权利在法律上得到确认并受到保护，以此确保个体在人格和精神、道德以及其他方面的独立得到最全面、最自由的发展，它们被认为是作为有理性、意志自由的动物固有的权利，而非某个实在法授予的，也不是实在法所能剥夺或削

〔1〕 陈新民：《德国公法学基础理论》（上册），山东人民出版社 2001 年版，第 288 页。

〔2〕 郑贤君：《基本权利原理》，法律出版社 2010 年版，第 1 页。

〔3〕 郑贤君：《基本权利原理》，法律出版社 2010 年版，第 5 页。

〔4〕 郑贤君：《基本权利原理》，法律出版社 2010 年版，第 8 页。

〔5〕 陈德顺：《平等与自由的博弈——西方宪政民主价值冲突研究》，中国社会科学出版社 2016 年版，第 26 页。

减的。"[1]

正是在人权的意义上，人的平等才获得了法律的肯定，成为普遍的权利要求。尽管国际公认的人权原则在实在法的意义上受制于各个国家和地区具体法律规定的差异而有所不同，对人权原则的理解落实到具体法律规定中也存在差距，但毫无疑问，将人权原则落实在每个国家公民的基本权利体系之中，其中所包含的法律保护就成为公民在社会生活中平等价值体现的最核心内容，并成为现代国家制度下"能够平等的"项下的组成部分。

## 第二节 不平等"什么"

承认人之间必须有"平等"的一面，同时也需要承认人之间必然有"不平等"的一面。因为无论是在政治领域的权力分配上，还是在经济领域的物质生活资料分配上，或是在精神领域的尊严程度上，要做到完全平等性的分配至少在可遇见的未来都是不可能的事。理论上，就是一个好的社会分配机制，只能是尽可能地实现"机会平等"，亦即所有的个体的人都有争取到高于社会平均分配水平的那些"机会"，从而实现自身与普通社会大众的"不平等"。在特定意义上，争取"不平等"（即"强者"的"不平等"）才是个人努力的方向及社会进步的动力。要获得更好的物质生活条件、要取得更多的政治权力、要赢得更高的社会尊重程度，都不是社会能够自动赋予的，需要通过自身的努力。社会能够提供的，只能是给每一个人创造同样的机会来实现这种"不平等"。尽管这样的"机会平等"同样涉及众多的限制条件，但尽可能消减这些限制条件正是国家制度、社会制度发展进步的方向。

如果将人人都应当具有的基本权利（人权）作为一种"母权

---

[1] ［英］戴维·M. 沃克：《牛津法律大辞典》，李双元等译，法律出版社 2003 年版，第 537~538 页。

利",那么在平等享有这些权利的同时,通过自身的努力而获得的其他权利,就可以视为"子权利",这些"子权利"构成了当今社会"不平等"的重要方面,属于"结果平等"的范畴。母权利是人人应当享有的权利,不需要通过交换来取得(也不允许交换)。而子权利则是在平等享有母权利的基础之上,通过自身努力并通过交换而获得,并且其范畴往往更加广泛,这就是社会通常无法实现的"结果平等"。例如,想获得乘坐飞机的头等舱的权利,想获得剧场里更好座位的权利,想居住在位置更好、空间更大的居所的权利等等物质领域中的无数欲求,都需要付出更多的金钱来进行交换。市场能够提供的只是交换权利的平等,但交换结果依然要取决于每个人得以交换的"筹码"——金钱及其他资源(如政治、社会地位等)。在非物质领域如精神层面,人人都有个人基本尊严得到尊重的权利,它属于母权利的范畴,但尊重同样是有程度的,超出基本尊严的范畴就属于尊敬、赞赏、崇拜等更高程度的尊重,而要获得他人更高程度的尊重,必然要通过自身所付出的努力,如出色的工作、令人赞赏的行为、更高社会地位的取得等等。它虽然不是市场交换的结果,但同样属于付出与回报之间的"公平交易"。

如果我们将权利区分为"平等的权利"和"不平等的权利"之两类权利时,其间的界限就成为衡量一个社会文明程度、和谐程度的重要标尺。关于"平等的权利",我们已然通过人权理念及相应的法律规范获得了不同程度的保障,但关于"不平等的权利"应当在一个什么样的程度上得以被社会制度所接受并保护,首先在理论上便构成了自由主义与平等主义的博弈,在实践中则构成了福利国家与自由市场的界限如何划分的问题。通常而言,一个社会对"不平等的权利"的容忍程度取决于对社会"公平程度"的感受与判断,也就是说,是对得利较多者的所得是否为"应得"的判断。"在机会平等得到保证或基本保证的条件下,靠自身努力多获得的利益,人们一般都倾向于认为是应得的,因为这是获利者拿了些什么东西换来的。所以,只要人人都有'通过个人努力换取相应生活资料的平等权利'得到保证，人们对于'获得相同生活资料'方面的不平等就有了较高的容忍度。"[1]它说明，"不平等的权利"的存在之所以被社会所接受，不仅仅是因为它不可避免，还是因为社会最广泛的大众对"机会平等"的价值实现有了较为普遍的认同。既然机会对每一个人都是平等的，一部分人所获得的较多利益是因为他们的能力及其付出，所以是"应得"的。一般说来，社会制度只要在机会平等的社会分配机制方面有了显著的改善，通常就是相对稳定的。"既然有了一定程度的机会平等，他们也就觉得只需要逐步提高机会平等的程度，而没有必要再以暴力革命为代价去争取结果平等了。"[2]

这一点并不难以理解。但是，"平等的机会"作为一个理念诉求却是西方资本主义民主革命的产物。封建等级制度下，无论东西方，历史上几乎所有的以推翻统治为宗旨的暴力运动，提出的诉求并非机会平等意义上的分配体制"革命"，而是以"均贫富"为口号的对"结果平等"的追求，但最终能够实现的却仅仅是以新的封建等级制度代替旧的封建等级制度，因此无论是"结果平等"还是"机会平等"都无法通过封建统治权力的更迭得以实现，其"革命"亦只有朝代之更迭，而无制度之转换。可以讲，"古代社会没有把'平等'作为谋划和改变社会制度和生活的基本政治规范，只有现代社会才把每个人都平等地享有其权利视为基本的伦理和政治原则。"[3]

资本主义革命在本质上追求的就是"机会平等"，原因很简单，因为"商品是天生的平等派"，只有在商品经济（市场经济）中，平等的交换才可以实现，平等的商品、平等的市场、平等的市场参与者（人）这样的逻辑链条造就了资产阶级革命的本质诉求。而平等的市场参与者（人）的平等构成了其他一切平等的前提条件，因为人参与市场的平等就意味着机会的平等。"机会平等的观念被普遍

〔1〕 毛德操：《论平等——观察与思辨》，浙江大学出版社2012年版，第82页。
〔2〕 毛德操：《论平等——观察与思辨》，浙江大学出版社2012年版，第83页。
〔3〕 高瑞泉：《平等观念史论略》，上海人民出版社2011年版，第28页。

认为是充满活力的资本主义世界的一个自然的产物。"〔1〕虽然对于"机会平等"这样一个概念究竟在什么时候被最早使用已经难以考证，但无论是在17世纪、18世纪或19世纪，它来自于资产阶级争取自身权益过程中的利益诉求则是没有疑问的。

在资本主义兴起的时代里，封建等级制度构成了资产阶级获得政治权力和经济权利最重要的"桎梏"，因此从维护自身阶级利益出发，破除封建制度也就是打破身份的限制便成为资产阶级革命必须实现的目标。"人权"无疑成为最具有号召力的价值诉求，人权背后所蕴含的平等价值以及平等价值背后所蕴含的"机会平等"将成为对社会大众最有感染力的"革命理由"。"在这里每个人能够找到工作。即使对于最为贫困的公民，通过劳动和节俭积累财富，通过他的天赋和美德登上国家的最高职位的道路是畅通无阻的。"〔2〕这样的一幅美景所具有的吸引力无疑是巨大的。而下面一位美国著名演说家的演讲词更加鼓舞人心："今天的体力劳动者就是明天的资本家……每一个人都依靠自己的才能立身……他可以成为一个资本家的事实是奔波在我们的街上的报童辛劳的动力。"〔3〕正是这样一幅美好图景的描绘，资产阶级革命自西方始成为燎原之势已成必然。

当然我们也需要关注到一个特定的历史发展背景，也就是工业革命、科技进步所带来的生产力的快速发展使得资本主义社会对未来充满乐观情绪。"这种情绪构成了平等机会原则最初形成的背景。尽管任何人会怀疑这些条件是否像它们应该的那样充分存在，然而

〔1〕［英］J.R.波尔：《美国平等的历程》，张聚国译，商务印书馆2007年版，第137~138页。

〔2〕Noah Webster, Jr., Esq., *Effects of Slavery on the Morals and Industry* (Harford, 1793), pp. 31-32. 转引自［英］J.R.波尔：《美国平等的历程》，张聚国译，商务印书馆2007年版，第138页。

〔3〕［英］J.R.波尔：《美国平等的历程》，张聚国译，商务印书馆2007年版，第139页。

这个原则是毫无疑问的。"〔1〕因为人们必然意识到，平等的机会将会带来一种新的不平等特别是财富的不平等，而财富不平等最终依然会导致新的政治不平等。但相对于阶层固化的封建等级制度而言，以财富及其财富的创造能力来衡量人的价值、界定人的社会地位，远比通过血缘身份更有助于社会的活力。更何况，新的不平等是在人权意义上的"基本权利"原则得以确认并得到法律基本保护前提下发生的。对于深受自由主义传统深刻浸染的西方文明来说，他们宁愿将这种新的不平等视为自由主义带给人类的必然选项。

　　在资本主义革命的早期，要为这样的观点提供支持，圣经的权威是不可或缺的。的确，"《圣经》和基督教对平等的理解仅仅基于人人在上帝面前属灵上平等这一点上……把平等的概念延伸到宗教事务之外的领域，早期基督教没有在这方面采取任何具体的行动。"〔2〕圣经中几乎没有任何"均贫富"的观念，它所给出的财富观虽然从表面上看是矛盾的，但事实上是一脉相承的。一方面，圣经中不乏对财产的谴责："去变卖你所有的，分给穷人"〔3〕；"骆驼穿过针的眼，比财主进神的国还容易呢"〔4〕；"行路的时候，不要带拐杖和口袋，不要带食物和银子"〔5〕。这些经文，昭示了上帝对于财富的蔑视态度。但另一方面，圣经对人的自由及其私有财产权利的支持同样是坚定的，"亚伯拉罕就是这样一种人，无论是他自己还是他的财富在《圣经》里并没有受到谴责。"〔6〕同样，雅各虽然受到了他的岳父拉班的不公平对待，但通过自己的辛勤劳动，神依然大大地

---

〔1〕　[英] J. R. 波尔：《美国平等的历程》，张聚国译，商务印书馆2007年版，第140页。

〔2〕　[美] 阿尔文·施密特：《基督教对文明的影响》，汪晓丹、赵巍译，北京大学出版社2004年版，第243~244页。

〔3〕　《圣经·新约·马太福音》19：21。

〔4〕　《圣经·新约·马可福音》10：25。

〔5〕　《圣经·新约·路加福音》9：3。

〔6〕　[美] 阿尔文·施密特：《基督教对文明的影响》，汪晓丹、赵巍译，北京大学出版社2004年版，第193页。

增加了他的财富，使他能够带着足够的财产回归家乡。同时，在以色列国短暂的兴旺时期即大卫王和所罗门王时期，一度是周边国家中最为富庶的。显然，这种富庶不仅仅体现在国库的充盈，也一定体现在百姓的富裕中。而在早期犹太教中，对于犹太人这样一个长期失去土地的民族而言，生存是第一位的，因此，"犹太教从不把贫穷看成是美德，发财致富被认为是一个人有责任去接受的挑战。在经济上依附他人而不能自立，被犹太人认为是间接违背《托拉》〔1〕的行为。"〔2〕从整体上看，圣经所蕴含的财富观是将财产权与个人自由视为密不可分的一体：一方面，只有财产权才能带来个人的经济自由，而经济自由则是个人尊严的必要组成部分；另一方面，财产权同时意味着个人最重要的自由权利，通过财产获取收益才能保证人的基本生存条件，如果一个人连基本的生存都无法满足，何谈自由。"有些人，例如没有土地的劳动者，其生计全靠他人，称他们'自由'完全不通。"〔3〕正是因此，资本主义才将私有财产权视为最重要的神圣不可剥夺的权利。"美国的建国之父受到《圣经》基督教价值观的深刻影响，他们理智地认识到个人的自由——经济方面、政治方面、社会方面——与私有财产权有内在的联系。甚至在美利坚还从属于大英国王的时候，他们就很清楚财产权和自由是不可分割的。"〔4〕"财产权是其他每一种权利的保障，剥夺了人民的财产权，事实上就剥夺了他们的自由。"〔5〕

---

〔1〕 狭义上的《托拉》是指《圣经·旧约》中的"摩西五经"，广义上的《托拉》则指整个书律（《坦那赫》），和整个口律（《密西拿》、《塔木德》和《米德拉斯》），甚至指整个犹太宗教学术著作和思想。包括所有时代的注解家的著作。

〔2〕 谢桂山：《圣经犹太伦理与先秦儒家伦理》，山东大学出版社 2009 年版，第 156 页。

〔3〕 ［英］约翰·麦克里兰：《西方政治思想史》（上），彭淮栋译，中信出版社 2014 年版，第 194 页。

〔4〕 ［美］阿尔文·施密特：《基督教对文明的影响》，汪晓丹、赵巍译，北京大学出版社 2004 年版，第 185 页。

〔5〕 ［美］阿尔文·施密特：《基督教对文明的影响》，汪晓丹、赵巍译，北京大学出版社 2004 年版，第 185 页。

依照西方自由主义理论大师洛克的理解，圣经中的上帝所给予人的自然权利有三种：生命权、自由权和财产权，"上帝要我随他之意生活，而不是看别人的高兴而活命，因此没有人可以夺我性命（自卫除外，自卫包括战争）；上帝命我劳动以得食度日，因此我有权利去自由劳动；依上帝之意，我取自自然之物，必定为我所有，因此，由劳动的诫命之中生出对财产的自然权利：我耕种的土地及其成果是我的。"[1] 这样的逻辑对于私有财产权理论的建立无疑是极为强有力的。即便在当今的法律意义上来理解，"一件东西是我的，理由一是我继承了这东西，二是（更好的理由）我为这东西工作过。以劳动与一件东西结合，是最稳固的所有权基础。"[2]

在圣经的教导中，从来没有出现过蔑视财产权的语言，相反，"十诫"中的第八诫"不可偷盗"和第十诫"不可贪恋人的房屋；也不可贪恋人的妻子、仆婢、牛驴，和他一切所有的"则明确昭告了财产的权利。耶稣的教导中经常会提到财产和物质，但他从来没有因为"拥有"这些财产和物质而谴责任何人，"他仅仅谴责那些过分贪恋财物的人，因为财物妨碍了他们爱上帝和爱邻舍"[3]。由此可见，基督教的财富观明确了财产的两重性，一方面，财产是上帝给予人自由权利的重要保障，是上帝的"礼物"，因此财产权利必须加以维护；另一方面，财产并不代表"善"，甚至在一定程度上会成为人贪恋的本源而导致犯罪，也会使人沉湎于物欲享受而背弃神。因此，新教伦理在肯定了人努力工作并努力追求财富的同时，着意强调简朴生活的必要性。而对于犹太人来说，这一特点更为明显，"金钱虽然被鼓励，但是犹太教却极力反对物质的享受，或者把金钱用于不必要的物质享受……作为一个犹太人，金钱并不能和物质享

---

〔1〕〔英〕约翰·麦克里兰：《西方政治思想史》（上），彭淮栋译，中信出版社2014年版，第241页。

〔2〕〔英〕约翰·麦克里兰：《西方政治思想史》（上），彭淮栋译，中信出版社2014年版，第251页。

〔3〕〔美〕阿尔文·施密特：《基督教对文明的影响》，汪晓丹、赵巍译，北京大学出版社2004年版，第185页。

受等同起来，而金钱的拥有意味着将拥有更多可以支配的自由时间去学习、去思考。"[1]

肯定财产权本身就意味否定了财产的"均贫富"观念。只要财富及利益的获取是通过劳动、符合律法和道德，就是正当的，不可被随意剥夺。同时，既然财富是劳动和创造所得，也意味着不同的劳动及其创造所获得的财富也不可能是等量的，贫富差距就不可避免。圣经通过对财产权的肯定认同了财富在世俗社会分配中的不均等，也没有试图去设计任何一种"良好"的人间政治制度来实现"更合理"的分配机制，甚至在其隐含的意义中，认为拥有财富多寡的背后代表着不同的能力，尽管创造更多的财富并拥有它并不代表人的价值实现，而是神的价值实现。

圣经中肯定了不同的人有不同的"才干"，才干可以被视作他们管理财富的能力。在《圣经·新约·路加福音》中，耶稣通过讲故事的方式做了一个比喻，说一个贵胄（主人）要出远门，就叫了他的十个仆人来，每人交给他们一锭银子（约相当于十两），让他们拿去做生意。[2]待他回来时，仆人们分别来报告他们做生意所赚的钱，第一个仆人说，"主啊，你的一锭银子，已经赚了十锭。"主人说："好，良善的仆人。你既在最小的事上有忠心，可以有权柄管十座城。"[3]"第二个来，说：'主啊，你的一锭银子，已经赚了五锭。'主人说：'你也可以管五座城。'"[4]到了第三个仆人，他并没有拿银子去做生意，而是将它包裹并保存起来，甚至连放到银行赚取利息的事都没有去做。主人于是大怒，吩咐人夺过他的一锭银子，交给那赚了十锭的。[5]旁人见此，不解地问："主啊，他已经有十锭了。"耶稣于是借主人的口说出了最重要的一句话："我告诉你们：

---

[1]　谢桂山：《圣经犹太伦理与先秦儒家伦理》，山东大学出版社 2009 年版，第 156~157 页。

[2]　《圣经·新约·路加福音》19：12~13。

[3]　《圣经·新约·路加福音》19：16~17。

[4]　《圣经·新约·路加福音》19：18~19。

[5]　《圣经·新约·路加福音》19：20~24。

凡有的，还要加给他；没有的，连他所有的，也要夺过来。"这个故事告诉我们两个道理，其一，耶稣将做生意赚钱（创造财富）作为衡量是否忠心的一个标准，在他看来，做生意赚钱是"最小的事"，事情虽然小，但却代表着仆人们有没有遵从主人的意愿，是否忠心于主人所吩咐的事情。在更广泛的意义上，既然上帝将这个他所创造的世界交给了人类来管理，人类就有义务担负起管理、经营这个物质世界的责任，也就是创造更多的财富。其二，仆人们赚钱的能力表明了他所具备的才干，第一个仆人用一锭银子赚了十倍，第二个仆人则赚了五倍，这两个仆人虽然都具备了忠心的标准，但他们的才干依然是有差距的，因此第一个仆人"可以有权柄管理十座城"，而第二个仆人只能管理五座城。在这个意义上，耶稣事实上肯定了财富分配中因能力的差距必有高下之分。而当耶稣说出"凡有的，还要加给他。没有的，连他所有的，也要夺过来"这句话的时候，耶稣承认了这个世俗世界有着"不公平"的一面，即"强者愈强、弱者愈弱"（"马太效应"），但圣经从来就没有承认过世俗世界有真正的"公平"存在，在上帝的眼中，真正的公平只能在"天国"而非"人间"。人间的公平不可以按照财富的多寡来衡量，表明耶稣事实上肯定了财富在人间的分配绝对不会以"均等"为标准，而是以"能力""才干""忠心"等等作为指向。这也事实上成为资本主义伦理价值的一个重要神学依据。

当然，耶稣在肯定贫富差距之必然的同时，也强调了"富人"们帮扶救助穷人的义务，且把它当成富人必须履行的责任。圣经所教导的财富观视财富为"上帝的礼物"，既然是"礼物"，在本质上就不属于"名义上"拥有它的人所有，因此"财产权"充其量仅仅是财产的"使用权"，而上帝同时也为这种"使用权"设定了严格的标准：富人帮扶穷人、节俭生活的必要、财富只能用来不断创造新的财富等等就是圣经为人类财富所规定的价值导向。

在《圣经·新约·马太福音》中，耶稣也讲了一个类似的故事。一个主人要到外国去，就叫了他的仆人过来，将家业交给他们。"按着各人的才干，给他们银子。一个给了五千，一个给了二千，一个给了一千。那领五千的，随即拿去做买卖，另外赚了五千。那领二千的，也照样另赚了二千。但那领一千的，去掘开地，把主人的银子埋藏了。"[1]故事的结局大家也可以想到，对于那个埋藏银子的仆人，主人"夺过他这一千来，给那有一万的。因为凡有的，还要加给他，叫他有余。没有的，连他所有的，也要夺过来。"[2]这个故事与上一个故事有两个细微的差别：其一，这次的主人不是均分给仆人们银子（每人一锭），而是"按着各人的才干，给他们银子"，说明主人对于仆人们的能力水平（才干）是有着自己判断的，事实也证明，那个分得最少的仆人，完全不具备管理财富的能力。其二，主人对分五千银子和两千银子的仆人的评价是一样的，"好，你这又良善又忠心的仆人。你在不多的事上有忠心，我要把许多事派你管理。可以进来享受你主人的快乐。"[3]因为两个仆人虽然管理的银子不同，但他们所赚取的收益比例是相同的。一方面说明二者能力虽有差距（管理不同的财富），但他们的忠心程度是相同的，因此都"可以进来享受你主人的快乐"。但另一方面，主人却只将另外的一千银子分给第一个仆人，叫他更加"有余"。为什么主人不将这部分银子分一部分给那第二个仆人呢？显然，看中的是第一个仆人的"才干"，主人认为他具备管理更多财富的能力。可见，忠心无疑是重要的，而且是主人委托他们管理财富的必要前提，但在具体管理财富的数量问题上，主人显然更加倚重于他们的"才干"。

圣经肯定了人的才干是一种"天赋"的能力，赚钱仅仅是能力中的一种，但在财富的问题上，赚钱的能力将是首要的。圣经中很明确地指出了圣灵已赐给人不同的恩赐，且各人依照不同的恩赐分别为主做工。它将信徒们比喻为人身上的肢体，"你们就是基督的身子，并且各自作肢体。神在教会所设立的：第一是使徒，第二是先

---

〔1〕《圣经·新约·马太福音》25：15～18。

〔2〕《圣经·新约·马太福音》25：28～29。

〔3〕《圣经·新约·马太福音》25：21。

知，第三是教师，其次是行异能的，再次是得恩赐医病的，帮助人的，治理事的，说方言的。"[1] 它说明每个人有不同的天赋，"恩赐原有分别……职事也有分别……功用也有分别……圣灵显在各人身上，是叫人得益处。这人蒙圣灵赐他智慧的言语，那人也蒙这位圣灵赐他知识的言语，又有一人蒙这位圣灵赐他信心，还有一人蒙这位圣灵赐他医病的恩赐，又叫一人能行异能，又叫一人能作先知，又叫一人能辨别诸灵，又叫一人能说方言，又叫一人能翻方言。这一切都是这位圣灵所运行、随己意分给各人的。"[2] 这段经文，经典地解释了人所具才能属于神的"恩赐"，但上帝却从来不会按照人的才能来评判人的高低贵贱，上帝所关注的依然是人的"忠心"，因此每个人财富的多寡、知识的多少、能力的大小、水平的高低、相貌的丑俊等等外在因素在上帝的眼中都是"无差等"的，上帝要人做的，是绝对的听从神的话语，按照自己的才能忠心地服侍。在这个意义上，耶稣所讲的故事中那被夺走一千两银子的第三个仆人，被主人所斥责并非是因为他的能力问题，而是他没有遵从神的话语，就像主人斥责他的那样："你这又恶又懒的仆人，你既知道我没有种的地方要收割，没有散的地方要聚敛。就当把我的银子放给兑换银钱的人，到我来的时候，可以连本带利收回。"[3] 它说明，能力并非上帝评价一个人的标准，你有赚钱的能力固然可以管理更多的财富，但在上帝的眼中只是更好地运用了这一"天赋"。不具备这项天赋的人上帝依然会赐与其他的能力，人只要忠心于自己的职责，努力工作，尽心服侍，在上帝眼中就无任何高低贵贱之分，同样"可以进来享受你主人的快乐"。这一思想即成为资本主义新教伦理中"天职"观的经典表达。

可见，圣经中所表述的基督教经济伦理思想不承认均贫富形态下的"经济平等"（财富平等），它所承认的惟一平等，只能是在上

〔1〕《圣经·新约·哥林多前书》12：27~28。
〔2〕《圣经·新约·哥林多前书》12：4~11。
〔3〕《圣经·新约·马太福音》25：26~27。

帝面前的平等，任何附加在人身上的外在标准，都不是衡量人与上帝关系的价值尺度。

## 第三节　在遍地给一切的居民宣告自由

圣经真实的财产观告诉人们，尽管上帝不反对人类拥有财产，甚至鼓励人类拥有更多的财富，但"各种形式的财产都是上帝创造出来的，是上帝送给人的神圣礼物。因为它们是礼物，所以我们不能也不应当把它们看作是我们自己称为义的源头"[1]，盖因"我们都是从非我们所凿成的井里汲水喝"[2]。可见，圣经自始至终并不拒斥财富，对财富的追求及其占有甚至成为新教伦理得以成就资产阶级兴起的精神支柱。圣经及其基督教所反对的，是对财富的贪婪以及物欲的享乐行为。"在富人的比喻里，耶稣基督谴责的不是对财富的拥有，而是富人对他拥有财富的过分依恋。"[3]

因为任何形式的财富都来自于上帝，人类充其量只是"暂时的保管者"，而所有的人无论贫富都是神的子女，因此富人们就有义务帮扶穷困的兄弟姊妹，这一点是作为律法宣示给以色列人的。圣经多处经文反复记载了上帝对穷苦者的顾念："他为孤儿寡妇伸冤，又怜爱寄居的，赐给他衣食。所以你们要怜爱寄居的，因为你们在埃及地也作过寄居的。"[4]"在耶和华你神所赐你的地上，无论哪一座城里，你弟兄中若有一个穷人，你不可忍着心、攥着手，不帮补你穷乏的弟兄。"[5]"你总要给他，给他的时候，心里不可愁烦，因耶

---

〔1〕［美］弗兰克·S.亚历山大：《财产与基督教神学》，参见［美］小约翰·威特、［美］弗兰克·S.亚历山大主编：《基督教与法律》，周青风、杨二奎等译，中国民主法制出版社2014年版，第168页。

〔2〕《圣经·旧约·申命记》6：11。

〔3〕［美］阿尔文·施密特：《基督教对文明的影响》，汪晓丹、赵巍译，北京大学出版社2004年版，第193页。

〔4〕《圣经·旧约·申命记》10：18~19。

〔5〕《圣经·旧约·申命记》15：7。

和华你的神必在你这一切所行的，并你手里所办的事上，赐福与你。"[1] "每逢三年，就是十分取一之年，你取完了一切土产的十分之一，要分给利未人和寄居的，与孤儿寡母，使他们在你城中可以吃得饱足。"[2] "你在田间收割庄稼，若忘下一捆，不可回去再取，要留给寄居的与孤儿寡妇……你打橄榄树，枝上剩下的不可再打，要留给寄居的与孤儿寡妇。你摘葡萄园的葡萄，所剩下的不可再摘，要留给寄居的与孤儿寡妇。你也要纪念你在埃及地做过奴仆，所以我吩咐你这样行。"[3]

上述律法作为上帝"命令"富人有责任帮扶社会穷困者的一部分要求，可以视为"慈善"性质的。但同时，圣经中关于"安息年"[4]尤其是"禧年"[5]的规定却极具颠覆意义。关于安息年是这样规定的："这年，地要守圣安息。地在安息年所出的，要给你和你的仆人、婢女、雇工人，并寄居的外人当食物。这年的土产，也要给你的牲畜和你地上的走兽当食物。"[6]安息年一方面与安息日相关，即人劳役后休息的权利，得以放松身心；另一方面，这一年的出产不可留为己用，要分给那些没有土地等财产的人，表明上帝以律法的形式要求以色列人履行帮贫扶困的义务。可见，除了前述平时的帮扶以外，安息年的救助更可以保证以色列国度内没有土地的人口得到充分的饱足。

禧年则被视为圣年，圣年意味着本属于耶和华的一切财产都要归回给耶和华，由耶和华按照最初的分配原则重新分配。对于以色列人来说，最重要的财产就是土地，因此禧年便成为"大赦天下"的一年，"个人要归自己的产业，各归本家"[7]，它意味着以前变卖

---

[1]《圣经·旧约·申命记》15：10。
[2]《圣经·旧约·申命记》26：12。
[3]《圣经·旧约·申命记》24：19~22。
[4] 安息年是指六年耕作，第七年要休息。
[5] 禧年是指经过七个安息年，即49年，第五十年则为禧年。
[6]《圣经·旧约·利未记》25：5~7。
[7]《圣经·旧约·利未记》25：10。

的地产，这一年必须全部归回原主，即"在遍地给一切的居民宣告自由"[1]。

禧年制度所蕴含的第一个意义，是对上帝绝对主权的确认。意味着上帝拥有一切的主权，包括土地、人民、生产的方式，以及生命本身。上帝带领以色列人占领迦南地后，他将产业分给了各个支派及众百姓，这些产业在上帝的眼中虽然是他赐给以色列人的，但主权依然属于上帝。尽管由于种种原因，这些产业（主要是土地）的拥有者曾经被迫全部或部分出卖给他人，但到了禧年，这些土地必须无条件回到原有者的手中。因为"地不可永卖，因为地是我的；你们在我面前是客旅，是寄居的"[2]。上帝不允许任何一个他的子民永远地失去土地这样一个赖以为生的生存寄托，同时也清清楚楚地让他的子民明白一个道理，任何财产（土地）的终极所有权永远只能属于上帝——他们的主。这是上帝主权的明确昭示。但是，上帝同时也知道，50年为一个周期的禧年毕竟相比于一个人短暂的生命而言显得过长，许多人很可能无法等到禧年的到来便会死去，因此，他同时规定了土地的赎回制度，"在你们所得为业的全地，也要准人将地赎回。你的弟兄若渐渐穷乏，卖了几分地业，他至近的亲属就要来把弟兄所卖的赎回。若没有能给他赎回的，他自己渐渐富足，能够赎回，就要算出卖地的年数，把余剩年数的价值还那买主，自己便归回自己的地业。倘若不能为自己得回所卖的，仍要存在买主的手里直到禧年，到了禧年，地业要出买主的手，自己便归回自己的地业。"[3]可见，上帝知道人的有限生命中或为灾难、疾病、能力甚至懒惰等等所累，变得穷乏且不得不出卖自己土地等财产的事情一定会发生，但他不会去阻止，因为他希望人的生命中必须要有"不平安"的事情，否则人就不会知道去探寻生命的意义、去寻求上帝的面、去追求"神的国度"那永远的平安。但是上帝同时也会保

---

〔1〕《圣经·旧约·利未记》25：10。

〔2〕《圣经·旧约·利未记》25：23。

〔3〕《圣经·旧约·利未记》25：24~28。

护他的子民，为他们设计了"救济"制度，无论是慈善性质的帮扶救助，还是以禧年制度为代表的土地归还，都说明上帝不会任由人世间不平之事永久发生。

禧年制度蕴含的第二个意义是与安息年相结合的。上帝用了六天时间创世，到了第七天，"神造物的工已经完毕，就在第七日歇了他一切的工，安息了。神赐福给第七日，定为圣日，因为在这日神歇了他一切创造的工，就安息了。"[1]推及到人，它也表明人同样也有在劳役过后休息的权利，但休息的意义并不能简单理解为身心的放松、享受闲暇，更应该理解为人应该在劳动中获得自由，而这个自由是让人有时间去思想神，思想神的话语以及如何过好"讨神喜悦"的生活。由安息日推及安息年，道理也是一样的，这一年，不仅土地需要休息不再耕作（因为同样是上帝所创造的，也有休息和安息的权利），人更应该有更长的时间来充分享受自由。它意味着上帝需要让人明白，物欲的追求是没有止境的，人必须有"停下来"的时间，从而放弃不断"攫取"的动机。同时人也应该定期放下一切的压力、困苦与愁烦，安心思想，调整人生的目标。这一切，都是为了更好地以神的意念来谋划人生、规划自我，从而活出更像神的样式。

安息年及禧年制度给予人们一切"重新开始"的机会，这便涉及禧年制度的第三个意义：信心与盼望。上帝通过这样的安排是要告诉他的子民，只要坚定地信靠，上帝的供应将一无所缺。"你们若遵行我的律例，谨守我的诫命，我就给你们降下时雨，叫地生出土产，田野的树木结果子。你们打粮食要打到摘葡萄的时候，摘葡萄要摘到撒种的时候，并且要吃得饱足，在你们的地上安然居住。我要赐平安在你们的地上，你们躺卧，无人惊吓。我要叫恶兽从你们的地上息灭，刀剑也必不经过你们的地。……我要眷顾你们，使你们生养众多，也要与你们坚定所立的约。"[2]通过这样的话语神告诉

---

〔1〕《圣经·旧约·创世记》2：2~3。
〔2〕《圣经·旧约·利未记》26：3~9。

以色列人,尽管你们需要辛苦劳作才能获得收成,但所有的收成不要单单视为自己的劳动成果,因为"地生出土产、树木结出果子、天上降下雨水"的"能力"都是神所赋予的。同时,当安息年到来的时候,"你们若说,这第七年我们不耕种,也不收藏土产,吃什么呢? 我必在第六年将我所命的福赐给你们,地便生三年的土产。"[1]神让以色列人坚定信心,因为只要遵从神的话语,神的供应将一无所缺,正如他们在出埃及的路上神所供应的吗哪[2]那样。旷野中的 40年,以色列人没有食物,仅仅是靠着神每日所降下的吗哪来充做食物。吗哪通常会连降六天,只是在安息日停降一日,让百姓遵守安息日,因此第六天所降的,会是双倍分量。头五天所降的,必须即日吃完,否则留到早上,便会生虫变臭;第六天所降的,则可留至第二天也不变坏。这个故事及其安息日、安息年所预示的,就是让以色列人无论在任何情况下都必须坚定信心,不要为日常生计所困扰。在《马太福音》中,耶稣说:"所以我告诉你们,不要为生命忧虑吃什么,喝什么,为身体忧虑穿什么。生命不胜于饮食吗? 身体不胜于衣裳吗? 你们看那天上的飞鸟,也不种,也不收,也不积蓄在仓里,你们的天父尚且养活它。你们不比飞鸟贵重得多吗?"[3]"你们需用的这一切东西,你们的天父是知道的。你们要先求他的国和他的义,这些东西都要加给你们了。"[4]

禧年制度及其相关律例的第四个意义,在于上帝对世俗生活稳定的政治安排。尽管说上帝不要人们为生计所忧所扰,而要将心思意念寄托于天国的义,但不代表他不关心人们的世俗生活,稳定的政治秩序同样是上帝之所望。财产则是政治稳定的一个重要条件,

〔1〕《圣经·旧约·利未记》25:20~21。

〔2〕希伯来语:מָן;英语:Manna。是圣经中的一种天降食物。在古代以色列人出埃及时,在 40 年的旷野生活中,上帝赐给他们的神奇食物。据记载,"吗哪"夜间随着露水降在营中,是有如白霜的小圆物。形状仿佛芫荽子,又好像珍珠,是白色的。以色列人把吗哪收起来,或用磨推,或用臼捣,煮在锅中,又做成饼,滋味好像新油。

〔3〕《圣经·新约·马太福音》6:25~26。

〔4〕《圣经·新约·马太福音》6:32~33。

无恒产者无恒心的道理在任何时代的世俗生活中都是亘古不变的道理。因此，上帝带领以色列人出埃及的最根本目的之一，就是赐给他们土地这个最重要的财产。当以色列人取得了迦南地这块"应许之地"后，他们才有了安身立命之本。对于这块土地，上帝不希望以色列人因为世俗生活的原因导致土地流失，哪怕是在民族内部"使用权"的转移流失；禧年制度就是避免土地在个人之间、支派之间转移流失的重要制度安排。摩西律法详细地规定了关于土地的安排及其配套的一些制度，例如拈阄分地、承业女子结婚的条例等等，而到了禧年，一切的土地则不论如何都要归回原主（就是上帝最初所赐给他们的地业）。"这样一来，土地就会尽量地保持在各人手里。这是他们立足的根基，也是各家室、各宗族支派、各祖宗支派立足的根基……所有这些制度性的安排都是为了政治上的安定，各支派借此可以相互制衡，各人借此可以养生送死，这是优良生活的内部保障。"[1]

　　禧年制度表明，上帝是"均贫富"的上帝，但又不是无条件均贫富的上帝。他起初给予每个人的都是均等的（不代表绝对平均，如土地的拈阄所得，天然地会有自然差异，正如人出身时的自然差异一样），在这个意义上，他在财产观上是均贫富的。他也容许自然差异以及种种客观甚至主观原因导致的世俗生活中财富不均的出现。但是，他不允许这样的情况长久、持续地发生，禧年制度作为一种"大赦天下"的制度安排，一方面是让人们时刻意识到，上帝的最终主权才是一切的主宰，无论是人的生命还是财产；另一方面从保持政治秩序稳定的需要出发，避免土地等财产的流失导致人世间的不断争斗。事实上，人类历史表明，战争从来都是以争夺土地等财富利益为目的的反复争斗史。而上帝对于以色列人的最重要惩罚，就是使他们失去土地，并"流散在列国之间"，而以色列人认为维系他们上帝信仰的重要表现之一就是"复国"——即土地的归属。在这

---

〔1〕　舒也：《圣经的文化阐释》，江苏人民出版社 2011 年版，第 213 页。

个意义上，禧年及其一系列制度安排不仅是上帝为以色列人的世俗政治所立下的"诫命"，事实上也对人类政治生活秩序提供了指向。

"大赦天下"如果简单理解为财富的重新再分配，就是过于机械地理解圣经所传达的上帝之意志。它所告诉人类的，是人需要放下一切"身外之物"单单依靠仰望耶和华上帝。如果说圣经的诫命中哪一条最为重要，就是禁止崇拜偶像的诫命。这个偶像绝不是单指那些人造的有形崇拜物，也不是古代人类对于某种自然现象的崇拜和信奉，而是"一个社会珍视什么和崇拜什么的晴雨表，可以是钱、名望、健康、地位之类的东西……这是拜物教的一种形式，要为一个人、一样东西或一种仪式赋予某种超人的力量"[1]。因此，"十诫"中的第一诫开篇即言："除了我以外，你不可有别的神"[2]，这是对以色列人及其信奉他的所有子民发出的最严厉警告。因为上帝知道，人的软弱和短视使他们很容易去崇拜那些能够看得见并给予他们短期利益的某种东西，从而替代上帝在人心目中的位置，"你的财宝在哪里，你的心就在哪里"，无论是财富、权力、地位、名誉、健康等等无数附加在人身上的一切外在的东西，都可能成为崇拜和追求的对象，从而迷失在自我编织的世俗利益之中。"如果说圣经教了我们什么，那就是只有一个上帝，而且只当尊崇这个上帝。"[3]

定期"在遍地给一切的居民宣告自由"意味着，在上帝眼中，除却了附着在人身上的一切标记，他的子民依旧是平等的，没有任何的外在标准能够抹杀这种平等性。同时，对于人而言，他给予了他们自由的权利，但人的自由既带来了人的"解放"，也带来了人的"束缚"（被捆绑在人身上的无数标记所束缚），因此，他们需要有一个重新回归、重新认识自己的过程。在上帝的眼中，他们永远是

---

〔1〕 ［美］史蒂芬·B.斯密什：《政治哲学》，贺晴川译，北京联合出版公司2015年版，第109页。

〔2〕《圣经·旧约·出埃及记》20：3。

〔3〕 ［美］史蒂芬·B.斯密什：《政治哲学》，贺晴川译，北京联合出版公司2015年版，第109页。

那么卑微和渺小，以人的差别来比照神的目光，恰如以蚂蚁的视角来衡量人类对它们的评判，人就无法真正符合神的标准，也就更无法活出"更像神的样式"。

## 第四节　制度怀疑：圣经最重要的政治合法性

在圣经的政治教导中，尽管"神的国度"是最完美的国度，但"世俗之城"依然是人类社会必经的一个阶段。上帝掌管了宇宙万物最高的、绝对的权力，但人间的"相对权力"对应于人类能够过上"良好"的世俗社会生活依然是必要的。通常而言，基督教看待世俗社会的政治权力多用一种负面的眼光，即"必要之恶"，但它也同时承认，上帝既然赋予了世俗社会以统治权力，那么它必然要对这个统治权力以神学上的阐释。不得不说，西方政治哲学的权力价值观便是在这个基础上进行阐发的。基督教只承认权力来自于上帝，因此，"王权是神圣的，是上帝的意志。为了惩罚人、弥补人的罪，所以要有王权……但是掌握王权的国王是凡夫俗子，是和我们一样有罪的人、有缺陷的人，所以，国王是世俗的。这样一来，基督教一方面神圣化了王权，另一方面却绝对拒绝神圣化国王。"[1]

显然，政治权力不可能是空中楼阁，它必须附着在行使权力的人或者人的群体、组织之上。本质上，基督教的平等意识使得无论是君王还是任何掌握了政治权力的人都不具备"高人一等"的人性价值，但是在现实生活中，权力的本性使得掌握了它的"人"毕竟拥有不同于寻常人的影响力。非神圣的国王掌握着神圣化的权力，这是基督教的神学思想必须要解决的世俗化问题。"王侯无疑与其他的人不同，但不同的唯一原因是他们为善作恶的范围都大于常

---

〔1〕　丛日云：《西方政治文明》（下），选自丛日云主编：《西方文明讲演录》，北京大学出版社2011年版，第123页。

人。"〔1〕从这个角度来说，"好"的君王与"坏"的君王显然应当具有不同的价值，尤其是相对于世俗社会而言。但从神的角度来看呢？基督教神学思想对此的观察却有不同的见解。

教父时代的奥古斯丁显然接受了柏拉图哲学的伦理思想及其国家观，对尘世生活的贬抑及其对国家政治形态的鄙视影响了他的神学思想。奥古斯丁对尘世生活显然是一个悲观者，这也必然影响到他对尘世政治价值的判断："相较于上帝对天国之城的统治与最好的王侯对最好的尘世国家的统治之间的差异，尘世最好的统治者与最坏的统治者简直没有差别。最坏的王侯对最糟的尘世国家的统治与魔鬼治下的地狱相较，又微不足道。"〔2〕作为眼见庞大罗马帝国衰亡的亲历者，他意识到任何人间的政治制度（即便是被认为最优良的共和政体）都不具备根本性的意义。"寻找一个完美的君主来统治世上的完美城市，注定徒劳。"〔3〕这似乎意味着，与其花力气来建构一个美好的尘世生活，不如更多地以其精力去追随神。奥古斯丁的神学思想似乎带有一种"出世"的意味，但是，他绝非不在意尘世"良好"生活之必要，只不过他告诫人们的是，尘世生活的美好不应该成为人们终极追求的对象。在《上帝之城：驳异教徒》中，下面的一段论述颇具典型性：

> 地上之城不会永恒（当她最后得到应有的惩罚时，就不再是一个城了），但也有自己的好。这个集团也会快乐，但只能是这种事物提供的那种快乐……当为正义的原因而战的人胜利时，谁会怀疑那是令人兴奋的胜利，达到了人们希求的和平？这些是好的，而且无疑是上帝的赐予。但是如果我们忽视了更好的、

---

〔1〕［英］约翰·麦克里兰：《西方政治思想史》（上），彭淮栋译，中信出版社2014年版，第107页。

〔2〕［英］约翰·麦克里兰：《西方政治思想史》（上），彭淮栋译，中信出版社2014年版，第107页。

〔3〕［英］约翰·麦克里兰：《西方政治思想史》（上），彭淮栋译，中信出版社2014年版，第107页。

属于天上之城的好，忽视了那永恒而最高的胜利中有保障的和平，而只欲求这类的好，或者认为这是唯一的好，或者爱它胜过爱那我们相信是更好的好，接下来必然是悲惨，而且悲惨还会不断增加。[1]

奥古斯丁提醒人们，尘世生活的美好同样来自于上帝的赐予，也是具有一定积极意义的，但人们必须警醒的是，美好的尘世生活其功用只具有被利用（*uti*）的价值，而不可以被安享（*frui*）。"在严格的意义上，可以安享的，只有上帝，其他一切都只能利用。尘世中各种事物虽然好，但不能成为安享的对象，这样，它们就不可能有真正积极的价值。"[2]依同理，人间的政治制度亦只具有相对的意义，"每种政治价值被确立以后，都面临着被相对化甚至被否定的命运。于是，任何地上政治都在一定意义上是好的，但又都可以被否定掉。"[3]奥古斯丁之所以摆脱了古希腊古罗马政治哲学着力于争论和探讨不同政治制度之优劣的窠臼，基本上对制度比较不予置评，就在于他首先要绝对否定尘世生活的积极意义，将其置于相对价值的低位。但尘世生活毕竟是人的肉体生活必须经过历练的一个阶段，依然需要赋予特定的价值，只不过这个特定的价值尤其是好的尘世生活的价值只可以加以利用，其目的依然是归向天国的阶梯。"最起码的社会安定是我们对尘世国家所能有的最大期望，灵魂走过这个世界，走向上帝，社会如有起码的安定，则走来方便，但绝非根本要件。"[4]

---

〔1〕［古罗马］奥古斯丁：《上帝之城：驳异教徒》（上），吴飞译，上海三联出版社2007年版，第232页。

〔2〕吴飞：《奥古斯丁的政治哲学与世界历史》，载刘玮主编：《西方政治哲学史》（第1卷·从古希腊到宗教改革），中国人民大学出版社2017年版，第267页。

〔3〕吴飞：《奥古斯丁的政治哲学与世界历史》，载刘玮主编：《西方政治哲学史》（第1卷·从古希腊到宗教改革），中国人民大学出版社2017年版，第267页。

〔4〕［英］约翰·麦克里兰：《西方政治思想史》（上），彭淮栋译，中信出版社2014年版，第110页。

再依此理，政治制度在奥古斯丁眼中虽然有一定的意义，但不具备根本性价值，帝王亦然。"上帝让好帝王统治，也让坏帝王统治，似乎无可无不可……好帝王有别于坏帝王，值得赞扬，但我们不可忘记，与上帝对天国之城的统治相较，这差别还是不值一提的。"[1]奥古斯丁似乎认为，这个世界之所以会有如此之多的坏的统治者，并非出于上帝的不公与残忍，即使是暴君也是出于上帝的意志，人本来就是有罪的，因此无辜的人在上帝的眼中与其他人同样是罪无差等的。他强调基督徒无论在任何时候都需要有谦卑悔罪之心，因为"只有基督徒能够怀此必要的谦卑，承认上帝以一个邪恶帝王为其神圣意志的工具"[2]。照此理解，似乎奥古斯丁是一个完全的悲观主义者，甚至在教导人们无论在任何情况之下都要忍受暴君的统治，其实并不尽然，基督教强调顺服掌权者[3]，但绝非是无条件的顺服，它同时也有抵抗，但强调的是一种消极的抵抗，所必须抵抗的只有一种，那就是国家（掌权者）要求你做直接违反上帝法则之事的时候——"这时，只有这时，你才可以拒绝服从，但仍然有义务秉持基督徒谦卑的精神屈从审判和惩罚。你甚至不许祈祷对你施酷刑的人下地狱。"[4]由此我们不难想到耶稣在十字架上所说的："父啊，赦免他们！因为他们所作的，他们不晓得。"[5]基督教在理解顺服这一点的时候，首先考虑的是自己面对上帝的罪，因此顺服掌权者特别是在一个不是绝对公平的环境中顺服掌权者，这样的过程才能够真正学习忍耐。何况在奥古斯丁看来，再美好的人间

---

〔1〕〔英〕约翰·麦克里兰：《西方政治思想史》（上），彭淮栋译，中信出版社2014年版，第107~108页。

〔2〕〔英〕约翰·麦克里兰：《西方政治思想史》（上），彭淮栋译，中信出版社2014年版，第108页。

〔3〕"在上有权柄的，人人当顺服他，因为没有权柄不是出于神的。凡掌权的都是神所命的。"《圣经·新约·罗马书》13：1。"你们为主的缘故，要顺服人的一切制度，或是在上的君王，或是君王所派罚恶赏善的臣宰。"《圣经·新约·彼得前书》2：13~14。

〔4〕〔英〕约翰·麦克里兰：《西方政治思想史》（上），彭淮栋译，中信出版社2014年版，第108页。

〔5〕《圣经·新约·路加福音》23：34。

制度比起天国的统治，都是不值一提的，因此在人世间所遭受到的那些"不公平"并由此而磨练谦卑、顺服和忍耐的品性，其代价又是值得的。

但奥古斯丁亦然明白，如果这个世界完全是恶的统治并非上帝的本意，那么上帝既然会让"坏帝王"统治，也就会让"好帝王"统治。至少，虔诚的基督徒帝王在治理尘世国家上，必将以上帝的永生王国为念，他所追求的幸福就在于以正义治国，因此，一个"好的"基督徒帝王对于人间社会秩序就会带来好的影响，这其中既有帝王的"表率"作用，更有上帝对于人间社会秩序的神意安排。不过奥古斯丁在类似问题的表述上左右摇摆，无论是"好"与"坏"的统治，都出自于神意的安排，都有特定的意义所在。这其实也并不奇怪，毕竟妄加猜测神的意志是被造者的大忌，奥古斯丁自不例外。

与奥古斯丁相对消极的国家观相比，经院哲学时代的托马斯·阿奎那或可视为积极主义者。在哲学思想上，托马斯承继于亚里士多德的经验主义体系，因此他更加关注人间社会的政治秩序问题。尽管在本质上，他们都不肯承认世俗生活的终极价值，但托马斯更加重视人的理性特质以及国家性质中所包含的上帝意志。在他看来，社会政治秩序安排的好坏并非像奥古斯丁所理解的那样无足轻重而是具有特定价值的，因此他甚至将国家的出现描述为"完美的共同体"，当然这个"完美"的概念并非是一种完美无缺的状态，其所指的只是一种"最完全"的状态。原因在于，其一，受亚里士多德"人是政治的动物"这一哲学思想的影响，托马斯认为只有国家这一政体的出现才能够最好地保存人的这一天性；其二，托马斯所处的时代是封建秩序面临解体，国家主权理论开始兴起的时代。动荡不安的封建社会引发的混乱秩序需要一个更加稳定的政制安排，托马斯在一定程度上意识到主权的重要，而主权理念则是从君主制度中发展而来的。这其中一个最大的难题是奥古斯丁所留下的，因为奥古斯丁的"双城论"很容易导致教会与君主两个并列的权力中心关于尘世社会的"领导权"之争，这事实上也是中世纪教俗之争的根源所在。虽然奥古斯丁从未将教会简单视为天国之城的代表，但他的理论每每造成的对世俗国家和现实政治秩序的贬抑总是使后世的教会得到"理论武器"而自抬身价。因此托马斯必须要调和两者间的关系，至少，稳定的国家主权对于尘世生活的安定是大有裨益的。

但托马斯绝非与奥古斯丁反其道而行之，视国家高于教会，他依旧认为教会高于国家，因为在人生的终极目的上，教会权威无疑是高于国家权威的。"教会与世俗权威占有同一社会空间，教会权威总是高出一等的，因为宗教生活的目的被视为高于世俗生活的目的。"[1] 问题在于这个"高于"在实际生活中如何体现，托马斯不肯将其简单化约为教士与王侯、主教与国君、教皇与皇帝的管辖范围之争，因为它基本上会演变为中世纪教俗之争的翻版，而且其所争夺的仅仅是世俗社会的统治权力问题，并几乎永无答案。托马斯希望换一个视角来看待，过去的教俗之争所争的基本上是应该"服从"谁的问题，即"我在什么情况下必须服从这个或那个"，对于这个问题，托马斯承认他无法回答。但反之，他认为如果去问"我在什么情况下必须不服从世俗王侯"就相对容易得到解答。以此逻辑，如奥古斯丁那样，如果国家（掌权者）要求你做直接违反上帝法则之事的时候，显然构成了不服从的充足理由。同时托马斯意识到，在现实的世俗社会中，服从君王事实上就是服从人间的实证法律，但在庞杂的实证法律体系中，完全清晰地直接违背上帝法则的法律或完全与上帝法则相一致的法律总是少数，绝大多数法律属于"中间"性质的，虽然这其中不乏一些甚至看起来比较"恶"的法律。这种时候，托马斯依然是主张在良心上服从的。为什么要服从这类恶法或不公平的统治？他认为构成基督徒不服从的理由很重要的一点就是不能危及尘世生活的安定，因为安定的尘世生活有其特定的目的，这个目的中包含着上帝的善意。既然上帝所造之人天然

---

〔1〕〔英〕约翰·麦克里兰：《西方政治思想史》（上），彭淮栋译，中信出版社2014年版，第125页。

要生活在一个社会之中，"社会作为统一体，必须有某种治理的原则和控制力量才能免于解体，这就有了统治者与被统治者的区分"[1]。同时，"一个社会的幸福和繁荣在于保全它的团结一致"[2]。显然，托马斯与所有基督徒思想家们一样，相信上帝创造我们这个有时间性的世界是有目的的，尽管我们不知道这个目的是什么，但上帝希望看到我们有一个安定的尘世生活一定与其目的相关。在这个意义上，良好政府的必要性就呼之欲出了。

托马斯事实上表明了两个观点，其一，即便世俗社会的统治存在不公与不义，基督徒依然有服从的义务。顺服法律就是顺服上帝，因为法律来自于上帝，而人间的实证法律虽然出自于上帝的律法但距离完美的上帝律法差距甚远，必有其缺陷（完美不可能存在于这个世界上），因此服从这种有缺陷的法律同样构成基督徒对上帝的义务。在这个意义上，他与奥古斯丁一样，对基督徒的服从义务绝不回避。其二，与奥古斯丁不同，托马斯认为基督徒不可以不关心世俗社会的政治安排，因为它对于人们过上安定的尘世生活是必要的。"上帝就像亚里士多德说的自然一样，有意让人生活与体制合宜的国家之中，也就是说，他希望人受良好的法律统治。托马斯对人因此比奥古斯丁宽大。上帝寄意于我们之事甚多，其中之一是希望我们有良好的国家可住。我们天性之中不是只有原罪。黑暗中有光明。"[3]

无论是奥古斯丁的"消极"国家论还是托马斯的"积极"国家观，二者有一点是共通的，人间社会的建制永远都是暂时的（尽管他们对于这个人间建制的态度不同）。在根本上，站在圣经的角度上他们都同意："对国家和统治权威这类制度的根本怀疑，构成了圣经

---

〔1〕　顾肃：《宗教与政治》，译林出版社 2010 年版，第 20 页。

〔2〕　[意] 托马斯·阿奎那：《阿奎那政治著作选》，马清槐译，商务印书馆 1963 年版，第 48 页。

〔3〕　[英] 约翰·麦克里兰：《西方政治思想史》（上），彭淮栋译，中信出版社 2014 年版，第 124 页。

最重要的政治合法性。圣经认为政治中什么地方是很成问题的呢？偶像崇拜的诱惑，就是国家和政治统治经常会遇到的危险。禁止偶像崇拜的诫命，或许是圣经中最重要的教导。偶像崇拜不单单是指崇拜金制或泥制的对象……它们是一个社会珍视什么和崇拜什么的晴雨表……如果说圣经教了我们什么，那就是只有一个上帝，而且只当尊崇这个上帝。具体地说，我们必须避免将神替换成我们自己的制度和统治我们的人，避免将这些东西变成崇拜的对象。圣经特别要警告的正是人类这种将统治者变成神的现实倾向。"[1]

---

〔1〕 〔美〕史蒂芬·B. 斯密什：《政治哲学》，贺晴川译，北京联合出版公司 2015 年版，第 109 页。

|第六章|

# 从自然到社会

在《圣经·新约·罗马书》中，耶稣基督所说的一段话被认为是臣民（公民）政治服从义务的神学依据。耶稣说："在上有权柄的，人人当顺服他；因为没有权柄不是出于神的，凡掌权的都是神所命的。所以抗拒掌权的，就是抗拒神的命；抗拒的必自取刑罚。"〔1〕并且，耶稣以自己的无罪之肉身亲上十字架为代价，实践了服从世俗权力这样一种政治义务。

一般说来，西方宗教改革之前，站在神学立场上，对于政治权威和政治权力更多的是强调"服从"的立场，唯一的例外是这种服从涉及了上帝的律法，其不服从才具备合法性。社会契约论的兴起，意味着人们的权利义务观发生了根本的转换，政治权力的来源不再由"神授"而成为"人授"，成为人的一部分自然权利所"让渡"出的结果。更为重要的是，这种由"权利"所让渡出的"权力"行使不再是无条件的而是由"契约双方"（统治者与被统治者）所约定的权利义务所构成，统治者惟有遵守契约对他的权利义务要求（如有效地保护被统治者的生命、自由、财产权利），他的权力才能获得合法性。这同时也意味着被统治者在实践上为"不服从"找到了新的理论

---

〔1〕《圣经·新约·罗马书》13：1~2。

根据。

社会契约论作为一种政治假说，显然非真实存在过的社会现实，但之所以获得政治哲学上的肯定，一方面是神学政治观在启蒙运动后的世俗化过程中不得不加以退隐；另一方面世俗政治也需要为国家政治权力的来源找出理论根据，即人在什么情况下应该为服从或不服从国家、法律提供解释。社会契约论站在人的自然权利立场上至少提供了一个逻辑自洽的解决方案。当然，不可忽视的是，由自然权利的来源出发依然无法排除神学的影子，这是西方基督教文化基因所决定的。

## 第一节　剑，从此交到主权者手中

近代以来社会契约理论的兴起，不约而同地共涉一个话题：人类社会是否真实地存在过一个初始的"自然状态"——在这个自然状态下，人是完全自由的，且因为他们是完全自由的，所以应该是"自然平等"的。这种自然平等意味着人的自然能力的基本平等，因为在此状态下，无论一个人多么强壮，他都可能被其他人偷袭丧命，勇力并不能够构成他优于其他人的绝对标准。因此完全自由与自然平等使得自然状态只能呈现出一种"人人为敌"的自然生态。霍布斯（Thomas Hobbes，1588—1679）意识到，"由于资源的匮乏，几个人必然会欲求同样的东西。既然在自然状态每个人都有同样的权利得到只是对于维护生存来说是必要的东西，那么，在没有公共权威的情况下，人的自然平等和资源的相对匮乏这两个因素加起来，就会使人们处于一种缺乏相互信任的永恒状态，进而诱使一切人都为战争作好准备，而且若有必要就去开战而不是去寻求和平。"[1]这是霍布斯理论的逻辑起点。

正是意识到这种完全自由和自然平等的状态对每个人而言都是

---

[1]　徐向东：《自由主义、社会契约与政治辩护》，北京大学出版社 2005 年版，第 11 页。

可怕的"丛林社会",理性的人才会想到用契约的方式实现彼此间的保护。事实上,依常识而言,这种"自然状态"存在的真实性大可存疑,不过因为它对社会契约论的建构是一个不可或缺的前提,因此即便它不大可能真实存在过,也必须"虚拟"出一个来,正如罗尔斯的"无知之幕"那样。

如果我们必须"推理"出一个自然状态(可以泛指国家、政府与社会出现之前的状态)来,究竟会将是一个什么自然形态?社会契约论的两位最具影响力的大师霍布斯和洛克的判断几乎是完全相反的。霍布斯显然是"丛林社会"的绝对拥趸,"在霍布斯那里,自然状态意味着一种'前政治'和'非政治'的状态。也就是一种没有'公共权力'(public power)或国家存在的状态。在自然状态之中,每个人的基本欲望或激情就是'自我保存'(self-preservation),这是他的自然权利(right of nature)。他必须竭尽全力地追求力量,以维护自己的存在或生命,捍卫自己的自然权力。"[1]而洛克则乐观得多,他认为这种自然状态并不意味着自由人的地狱,反而人所天生具备的理性会受到"自然法"的约束,它已然是一种社会状态,即使它或许并不和谐(因为没有政府),但并不像霍布斯所描述的那种地狱般的存在。

霍布斯对自然状态的判断是为了推导出他对秩序的渴望,当然这同样是任何社会契约论者的一致追求。区别在于,霍布斯将秩序的建立依仗于绝对主权的出现,他的理论所受到攻击最多的也在这里,因为霍布斯眼中的绝对主权是不受到任何限制的主权,即利维坦,它是一种绝对的政治权力,不仅必须绝对、不受到任何限制,而且不容分割。如果单从理论角度看,霍布斯的论证极为精妙和严谨,基本上无懈可击。因为他敏锐地注意到,自然状态的人是不可能理性地去订立放弃一部分自然权利交由主权者来行使的社会契约的,人真正的理性会告诉他们,要让社会有秩序、有规则、有法律

---

〔1〕 吴增定:《理性自由与政治自由:斯宾诺莎的政治哲学》,载韩东晖主编:《西方政治哲学史》(第2卷·从霍布斯到黑格尔),中国人民大学出版社2017年版,第72页。

的解决办法，"不是聚集众议制定法律，而是大家同意挑选一个制定并执行法律的人。挑选一人（或一批人），赋予他或他们最高主权，授权他或他们行事。实质上，也就是人人，或多数人，放弃其保护自己的权利，将这权利交给别人。挑选一个立法者和执法者，就是立契订约。此即政治权力之创生；借霍布斯的话说，剑从此交到主权者手中。"[1]

为什么霍布斯认为人不太可能以"众议"的方式共同协商制定法律而必须通过推举一人（或一批人）的方式，将主权交由他或他们，并由他们来制定法律并执行法律呢？在霍布斯看来，"在自然状态中，人天性的忧怯使他们不可能相聚以制定法律。即使他们万一同意制定法律，也有两个无法克服的困难。第一，谁第一个来服从法律？第一个将自己置于法律之下的人，相对于别人，立即处于不利地位，因为别人可能加害于他，而他等于拒绝以其人之道还治其人。第二，谁来执行法律？执法总不能人人都来，那么，谁来保护那第一个服从法律的人？那个人也可以自己实行法律，但这等于说，除了他以外，每个人都还在自然状态里。这很显然是再糟也没有的处境。"[2]

霍布斯此说的关键之处，是为了点明主权者的主权来源虽然也是被"推举"出来的，但这个人（或这批人）自从被推举出来以后，其他人就完全放弃了主权，全部交给主权者来行使，因此制定法律和执行法律的过程，都由主权者来完全行使，它并不受到任何限制。事实上，霍布斯的理论虽然也被冠以社会契约论的名义，但其本质上却是非"契约"的。显然，契约需要一个前提就是立约双方的共同同意，即权利义务对等，如果有一方违反了契约（如统治者被认为违反了统治的规则），则另一方同样有权不再遵守契约（被

---

〔1〕［英］约翰·麦克里兰：《西方政治思想史》（上），彭淮栋译，中信出版社2014年版，第202页。

〔2〕［英］约翰·麦克里兰：《西方政治思想史》（上），彭淮栋译，中信出版社2014年版，第201~202页。

统治者有不再服从的权利）。而在霍布斯的逻辑中，主权者根本就不是立约的一方，他不是根据某种条件产生的，"主权者绝对不必向其臣民负责，他的法律就是他们应该服从的命令"[1]。如果说霍布斯式的契约还有一点契约影子的话，那就是契约各方一致同意使一个人（或一批人）担任主权者。"在自然状态进入公民社会的过渡中，人人过渡，唯独主权者不然。主权者因此自己留在自然状态里，因为他并没有与任何人订立协议。"[2]

霍布斯试图说明的是，自然状态是一种原子式的混乱状态，不可能产生集体意志，这当然不可持续，而改变这种自然状态的办法唯有通过集体意志的产生，但产生集体意志的方法并不是其他社会契约论者所描述的那样通过协商而形成法律，并选出一个执法者（主权者）来执行法律，因为这种状态下的法律代表着统治者与被统治者之间的协议（契约），双方都有遵守的必要。而霍布斯认为，分散、孤独的个人能有某种集体意志的唯一途径，只能是选出一个主权者来代表他们。"依霍布斯之见，一件事物之统一，不在于这被代表之物，而是统一于其代表者。唯有如此透过主权者，每个人将权利让渡于主权者，由主权者代表每一个人，公民社会才能以统一身份行动，也只有如此，公民社会这个巨灵，这个'人造之人'与'凡间之神'才能产生。"[3]霍布斯强烈地相信，"在公民社会里，本质上利己而相互竞争的人之间唯一能存在的统一，是由代表他们所有人的主权者来提供。"[4]

霍布斯显然也知道原初状态的设计属于理论假想，但通过这一

〔1〕［英］约翰·麦克里兰：《西方政治思想史》（上），彭淮栋译，中信出版社2014年版，第202页。

〔2〕［英］约翰·麦克里兰：《西方政治思想史》（上），彭淮栋译，中信出版社2014年版，第203页。

〔3〕［英］约翰·麦克里兰：《西方政治思想史》（上），彭淮栋译，中信出版社2014年版，第204页。

〔4〕［英］约翰·麦克里兰：《西方政治思想史》（上），彭淮栋译，中信出版社2014年版，第204页。

描述，是为了证明主权属性的绝对性，相较于任何政体模式下产生的主权，无论它的产生过程如何，亦即无论是君主政治、贵族政治还是民主政治，其属性都是一样的。"只要是主权者，行使的主权都是同样的主权，无论这主权事实上从何体制而生。一个主权者行使的主权，例如古希腊雅典或共和国制下的罗马，其主权并不因其民主而本质有变。了解确当的话，民主制度下的主权，其属性与绝对君主的主权相同。"[1]主权属性的绝对性意味着人对主权者的服从事实上就是服从自己，这是他为国家理论所构筑的最重要根基，也就是人民的政治义务从何而来的问题。只不过，这样在逻辑上虽然说得过去，但事实上在人们的实际感受中，霍布斯并未为人民的政治义务提供任何道德基础，"他没有提供任何理由来说明人会在内心觉得有义务服从主权者。人因为害怕在主权者手中死于非命而服从主权者，但他们绝不会觉得'应该'服从他。"[2]这事实上也是霍布斯主权理论的一个致命缺陷。如果被统治者仅仅是因为恐惧而选择服从，而不是在内心中生成需要服从的道德理由及其义务观念，那么这样的统治显然无法在人心中获得认同感。

正是因此，后人对他的质疑是他的绝对主权理论显然为专制主义提供了有力的武器。在他的理论体系中，主权者无论做什么都是合法的，因为他就代表着法律，他有社会契约的授权，他是每一个人的代理人。在这个意义上，霍布斯主张，主权者是不能伤害任何人的，如果公民觉得自己受到了主权者的伤害，那只是一种误解，因为主权者所代表的就是我自己，说主权者伤害了我，逻辑上就是我自己伤害了我自己，显然是不通的。在这里，霍布斯所做的一个重要界定是"伤害"与"不义"，因为伤害所指的是不合法的行为，显然按照霍布斯的逻辑，主权者不可能有不合法的行为。不过，霍

---

〔1〕[英]约翰·麦克里兰：《西方政治思想史》（上），彭淮栋译，中信出版社2014年版，第208页。

〔2〕[英]约翰·麦克里兰：《西方政治思想史》（上），彭淮栋译，中信出版社2014年版，第222页。

布斯承认主权者会有"不义"的行为，他视不义为一般人类之恶，"在公民社会与在自然状态都一样……自然状态有自然律统治，自然律也就是上帝的命令。进入公民社会并不能废止上帝的命令，上帝的命令是永不改变的。因此，主权者由于与任何人一样也是人，当然能依照古老的'君主之怒就是死亡'原则（*ira principis morsest*）邪恶对待至少其臣民中的某些人。"[1] 这意味着，即使主权者拥有绝对的主权，他的所有行为都是通过授权而获得合法性的，但如果主权者是不义的，被统治者怎么办？

这显然是一个难题，社会契约论"被发明"的目的，本来就是为了支持对权威不服从的立场，也就是说，统治者与被统治者之间是通过"契约"来界定统治关系的，如果统治者违背了契约，那么被统治者就有权利来"撕毁"协议重新选择统治者。但依照霍布斯的逻辑，主权者（统治者）与被统治者之间根本就不是权利义务之间的关系，即便有，也只是被统治者通过自然权利的让渡，使主权者能够保护他们的生命不因为相互之间的不信任而时时受到威胁。但这时又会出现一个难题，即如何评判主权者是否尽到了他的"义务"？"公民社会中的人如果要判断他们的主权者是否违反了契约，他们必须另外找一个人或一个委员会来代表他们并做此判断。他们必须有不同于主权者意志的某种集体意志，但是，依霍布斯之见，公民社会中的人要行使一种不同于主权者意志的集体意志，唯一途径是另选一个主权者……实质上，这就出现一个公民社会有两个敌对主权者的情况。按照定义，这就是内战，离所有理性之人都避之唯恐不及的自然状态一步之遥而已。"[2] 接下来的推理也就顺理成章了：如果两个主权者之间争执不下，要评判二者之间谁是谁非，还要再找一个第三方（第三个主权者）。在霍布斯看来，因为任何人在

---

〔1〕〔英〕约翰·麦克里兰：《西方政治思想史》（上），彭淮栋译，中信出版社2014年版，第213页。

〔2〕〔英〕约翰·麦克里兰：《西方政治思想史》（上），彭淮栋译，中信出版社2014年版，第204~205页。

本质上都想成为主权者，"人是理性的利己主义者，争议契约是否已被违反的双方又都是个人（或小群个人），各方只要有机会，都会做出有利于自己的评判"[1]。这就相当于自己既是诉讼当事人而且自任法官。这第三个主权者的做法也将是利己主义的，"他将永远做出不利于另外两个主权者的判断，以成全他自己的主权名分"[2]。而且这种情形会不断延伸下去，出现第四个、第五个——第 N 个主权者，"以此类推，生活在公民社会里的人有多少，就会有多少彼此对立的主权者。而人人自任审判者，正是自然状态的代称。"[3]

霍布斯所生活的时代，正是现代欧洲国家体系开始形成的年代，他对主权意义的阐发具有浓厚的时代背景。原因在于，《利维坦》出版的 3 年前，由宗教改革引发的持续一个多世纪的宗教战争刚刚结束，并且签署了具有划时代意义的《威斯特伐利亚条约》（1648 年）。该条约中的两项条款首次直接地、清晰地明确了国家主权："条约申明：第一，从今以后单个主权国家就是政府的最高等级，于是终结了神圣罗马帝国将普世君主制施加于欧洲列国之上的要求；第二，一切团体必须承认'教随国定'原则（cuius regio，eius religio），各国首脑有权决定自己国家的宗教，因而终结了单一普世教会的要求。"[4]从中不难发现，霍布斯对主权的维护，对绝对主权意义的强调，是对欧洲长期战争历史的一种反思。他竭力反思战争与混乱的原因，并对英国内战的爆发深感忧虑。如果站在这个角度来看待霍布斯，理解霍布斯，其维护主权不容侵犯、不容分裂的思想就昭然若揭了。

---

〔1〕［英］约翰·麦克里兰：《西方政治思想史》（上），彭淮栋译，中信出版社2014年版，第205页。

〔2〕［英］约翰·麦克里兰：《西方政治思想史》（上），彭淮栋译，中信出版社2014年版，第205页。

〔3〕［英］约翰·麦克里兰：《西方政治思想史》（上），彭淮栋译，中信出版社2014年版，第205页。

〔4〕［美］史蒂芬·B. 斯密什：《政治哲学》，贺晴川译，北京联合出版公司2015年版，第162~163页。

但霍布斯的确留下了一个难题，就是对主权的限制。"人既然是利己主义者，主权者又是人人想当的最高利己主义者，公民社会如何防止主权者恣意妄行？"[1] 主权者的不义、集权国家的出现并非天方夜谭而是实实在在的，如果没有任何限制的话，其局面即便是霍布斯也不愿意看到的。但事实上，对此问题霍布斯似乎并没有做出有力的回应。人们读到《利维坦》时的印象一定是主权者可以为所欲为，但霍布斯其实没那么悲观，他的确承认主权者可以不受到形式法律、契约式的约束，不过他认为主权者受到的约束将是非法律性的，在这些方面主权者的权力受到了限制。"此中关键，在于特权（powers）与权力（power）的微妙区别。主权者有特权做许多事情。王权时代，这特权称为君主的特权（right）。依霍布斯之见，主权者的特权其实不受限制，也不可能被限制。但是，事实上，有些事情主权者虽然有特权去做，但他如果真做了，就是不智、失策。"[2] 主权者可以有无限的特权，但这并不代表他有无限的权力，即为所欲为。霍布斯的意思似乎是说，主权者为了维护他的特权，他也会审慎地运用他的权力，"主权者可以被授予统治人民的绝对权力，但这种权力并非是随心所欲的。主权者必须按照法律进行统治。"[3] 按照霍布斯对法律的理解，法律的目的不是为了控制人民，而是为了促进他们更良好的生活。就此而言，法律就像交通规则，它只是为了更好地保护而不是限制。因此，主权者尽管有制定法律的特权，但他为了维护自己的利益，也会尽量运用良法的统治。

但这毕竟属于理想的状态，霍布斯的意思是将主权者的权力限制寄托于自然法或者上帝，这显然就有些形而上的味道了。因为在他的逻辑中，人世间的确没有任何权利可以限制权力，他总要找到

---

〔1〕［英］约翰·麦克里兰：《西方政治思想史》（上），彭淮栋译，中信出版社2014年版，第228页。

〔2〕［英］约翰·麦克里兰：《西方政治思想史》（上），彭淮栋译，中信出版社2014年版，第228页。

〔3〕［美］史蒂芬·B. 斯密什：《政治哲学》，贺晴川译，北京联合出版公司2015年版，第181页。

另外一个支点，这个支点除上帝及其上帝所创造的自然法之外应该别无他物。通过圣经中的一个故事我们可以理解其中的关键，即大卫王为了与拔示巴通奸而借刀杀死了拔示巴的丈夫乌利亚。霍布斯认为，大卫王作为合法的主权者，他杀死乌利亚这件事并没有对乌利亚构成"侵害"，他有权力这样去做，因为乌利亚已经将他的自然权利交托给了大卫王，因此说大卫王的行为是对乌利亚的"犯罪"是说不通的。构成大卫王"犯罪"事实的，是他对上帝的"犯罪"。大卫王是乌利亚的主权者，但他同时又是上帝的臣民，作为主权者，他有权力对乌利亚做任何的事，但作为上帝的臣民，上帝的诫命及其自然法阻止他做一切不公正的事。因此，当大卫王就此而忏悔的时候，他说了这样一句极为关键的话："我得罪耶和华了。"[1]而上帝对他的惩罚同样是严厉的："我必从你家中兴起祸患攻击你，我必在你眼前把你的妃嫔赐给别人，他在日光之下就与她们同寝。你在暗中行这事，我却要在以色列众人面前，日光之下报应你。"[2]"只是你行这事，叫耶和华的仇敌大得亵渎的机会，故此你所得的孩子必定要死。"[3]

在这样的一个"案例"中，霍布斯似乎是这样理解的，"乌利亚算什么，难道大卫不能就这样做他想做的事吗？毕竟，他是君王。但很显然，做了王并不足以使他获得无视一切约束的完全自由。大卫要臣服于某种道德约束，就算是一个王也不能违背这些约束。"[4]事实上，圣经通篇所传递的主题都是，除了上帝的权威之外，任何人间的权威（国家、政府、君王、领袖等）都是不值得信任的，必须对之报以怀疑的态度。而对人间的权威而言，"政治领袖必须臣服

---

〔1〕《圣经·旧约·撒母耳记下》12：13。

〔2〕《圣经·旧约·撒母耳记下》12：11~12。

〔3〕《圣经·旧约·撒母耳记下》12：14。

〔4〕［美］史蒂芬·B. 斯密什：《政治哲学》，贺晴川译，北京联合出版公司2015年版，第116页。

于道德法则，听取良知的声音，这一点或是圣经最独特的政治教导。"〔1〕

霍布斯似乎并不是一个信仰坚定的基督教徒，在教会眼中，他被视为无神论者。不管他是否真的信仰上帝，但他对他心目中的上帝及其自然法能够约束主权者的不义行为抱有信心。他并没有明确回答如果主权者假如对臣民"犯罪"（尽管他不认为是属于"犯罪"）时，尤其是邪恶的主权者出现以后，除了上帝（自然法）的惩罚之外，臣民应该如何制止他。其实在他的绝对主权理论逻辑中，这个问题应该是无解的。答案似乎只有一个：主权崩溃，重新回到自然状态之中。

如果简单地将霍布斯的理论理解为支持专制独裁的君权，那也是不准确的。他的思想是复杂的，或者说同样充满着矛盾，因此饱受争议。"在共和主义者眼中，他身负君主制的恶名；在支持君主制的人看来，他是一个危险的怀疑论者和自由思想家。"〔2〕虽然他塑造了绝对主权者这样一个"利维坦"国家巨兽，并赋予了它"生杀予夺"之大权，但他同时又"坚持一切人在根本上是平等的，而且被赋予了某些自然权利，最起码是自我保存的权利"〔3〕。也正是为了维护这样一个平等的权利不在自然状态下被任意剥夺，才需要创造出"主权者"这个"绝对权威"。"霍布斯将君主统治转化为一种职务，它既源于社会契约或'协约'的创造，也要对创造这份契约的人们或代理人负责。"〔4〕特别需要强调的是，霍布斯眼中的主权者是抽象而无人格的，他视之为一种职务，"霍布斯的主权者的功能和无

〔1〕 ［美］史蒂芬·B.斯密什：《政治哲学》，贺晴川译，北京联合出版公司2015年版，第118页。

〔2〕 ［美］史蒂芬·B.斯密什：《政治哲学》，贺晴川译，北京联合出版公司2015年版，第164页。

〔3〕 ［美］史蒂芬·B.斯密什：《政治哲学》，贺晴川译，北京联合出版公司2015年版，第162页。

〔4〕 ［美］史蒂芬·B.斯密什：《政治哲学》，贺晴川译，北京联合出版公司2015年版，第191页。

人格性，与今天的 CEO 有着很多的类似，CEO 也只是对其股东负责而已"[1]。因此在研究霍布斯的人看来，他的理论既有世俗绝对主义的要素，也包含了现代自由主义的要素。此说在于，人要实现自己的价值（无论是平等还是自由、人权等等），一个根本前提首先是解决对自己生命财产安全的担心问题，这是最自然不过的事情，也是人最核心的"恐惧"[2]，"霍布斯的政治科学是在迎合我们的恐惧，因为只有恐惧能使我们走出自然状态，而进入到公民状态之中。唯有创造出一个主权者并授予它绝对的权威，我们才能减轻永远存在于自然状态当中的恐惧和不安。"[3]

对此，洛克则给出了截然不同的回答。

## 第二节　不可永远让渡的权利

洛克的社会契约论学说，同样也是以自然状态为假设的。

霍布斯将自然状态描述为"丛林社会"般的"战争状态"，论据在于原子式的个人由于无法形成集体意志，为求自我保存而必须随时运用他的自然权利来保护自身生命的存在，因为这是人的生存理性使然。洛克肯定了自然状态下人的生存现状，也肯定了人具有保护自身生命的理性能力（其实任何动物都有这样的本能）。不过在洛克看来，自然状态的人即便是原子式生存的，但他们并非不受任何约束，这个约束就是自然法的约束。这样说的原因在于人的理性不仅仅是动物式的求生本能，更是他们有能力认知并尊重他人的自然权利，而其中最重要的一项自然权利就是生命权。洛克认为，人

〔1〕　〔美〕史蒂芬·B. 斯密什：《政治哲学》，贺晴川译，北京联合出版公司 2015 年版，第 180 页。

〔2〕　有一种说法是，霍布斯是早产儿，据说他母亲听闻西班牙无敌舰队来犯，惊而早产，因此霍布斯天生就对恐惧有特殊的敏感。"霍布斯与恐惧是双胞胎"的说法既表明他的出生似乎因受到惊吓而在性格上留下烙印，也表明他的理论似乎与他对恐惧的认知有密切关系。

〔3〕　〔美〕史蒂芬·B. 斯密什：《政治哲学》，贺晴川译，北京联合出版公司 2015 年版，第 173 页。

的理性会告诉他们，凡是权利必然会附带有义务，我的自然权利（如生命权）要得到维护，附带的义务必然就是尊重他人的自然权利（生命权）。因此，洛克笔下的自然状态虽然是自由的，但绝非无限放任的自由，事实上，它已然是一种社会状态。

洛克承认，自然状态下虽然有自然法的约束及人的理性约束，但并非完全和谐的状态，因为人的自然权利偶尔也会受到侵犯，因此人的自然权利中亦包含有审判（与惩罚）权，当个体的人之自然权利受到侵犯时，他便有权力自卫并惩罚与审判侵犯施予方。只不过这种个体间的侵犯、惩罚与审判很容易被等同于霍布斯式的"丛林状态"，当理性的人意识到这一点的时候，他们就会以"契约"的方式将一部分自然权利（如审判权）交给大家共同委托的一人（或多人）来行使，政治权力至此形成。

对于霍布斯认为在自然状态下人不可能通过契约的方式来让渡一部分自然权利，而只能将自然权利全部交托于一个绝对权威的说法，洛克并不同意。他的证据在于，即使在前国家状态下，至少有两件事能够证明人们可以在彼此间订立广泛性协议，其一是语言，其二便是黄金。"语言是众议咸同之物，也就是某些声音意指某些事物，而且语言之发明先于国家（而且国亡而语言仍在）。同理，人与人共同赋予本身并无价值的黄金以价值，这价值在国家摇摇欲坠之际甚至不降反升。洛克以此两物为范例，证明在没有政府的情况下，人与人之间可能达成何种协议。"[1]

在洛克看来，人们能够直接达成某种广泛性契约，是因为人的理性能够发现上帝的律法，也就是"由自然法——上帝律法——而来的权利"[2]，即自然权利，它来自于上帝的启示。这种自然权利本质上有三种：生命权、自由权及财产权。在洛克的体系中，自然

---

〔1〕〔英〕约翰·麦克里兰：《西方政治思想史》（上），彭淮栋译，中信出版社2014年版，第242页。

〔2〕〔英〕约翰·麦克里兰：《西方政治思想史》（上），彭淮栋译，中信出版社2014年版，第241页。

权利不再仅仅是霍布斯笔下的生命权而延伸到了自由权及其财产权，之所以如此，乃因为自由权既是上帝赋予人类的"特权"，同时又是人类滥用自由而导致堕落的渊薮，没有自由权，人便只如木偶，亦即失去了上帝造人的意义所在。但是，即便人选择了堕落，上帝依然是慈悲的上帝，他虽然将亚当夏娃逐出伊甸园，却也将通过劳动而得以糊口的机会赋予人类，自由劳动便成为人类最为重要的自然权利。由此再次引申出另一个重要的自然权利即财产权。财产权是洛克理论的核心所在，"上帝命我劳动以得食度日，因此我有权利去自由劳动；依上帝之意，我取自自然之物，必定为我所有，因此，由劳动的诫命之中生出对财产的自然权利。"[1]

洛克学说的根本意义在于，他虽然肯定了人类能够通过契约的方式让渡一部分自然权利予某个权威，如政府、国家，以便在一定程度上用以保护自身的自然权利，但政府和国家充其量只是人类发明的一部机器，这部机器固然有其用途，但正如人类所发明的所有东西一样，其用途并非不可替代，可以改善甚至拆掉。他的理由在于，"自然状态中，人希望享受并行使其自然权利，他们进入公民社会，以便更有保障地行使这些权利。上帝造人的目的中，有一部分也是要让他们享受这些权利，因此这些自然权利每一项都不容永远让渡。政府存在是为了保护自然权利，而且应该自限于此一功能。所以，任何政府威胁生命、自由、财产三项权利，就是自弃统治资格。"[2]

自然权利是有条件的让渡且不可永远让渡是洛克学说的核心所在，因为自然权利是上帝所赐所许，人没有权利任意处置，必然有一个自然的极限。在霍布斯看来，只要人想通，就会造出一个绝对主权出来，但洛克认为，即便人心有所想，他们也没有权利将此权

---

〔1〕 〔英〕约翰·麦克里兰：《西方政治思想史》（上），彭淮栋译，中信出版社2014年版，第241页。

〔2〕 〔英〕约翰·麦克里兰：《西方政治思想史》（上），彭淮栋译，中信出版社2014年版，第244页。

利无条件且永远让渡出去。自然权利是不可让渡的，只能有条件地"借"给政府，这才是契约的本质所在。因为人是理性的，他们将审判权信托于政府是有条件的，如果政府背弃了契约，人民则有权利收回他们的委托，即便重回自然状态会带来一些不便，但远远没有霍布斯所描述的那样可怕。因此，政府的正当性必来自人民的同意。

洛克版的社会契约论首先区分了社会与国家，洛克认为自然状态下是有社会的，并非完全无序。社会出于自然，乃由上帝所赐且受自然法统辖，而国家纯属人为。"社会在逻辑与历史两方面都先于国家而生，故应该是由社会决定要什么样的国家，而非国家来决定社会应该是何模样。"[1]社会乃承上帝之意而成，是既予的，人对之无可选择，而国家则是可以选择的。正是因此，人们选择什么样的政府、政体、国家，是理性的人可以讨论的，即选择他们愿意在什么样的国家里生活，以及按照什么条件在其中生活。由此，国家的主权来源、政府的正当性来源便呼之欲出了。

洛克作为西方自由主义的重要鼻祖，其视政府为一种信托的论述构成了自由主义的理论基石之一。"视政府为一种信托，而且政府可能背叛这种信托，比阿克顿（John Emerich Edward Dalberg-Acton，1834—1902）'权力导致腐化，绝对的权力导致绝对的腐化'早一个半世纪充满对政治权力的自由主义式的不信任。"[2]而且显然，他是消极政府理论的支持者，在他看来，国家的目的应当仅仅局限于其公民的和平与安全，此外他不愿意赋予国家任何高远和超越的目的，这与他对财产权利的坚持密不可分。在其理论体系中，通过属于个人所有的劳动改变物品自然所处的状态可以使个人确立对劳动对象的所有权即私有财产权，这种排他性的权利无疑构筑了自由主义对财产权利的绝对坚持与维护。即便在自然状态下，洛克认为这种财

---

〔1〕〔英〕约翰·麦克里兰：《西方政治思想史》（上），彭淮栋译，中信出版社2014年版，第244页。

〔2〕〔英〕约翰·麦克里兰：《西方政治思想史》（上），彭淮栋译，中信出版社2014年版，第241页。

产权利即已形成且成为人类财产权利不平等的渊源。在他看来，"自然状态里人与人之间自然能力的些微不平等，霍布斯认为毫无价值，而洛克认为重要，原因就在这不平等将会导致财富不平等。"[1] 之所以这样说，与他之前关于人们之间可以达成广泛性协议特别是黄金等通货的使用有关。因为人与人之间虽然有一些自然差异，但这种差异依然是有限的，以耕作土地为例，一个人即便再努力，他并不能以其劳动拥有多于他实际能耕作的土地，必然会有一个自然限制。但黄金等通货的出现及市场的出现突破了这种自然限制，人可以尽情买卖谋利，财富的基本形态不再局限于土地及其出产，而完全可以转化为黄金等通货形态。"黄金不会变坏，也不会浪置，其累积因而没有自然限制。因此，黄金实质上消弭了对财产累积的自然限制，自然状态中财产的不平等由此滋生。"[2]

依洛克之见，自然状态中已经包含了社会贫富分层的萌芽，它们先于国家而发生，且此乃上帝的意志，国家没有权力来改变它。原因在于，虽然上帝最初将世界交给全人类所共有，但既然上帝安排人类在其中生活，如何将处于共有状态中的一部分资源正当地占为己有，只有劳动才具备这样的价值。他写道："他的身体所从事的劳动和他的双手所进行的工作，我们可以说，是正当地属于他的。因为任何东西只要是脱离了自然所提供的状态和那个东西所处的状态，它就已经掺入他的劳动。在这上面掺入他自己所有的某些东西，因而使它成为他的财产。"[3] 事实上，将共有之物的一部分以劳动赋予其新的价值并据为己有，且加以利用，在洛克看来是上帝的神圣意志所为。这是他为财产权的确立所奠定的最重要基础。在洛克的理论体系中，财产权最重要的基础并非人们常常提及的"通过劳动

---

〔1〕 ［英］约翰·麦克里兰：《西方政治思想史》（上），彭淮栋译，中信出版社2014年版，第242页。

〔2〕 ［英］约翰·麦克里兰：《西方政治思想史》（上），彭淮栋译，中信出版社2014年版，第243页。

〔3〕 ［英］洛克：《洛克说自由与人权》，高适编译，华中科技大学出版社2012年版，第105页。

来确立"，而是"上帝的意志"，"上帝的意志构成洛克财产权理论的神学基础。上帝不但许可，而是实际上还要求每个人通过劳动将共有财产的一部分划拨私用，以利于个人的保存，进而增进全人类的保存，因为这正是上帝的正义的体现。"[1] 显然他也意识到，单纯以劳动作为财产权确立的基础和根据依然有些单薄，因为私有财产权利的确立还需要其他的一些原则，一是腐坏原则，"即劳动所得之物构成有效财产权的限度是，不能让其劳动产品在占有过程中因未能及时消费而腐坏"[2]。二是充足性原则，"即在自己通过劳动占有部分公共物品后，必须留给其他人足够多足够好的东西，以便他们可以通过自己的劳动加以占有"[3]。这两个原则很相近于分配正义原则，正是因此，劳动占有原则、腐坏原则、充足性原则构成了洛克私有财产权利的自然法标准。显然，这两个原则带有分配正义的性质，上帝不允许人无限度地占有，这个度就是以人自己的享用为度，不能损坏和浪费，且不能影响到其他人的合理享用。因为在本质上，自然资源是上帝赐给人类的共有资产，人们尽管可以占有和享用，但不能背离上帝的意志。

"上帝的意志"成为洛克私有财产理论的神学基础，为什么洛克要设置这样一个前提？因为他意识到，人天生都具有趋乐避苦的倾向，更有对财富无尽的欲望，随着货币的发明，人占有财富的能力早已突破自然的限制而近于无止境。但同时，上帝还赋予人类理性思考的能力，这个理性思考的能力就是能认识到最大的善就是天堂的永生。相比于天堂的永生而言，当下的无止境的享受欲望是可以被克服的。如果没有上帝的意志——上帝的正义作为终极分配原则，人类社会将会走入一个"恶"的循环。

---

〔1〕 霍伟岸：《自然法、财产权与上帝：论洛克的正义观》，载韩东晖主编：《西方政治哲学史》（第2卷·从霍布斯到黑格尔），中国人民大学出版社2017年版，第53页。

〔2〕 霍伟岸：《自然法、财产权与上帝：论洛克的正义观》，载韩东晖主编：《西方政治哲学史》（第2卷·从霍布斯到黑格尔），中国人民大学出版社2017年版，第50页。

〔3〕 霍伟岸：《自然法、财产权与上帝：论洛克的正义观》，载韩东晖主编：《西方政治哲学史》（第2卷·从霍布斯到黑格尔），中国人民大学出版社2017年版，第50页。

显然，洛克肯定并承认社会财富的不平等分配是合理的，而且这种不平等分配并不违背上帝的意志，站在自由主义立场上，政府的出现及其权力行使就是为了保护这种不平等，也就是保护人的自然权利。事实上，洛克所肯定的是人的初始平等，即生命权、自由权和共有资产权的平等，但随着劳动的加入，财富不平等开始出现，这虽然是合理且必要的，但洛克为其所设置的限制规则使得财富不平等有了一定的底线，即它同时要尊重其他人的财富获得权利。为了使其理论基础更具有意义，他以上帝的名义、以自然法的名义为其注解。因为也只有这样，私有财产权的确立才具有形而上的意义。

　　洛克的深刻之处在于，他意识到仅仅以劳动的权利及其腐坏性原则和充足性原则作为私有财产权利的基础是不牢固的，即不足以有效排除其他共有权利人对于一个特定的被私占之物的权利要求。"如果没有上帝的意志要求人们要利用他赐给人类的共有财产来增进自身和全人类的保存，那么即便有人通过辛勤劳动试图将共有土地的一小部分圈占起来自行耕种和自享其成，而且同时满足了腐坏原则（通过货币储存劳动果实）和充足性原则（留给其他人足够多足够好的土地），其共有权利人仍然可以要求他停止这样做，并坚持过某种共同生产、共同消费的共产主义生活。但是，如果有上帝的意志这个要素进来，那么其他共有权利人的要求将不得不服从于上帝的意志（上帝的意志具有最高的效力），因为划拨私用可以极大地增进对于资源的利用效率，从而更好地实现上帝的意志，所以劳动财产权才最终成立。"[1]

　　显然，洛克作为自由主义者，其对私有财产权的坚持更深层的意义在于要增进资源利用效率，因为他意识到，在人性的弱点之下，共有制无助于效率的提高而只能沦于"大锅饭"。这也是所有自由主义者们的共识。因此在其理论体系中，自然权利中最重要的就是财产权，他并没有过多关注于具体政府形态，因为在他看来，"任何形

　　[1] 霍伟岸：《自然法、财产权与上帝：论洛克的正义观》，载韩东晖主编：《西方政治哲学史》（第2卷·从霍布斯到黑格尔），中国人民大学出版社2017年版，第52页注1。

式的政府只要保障自然权利，尤其财产权，就是有正当性的政府"[1]。不难发现，其思想逻辑中暗含着这样一个前提：对财产权的保护已然蕴含着对生命权和自由权的保护，财产权作为生命权和自由权的合理延伸，更具有最终性意义。

正是对财产权的坚定维护，洛克对政府、对权力是颇为警觉的，这同样也是所有自由主义者的共同理念。在其对政府有限性的描述中，他仅将政府、权力限定在此一范围之内，任何试图突破此目的的权力，洛克似乎都认为是一种僭越。不过，他也并非完全是亚当·斯密笔下的有限政府主义者，他承认政府还应当更加有所作为而不是简单的"守夜人"角色。但具体在政府的作为方式上，他并没有过多地着墨。他认为无论是何种政体、无论政府如何作为，其前提都是"人民的同意"，毕竟无论是君主制、立宪制还是民主制，统治权的合法性都来自于契约他方的人民的"同意"。因为无论任何政体下的统治者都可能违背契约而导致其合法性的丧失，这时人民就有权利收回其让渡（借给）政府的自然权利。当然在其心目中，君主立宪似乎是他心仪的理想政体模式。

对权力的警觉是贯穿于洛克理论体系中的一条主线，因此他对于公民社会中权力极为可能的僭越最为担心，也就是统治者超越于法律之上的权力专断。在他看来，"无论国家采取什么形式，统治者应当以正式公布的和被接受的法律，而不是以临时命令的未定的决议来进行统治。因为如果一个人或几个人拥有公众的集体力量，并迫使人们服从他们据心血来潮或直到那时还无人知晓的、毫无约束的意志而发布的苛刻和放肆的命令，而且同时又没有可以作为他们行动的准绳和根据的任何规定，那么人类就处在比自然状态还要坏得多的状态中。"[2] 在洛克的思想逻辑中，无论采用何种政体以及由

---

〔1〕［英］约翰·麦克里兰：《西方政治思想史》（上），彭淮栋译，中信出版社2014年版，第247页。

〔2〕［英］洛克：《洛克说自由与人权》，高适编译，华中科技大学出版社2012年版，第199页。

谁来立法，立法权都应当基于人民的同意，因此其所制定的明定法律才具备正当性。在这一前提下，统治者唯有在法律之下行使的统治权才具备合法性。"一切权力归政府所有，既然只是为社会谋幸福，就不应该是专断和凭一时高兴的，而是应该根据既定的和公布的法律来行使。这样，一方面使人民可以了解他们的责任并在法律范围内得到安全和保障；另一方面，也把统治者限制在他们的适当范围内，不至于使他们为拥有的权力所诱惑。"〔1〕这样的观点在今天看来似乎不足为奇，但在当时的历史条件下，特别是相对于霍布斯理论来说，却是具有颠覆意义的。自英国始，"无代表，不纳税"就成为西方社会一个根深蒂固的政治传统，它表明，任何法律的制定、任何行政权力的形式，其前提都来自于人民的同意。显然，洛克早已意识到了这样一个道理，权力所带来的诱惑将会使其自我膨胀，如果缺乏必要的制约，其后果甚至将更加恐怖。"对霍布斯来说，再糟糕的政府也要好过混乱无序的无政府状态"〔2〕，而洛克则恰恰相反，他更愿意将权力的僭越视为更糟糕的状态。

私有财产权作为洛克理论的核心坚持，为此他坚定地指出，"未经本人同意，任何人的财产的任何部分不能被取去。因为既然保护财产是政府的目的，也是人们加入社会的目的，这就必然假定并且要求人民应该享有财产权，否则就必然假定他们因参加社会而丧失了作为他们加入社会的目的的东西……不论由谁掌握的政府，既受有使人们能享有和保障他们的各种财产的这一条件的委托，则君主或议会即使拥有制定法律的权力来规定臣民彼此之间的财产权，如果臣民不同意，他们也绝不能取走臣民财产的全部或一部分，因为这样就会使臣民在事实上根本不享有财产权了。"〔3〕

---

〔1〕 ［英］洛克：《洛克说自由与人权》，高适编译，华中科技大学出版社 2012 年版，第 199 页。

〔2〕 彭刚：《西方思想史导论》，北京大学出版社 2014 年版，第 188 页。

〔3〕 ［英］洛克：《洛克说自由与人权》，高适编译，华中科技大学出版社 2012 年版，第 200~201 页。

如果仅仅这样来看，洛克所描述的政府似乎是一个很"弱势"的政府形态，其实并不尽然。洛克所强调的实际上是政府权力的不可僭越。在人民的合法授权下，政府则完全有绝对的权力来行使人民对其的授权。为此他以战争为例来进行说明，一个军官可以命令一个士兵向炮口前进，或者只身坚守一个阵地，而这个士兵将面临必死的命运，但士兵是必须服从的，因为这属于军官的权力，士兵也有服从的义务，但军官则没有哪怕一丁点的权力命令士兵给他一分钱。同理，将军可以处死一个放弃职守或不服从孤注一掷命令的士兵，却不能凭着他决定生杀的绝对权力，来处置这个士兵产业的一分一毫。因为军官和将军行使权力的目的，是保护其他的人，因此是必要的，而处分士兵的财物则与这个目的无关。通过这个例子可以看出，洛克心目中的政府就是"有限政府"，其目的"仅仅"是保障公民的财产安全，而不是处处受到限制的"弱势政府"。

在洛克的时代，自由主义者们的平等观主要是以抽象的平等为宗旨，"所谓平等，是指就每个公民作为独立自主的自由人这一身份而言，每个人具有平等的道德地位……自由主义视平等为一种道德理想，实际上要求我们从这样一种视角看政治：在决定社会的基本政治原则时，我们应当放下彼此的种种差异，接受大家是平等的理性道德人，并在这样的基础上找出大家能合理接受的合作方式。"[1]这也是洛克社会契约论的基本坚持。在这一前提下，道德平等不意味着资源分配上的平均分配之立场，因为只有这样，对私有财产权利的法律保障才具备制度性意义，并由此引申出对放任自由市场经济的支持。

## 第三节　使人文明起来而使人类没落下去的东西

尽管卢梭也被视为西方政治哲学史上的社会契约论者之一，但

---

〔1〕　周保松：《自由人的平等政治》，生活·读书·新知三联书店 2010 年版，第 233 页。

他的政治思想在骨子里却又是"反社会"的。作为被后世争论最多的思想家之一，卢梭的观点常常可以从正反两个方面都能够得到阐释，比如其对自由和民主的推崇自然不乏其述，而极权主义者似乎也能够在他的思想中找到原型。在这一点上，他很像尼采，不同的思想流派几乎都可以按其所需在他的思想中找到某种契合的东西。

卢梭的社会契约论思想亦如霍布斯和洛克，也是以自然状态为始进行推论，但与他们所不同的是，卢梭既不认为自然状态如霍布斯般恐怖（人与人之间的战争），也不像洛克般不便（因为缺乏权威而导致社会生活缺乏秩序）。卢梭以文学笔触所描写的自然状态俨然如陶渊明笔下的桃花源般美好。"人类的本性是温和的，人与人之间不乏善意，人有一种本能，在自爱的同时也爱别人，他能够对别人的快乐和痛苦感同身受。在这天然而美好的状态下，人们有明辨是非的本能。"[1] 既然如此，人为什么还要进入政治社会？在卢梭看来，这应该是一个"无奈"的选择。他视自然状态为一个发展变化的过程，虽然自然状态下人们的生活是美好的，但随着人类的繁衍，生活资料逐渐稀缺，人与人之间的相互往来也越来越多，这将产生两个后果，一是人的生存压力加大，二是人际交往导致人与人之间产生了"比较"的冲动。[2] 卢梭从这两个推论出发，引出了关于人类不平等起源的思想观点。

我们所熟知的卢梭关于不平等的论述主要来自于他那部著名的《论人类不平等的起源与基础》，其中主要是将私有制的产生作为人类不平等的根源，而往往对他有关"虚荣"引致不平等的心理学分析关注不多。"卢梭推测，一旦人们开始在屋前或大树下聚会，开始

---

〔1〕 彭刚：《西方思想史导论》，北京大学出版社2014年版，第286页。

〔2〕 卢梭将其定义为"虚荣"（amour-propre），这个词在汉语语义中很难准确表达，唯有法语能尽其意，与之相关的是一系列心理特征，例如骄傲、虚荣、自负或者"利己主义"。［美］史蒂芬·B. 斯密什：《政治哲学》，贺晴川译，北京联合出版公司2015年版，第225页。

注视彼此，虚荣就产生了。"〔1〕他写道："每个人都开始注意别人，也愿意别人注意自己。于是公众的重视具有了一种价值。最善于歌舞的人、最美的人、最有力的人、最灵巧的人或最有口才的人，变成了最受尊重的人。这就是走向不平等的第一步；同时也是走向邪恶的第一步。"〔2〕上述卢梭的描述，虽然带有文学笔法，但他对人类心理状态的关注及其由此产生的情感角度之不平等感受，的确具有开创性和独特性。因此有学者评论说，"真正困扰着卢梭的与其说是物质不平等，不如说是来自阶级的道德伤害和心理伤害。卢梭通常站在穷人和被压迫者一边，但是，令他感到愤怒的与其说是私有财产，不如说是受财富和权力的种种不平等影响而成的态度和观念。"〔3〕当然这与他自身经历的感同身受密切相关。在这一点上，他之所以受到马克思的"偏爱"，与他的"阶级立场"不无关系。

卢梭对社会的"反感"源于社会的出现使得人们原本率真的本性受到了"污染"，因为社会活动体现为人际间的交往，使得人们越来越在乎别人心目当中对自己的看法，越来越为了别人看待自己的眼光而生活，即生活在他人的意见当中。"社会的人……只知道生活在他人的意见之中，也可以说，他们对自己生存意义的看法都是从别人的判断中得来的。"〔4〕卢梭并非要求人类回归到那种田园牧歌般的野蛮人生活状态，他知道社会的出现是一种不可避免的趋势，但与多数思想家将社会简单视为一种历史的进步相比，卢梭敏锐地观察到了社会之产生对人类本性的"伤害"。

财产私有制问题引发的人类不平等是卢梭思想中较为人熟知的

---

〔1〕〔美〕史蒂芬·B.斯密什：《政治哲学》，贺晴川译，北京联合出版公司2015年版，第226页。

〔2〕〔法〕卢梭：《卢梭文集1：论人类不平等的起源与基础》，李常山译，红旗出版社1997年版，第113~114页。

〔3〕〔美〕史蒂芬·B.斯密什：《政治哲学》，贺晴川译，北京联合出版公司2015年版，第225页。

〔4〕〔法〕卢梭：《卢梭文集1：论人类不平等的起源与基础》，李常山译，红旗出版社1997年版，第141页。

部分。与霍布斯和洛克不同，卢梭不承认在自然状态下人与人之间是平等的，他认为，人与人天然存在着体力和智力的差距即不平等，只不过这种不平等在自然状态中不会导致一些人支配另一些人，根本原因在于不存在支配的动机。这一点是卢梭的发现。尽管不平等客观存在，但这种不平等却无伤大雅，因为相互之间没有什么值得争执之事。只有到了社会的出现即频繁的人际交往的出现和私有财产的出现，不平等的问题才真正成为问题。"因为，有了所谓财产，人突然有了值得为之结合或相互竞争的东西。有了财产，一切改观，原因很简单：财产的不平等，带着自然的不平等所无的利害关系。"〔1〕至于社会是如何出现的，卢梭坦言他并不清楚，他同样是用文学笔法对此进行了一个形象的描述："谁第一个把一块土地圈起来并想到说：'这是我的'，而且找到一些头脑十分简单的人居然相信了他的话，谁就是文明社会的真正奠基者。"〔2〕应该说，私有财产的出现是卢梭定义社会产生最基础的条件，而且他将其视为一种人类的"悲剧"，"使人文明起来，而使人类没落下去的东西，在诗人看来是金和银，而在哲学家看来是铁和谷物"〔3〕。他继续推论说，有了第一圈起土地的人，其他人不免效仿，但土地有大有小，有肥有瘦，那些更加聪明富有的人为了维护自己的财产与财富，便发明了法律，发明了所谓的社会契约。这些所谓的法律和契约，其实都是为了富人的利益服务的。卢梭认为，"不平等有一个愈演愈烈的演化过程，土地和初期的人类产品的私有制，导致人们贫富之间的差别，是这个进程的第一步。随着贫富之间的分别而来的，是强弱之间的分别。强者凌辱弱者，以使自己能够稳固地维持对于弱者的优势，

---

〔1〕 ［英］约翰·麦克里兰：《西方政治思想史》（上），彭淮栋译，中信出版社 2014 年版，第 266 页。

〔2〕 ［法］卢梭：《卢梭文集 1：论人类不平等的起源与基础》，李常山译，红旗出版社 1997 年版，第 107 页。

〔3〕 ［法］卢梭：《卢梭文集 1：论人类不平等的起源与基础》，李常山译，红旗出版社 1997 年版，第 116 页。

他们就会建立法律，以服务于巩固自己的地位。"[1]在这里，卢梭的法律观显然将其归为统治者的意志，"强弱之间的分别是不平等进程的第二步，使得不平等的状况更加恶化、达到最终也是最高的状态的，是政治权威的建立，是专制统治的出现。"[2]

卢梭的社会契约论之所以与霍布斯和洛克不同，在于他并不认为契约的产生来自于多数社会成员的"同意"。"任何实际的人类社会，当初没有一个是以多数成员同意其正当性的这种方式构成的。因此，将任何当代社会归源于社会契约，都是为它套上它并不具备的正当性。"[3]所以卢梭并没有像霍布斯以及洛克那样设计一个"立约"的场景（哪怕是虚拟的假说），他承认这种所谓的契约不知如何产生，但契约的出现、法律的出现（乃至政府的出现），至少是为富人的利益所服务的这一点是卢梭的坚定看法。

但是，卢梭论述不平等的产生并不是为了简单地解决不平等（尤其是财产的不平等）的问题所服务的，他不是共产主义者，不认为废除私有制是可行的或可欲的。他最终所要解决的是自由的问题，在他看来，自然状态下人最可贵的财富不是平等，而是自由，因此在其《社会契约论》一开篇，他就用那句脍炙人口的名言"人生而自由，但却无往不在枷锁之中"直接点明了其契约论思想的主题。其所表达的意思就是，人生来本是自由的，但由于进入了社会，有了政府与国家，才导致了不自由。虽然说这是人类社会发展的一种代价，但为了尽可能维护人类初始的自由（当然不是回归自然状态），在当今公民社会条件下，必须要有新的政治安排。

与霍布斯一样，卢梭同样认为人的自然权利不能部分转让（这一点区别于洛克），人所转让出去的是其全部的自然权利，只不过霍布斯是将其转让给了主权者（某个人或某个集体），而卢梭则将其转

〔1〕 彭刚：《西方思想史导论》，北京大学出版社 2014 年版，第 289 页。
〔2〕 彭刚：《西方思想史导论》，北京大学出版社 2014 年版，第 289 页。
〔3〕 ［英］约翰·麦克里兰：《西方政治思想史》（上），彭淮栋译，中信出版社 2014 年版，第 267 页。

让给了由所有人共同组成的整个集体，他将其叫作"公意"。其社会契约论的逻辑是这样的："由于既要结成社会又要保持自由的目的，社会契约的性质必然是绝对的、无条件的、无保留的，每个缔约者都要把自身的全部权利转让给整个集体，把自己全部地奉献出来，但不是像霍布士（霍布斯）所言那样奉献给一个人、一个专制君主，而是奉献给自己作为其中一员的整体。这样，由于每个人都向全体奉献自己，所有人就都是同等的，就没有什么吃亏或占便宜了，而且，既然转让是毫无保留的，联合体也就会尽可能地完善，每个结合者也就不会再有什么要求了，而每个人既然是向全体奉献自己，他就没有向任何人奉献自己，他们就仍然一如既往那样自由，因为，所有人的意志融合为一个总的意志——公意，每一个人的意志都在一个公意中体现。"[1]

卢梭的自由观与其后的康德的自由观如出一辙，自由并非是一种随心所欲的状态而是一种自律的状态。为什么这样说？因为卢梭也认识到，在社会状态下的自由不是简单地满足于自己的自然欲望，而恰恰是在履行某种义务的行为中实现某个目标，但这个义务不是外在所强加的，而是我自己为自我所设定的，因此我所服从的不是别人而是我自己，这才是自由的本意：自由即自律。卢梭之所以认为以公意为载体的社会契约形式能够保障人的自由，"因为我们大家自由地订立了一个契约，形成了一个公意，我们共同服从它，既然我们服从的是我们自由地形成的这个公意，所以我们仍然像以往一样地自由。卢梭就是以这样的理论逻辑来说明，完全自由的个体，虽然服从于他们所建立的共同体的公意，依然能主张他们像以往一样地自由。"[2]

显然，由于有了"公意"作为加持，在公意之下，其理论逻辑自然体现为所有人既是自由的，又是平等的，这便是卢梭社会契约

<hr />

〔1〕 何怀宏：《契约伦理与社会正义——罗尔斯正义论中的历史与理性》，中国人民大学出版社 1993 年版，第 78 页。

〔2〕 彭刚：《西方思想史导论》，北京大学出版社 2014 年版，第 296 页。

论思想的理想状态。卢梭所考虑的是，既然人不得不步入社会，而依社会所产生的一切等级秩序、义务、权威和道德关系都是人为而非自然的产物，因此，要在社会状态下保持自然状态中那种更加符合人本性的"生而自由"理念，就必须重新找出一套"社会正义体系"及其相应的"政治哲学原理"。在卢梭看来，自由是至高无上的，因此只有那种能够保全个人自由的社会秩序才能称得上正义，以此为出发点的政治哲学才符合社会政治的根本理念。

其实从这样的一个逻辑出发，虽然说卢梭的社会契约理论并没有预设类似利他主义等人类的品质，仅仅是将人定位于只对自己负责的自由主体，但在理论上，他以公意作为回归人的自由本性的载体，在应然的理论意义上并无不妥。问题在于，在实然即具体的社会实践意义上，公意所引发的歧义却从民主和集权两个极端成为卢梭思想实践的自然延伸，也恰恰反映了其内在逻辑的矛盾之处。公意是一种集体意志，问题是集体意志从哪里来？如何产生？卢梭认为集体意志就是将所有成员的意志中相互抵触的东西减掉后剩下来的东西，但他同时又指出集体意志并非单个意志的简单相加。其实在卢梭的心目中，这种集体意志（公意）应该既体现为有足够的智慧，也要有足够的善意，即在道德上和智慧上都足够完美，因此公意将永远正确。问题在于，卢梭的前提虽然肯定了人的自由本性，但他同时承认人的自利本性，对私利的维护是人之自由的一体两面，于是这便产生一个棘手的矛盾，每个自利的个体的意志集合如何能够产生足够智慧和完美的公意呢？这是卢梭竭力想解决的一个问题，对此他似乎也难掩失望，"卢梭感慨，要有一个完美的政治共同体，要有一部完美的宪法，必须所有的人民都是一群天使、都是一群神明才可以。为什么？因为天使或神明才会既有足够的智慧，道德又足够纯洁，这样一批人形成的共同体，才是一个可靠的、信得过的共同体，他们所形成的公意才会是完美无缺的。"[1] 人当然不可能是

---

〔1〕 彭刚：《西方思想史导论》，北京大学出版社 2014 年版，第 295 页。

天使，故此卢梭的多部作品中才着力于探讨公民教育的问题，算是一种补救方式吧。

尽管卢梭很难回答上述悖论，但其社会契约论的本意自然是达成民主（公意的形成过程最理想的状态便是直接民主，而且卢梭对于类似于古希腊城邦式的小国寡民共和国始终情有独钟，并对代议制民主颇有微词）。他认为人民在集会决定普遍意志之时，是人人平等的（至少是投票权的平等），"这表示事先不可能有办法决定普遍意志应该做出什么决定……现在有个人人平等的一刻，每个人考虑自我利益时，考虑的将是与别人都完全一样的自我利益……普遍意志的决定因此是不可预测的，所以是自由的"〔1〕。在这里，民主亦将平等与自由相互结合成为其互为支持的载体。当然，民主的过程会产生多数人的意见与少数人意见之分，这是必然的，于是真正的公意在卢梭看来就是多数人的决定，而且永远是对的。那么少数人怎么办，也就是少数人的"自由"如何体现？这便涉及卢梭著名的"强迫自由论"（forced to be free），卢梭认为少数人服从多数人并不属于强制，更不属于主权者（这里的主权者应该是全体人民）的专制，多数人强迫少数人服从公意，对少数人而言是给与他们真正的自由，这便是卢梭强迫自由论的基本逻辑。"在卢梭的思想中，自由一方面意味着要听从内在法则（良知，个体的公意）的召唤，一方面要服从外在法则（法律，集体公意）的指挥。内在法则是通过公民教育以及公民的慎思来完成的，外在法则则是通过适当的制度安排来实现的。"〔2〕从这个视角来看问题，卢梭认为，"从道德自由的角度来讲，强迫他的不是任何其他的人，而是他自己，是他自己强迫自己根据共同体的利益来思考，按照公意而行动，这里没有什么集权主义的意味。从政治自由的角度来讲，强迫自由不过是要求公

---

〔1〕 ［英］约翰·麦克里兰：《西方政治思想史》（上），彭淮栋译，中信出版社2014年版，第271页。

〔2〕 谈火生：《自由、公意和民主：卢梭的政治哲学》，载韩东晖主编：《西方政治哲学史》（第2卷·从霍布斯到黑格尔），中国人民大学出版社2017年版，第166~167页。

民服从体现着公意的法律，不遵守公意也就意味着破坏国家的法律。在这样的背景下，所谓强迫某人自由不过是对他/她的罪行进行惩罚，促其认识错误并悔改。"[1] 按照卢梭的原话就是："以自己的意志顺从自己的理性。"[2]

从总体上看，卢梭的平等思想蕴含在其自由理论之中，他研究平等的起源及其未来社会平等的实现都是为自由服务的，这一逻辑应与西方自由主义理论思潮的脉络相通。是因不平等的出现才导致人自由的丧失，因此要恢复人的自由价值，必须以平等的实现为前提，即平等是实现自由的条件。当然，卢梭的平等并不指向取消私有制及物质财富的平均分配，他承认社会状态下不平等不可避免，但不平等的存在需要一个限度，即要看是什么性质的不平等以及什么程度的不平等。对此他只是做了一个定性的分析。首先，不平等不能建立在出身之上，"除了能力、美德和为国效力之外，国家不应允许任何等级的存在。等级不应建立在世袭的基础上，而应建立在其品质之上。"[3] 显然，卢梭承认社会的现实不可能真正实现完全的平等，形形色色的等级无法避免，但等级的安排只能由"能力、美德和为国效力"来决定，从这点应该可以看出，至少他承认能力的差距是可以决定人的财富和社会地位的，而且这具有一定的合理性。其次，一个社会应当允许什么程度的不平等（主要是指财富方面），卢梭主张，这个限度应当是"使公民之间的经济不平等不应大到使一部分人能对其他人施加决定性的政治影响的程度"[4]。在卢梭看来，一旦财产不平等超过了合理的限度，"一个家资巨万的人则可轻而易举地凭借其财力凌驾于法律之上。在这种情况下，政府将失去

---

〔1〕 谈火生：《自由、公意和民主：卢梭的政治哲学》，载韩东晖主编：《西方政治哲学史》（第2卷·从霍布斯到黑格尔），中国人民大学出版社2017年版，第167页。

〔2〕 ［法］卢梭：《社会契约论》，何兆武译，商务印书馆2003年版，第49页。

〔3〕 Stanley Hoffmann, David R. Fidler eds., *Rousseau on International Relations*, Oxford: Clarendon Press, 1991, p. 148.

〔4〕 谈火生：《自由、公意和民主：卢梭的政治哲学》，载韩东晖主编：《西方政治哲学史》（第2卷·从霍布斯到黑格尔），中国人民大学出版社2017年版，第162页。

它的力量，而富人倒成了真正的主权者。"[1] 不难看到，卢梭的这个警告在今天的西方民主政治实践中已然有所体现。

## 第四节　平等地创造与平等地占有

当启蒙运动所激发的自由、平等、民主、人权等诸价值已然成为政治正确的代名词的时候，孟德斯鸠（Charles de Secondat，Baron de Montesquieu，1689—1755）曾经感叹道，"虽然在民主政治之下，真正的平等是国家的灵魂，但是要建立真正的平等却很困难。"[2] 孟氏的时代尚处于资本主义社会发展的前期，但他对资本主义之未来敏锐的洞察却不乏先见。

孟德斯鸠所言的平等，更多的是指向于财产的平等。在启蒙时代，自由主义者们尽管真正所坚持的依然是自由的核心价值，但平等作为一种更具感染力的口号，特别是当民主政治俨然已成为制度选择不可避免之趋势的时候，如何号召最大多数的民众成为新制度的拥戴者，平等的旗帜便成为不二的选择。因为平等的价值"就一般的人民而言，它是种种民治的理想中最亲热的一个"[3]。

事实上，自由主义者们未必不明白，平等（财产平等）的价值与自由的价值之内在冲突基本上是难以避免的，而且无法在根本上予以调和。因此如何在两者之间寻求平衡点便成为政治哲学思考不得不直面的问题。至少到当今时代为止，这种调和的努力依然是思想家和政治家们所继续求索的，为此，我们当然要肯定以罗尔斯、德沃金为代表的西方自由主义左翼思想家们对于正义问题的思考，对资本主义社会制度的改良，对社会贫富分化及弱势群体所给予的

---

〔1〕 ［法］卢梭：《致达朗贝尔的信——驳达朗贝尔发表在〈百科全书〉第七卷中的词条〈日内瓦〉》，李平沤译，商务印书馆 2011 年版，第 155~156 页。

〔2〕 ［法］孟德斯鸠：《论法的精神》（上册），张雁深译，商务印书馆 1961 年版，第 45 页。

〔3〕 ［美］保罗·S. 芮恩施：《平民政治的基本原理》，罗家伦译，吉林出版集团有限责任公司 2010 年版，第 108 页。

人性同情，毕竟，深受基督教文化所浸染的西方文明在其根基上所追求的"超越性"不允许在"人"的意义上有不平等存在。于是我们可以看到，一方面，各种自由市场制度（无论是左翼还是右翼）的设计都不会偏离自由价值作为核心诉求，但另一方面，"平等则由启蒙思想家们最初所构想的一种实体利益上的诉求，沦为仅仅是在程序或机会上所能够期待的一种可能性——每个人都平等地享有一份自由权利，其要旨是平等地自由创造而绝非平等地占有财富"[1]。

因此，平等在当今的意义上是以机会平等、程序平等为制度设计的主导性安排，并统一在"法律面前人人平等"这面旗帜之下。不得不说，法律面前人人平等在最大程度上满足了公民社会平等信念的基础性诉求，尽管对法律自身正义性之认知在不同的社会条件下难免有不同看法，但至少在程序正义环节上，西方民主政制实现了一种飞跃。

我们知道，西方自由主义的平等理念脱胎于对封建社会等级制度的反抗，其理论基础既有基督教文化所形塑的人性平等观，亦有传统自然法、社会契约论所奠基自然权利说。因此，"自由主义所提倡的平等是针对着封建社会中人的不平等而发的。在封建社会中，人的地位、身份及阶级大部分是由人的出生而定，人与人之间一生下来就不平等。自由主义所指出的平等是要消减这种由出生决定的不平等。具体地说，平等是指政治权利上人与人之间没有差异，大家都有同等的选择权、被选择权、受教育的权利等；在经济权利上，则不允许有过度不平等的现象。"[2]经过数百年的发展，自由主义意识到政治平等与经济平等这两个理念之间难以同时得兼，并存在着一种内在的冲突，实现其中的一个，另一个就要在一定程度上被消减甚至被牺牲。因此，自由主义的政治哲学由开始的同时为二者寻求理论基础转变成为政治自由及经济上的差异找寻哲学依据。"也就

---

〔1〕　冯亚东：《平等、自由与中西文明——兼谈自然法》（第2版），陕西人民出版社2012年版，第186页。

〔2〕　石元康：《当代西方自由主义理论》，上海三联书店2000年版，第140页。

是说，自由主义的理论一方面要证立个体政治自由，而另一方面又要证立经济上的不平等。平等这个理念的范围被限制在政治权利方面，经济上的平等不但不再是自由主义者所追求的，相反的，他们所做的工作，变成了去证立为什么经济上的不平等并非不合理和不公正……但他们仍强调机会的平等这个重要的概念，并且极力追求在出发点上能够做到平等。这也就是为什么现在的自由主义者都竭力赞成福利国家的主张以及这种社会所采取的一些政治措施。"[1]

上述政治哲学思路的转变，特别是政治自由意义上的平等落实于具体的制度安排上，唯一可行的就是"政治规则"面前的平等即"法律面前人人平等"，这是政治平等的第一重含义。第二重含义便涉及法律建立过程中的平等权利问题，因为如果法律并非是在平等权利之下所创设的，即法律之"因"如果是非正义的，其本身就无法保证结果的正义，法律面前人人平等就只能是一句空话。它意味着专制独裁者所制定的法律即便有一定程度的平等适用，最大程度上也是在独裁者之下的平等适用，即"王子犯法与民同罪"，而王则是在法律之外的。它已经背离了民主政治的本意，即法律面前人人平等的本意。

真正解决法律面前人人平等的实现问题在本质上就是立法主体即谁有资格立法的问题，这一点的实现则由霍布斯、洛克与卢梭等思想家们的社会契约论思想所开创，其理论使得西方历史上由自然法传统所奠定的法律观念实现了根本性的转向，最重要的一点就是从法律的实体正义观念转向程序正义观念。显然，当人们以自然法作为法律正义性判断依据的时候，由于自然法的超验性特质，不同的人群不免有不同的理解和判断，如此将导致对实体法律的正义性质产生分歧。社会契约论出现以来，尽管在立法主体的问题上分歧依旧（霍布斯显然是绝对的君主主权论，因此君王成为立法者；而洛克则明显偏向于议会制，即代议制形式的立法；而卢梭主张的主

---

〔1〕 石元康：《当代西方自由主义理论》，上海三联书店 2000 年版，第 140~141 页。

权在民，则隐含着直接民主下的人民直接立法的思路），但正是因为这些分歧的存在，使得谁有资格立法代替何种法律最为正义成为法律制定的最重要问题。"这个重点转移，由法律的内容转向强调立法者，影响到人对实证法内容的看法。重点转向谁才是确当的立法者之后，人对立法者制定什么法律可以不那么挑剔。法律好不好的问题不知不觉转化成法律有无正当性的问题，法律有无正当性的问题不知不觉转化为法律应该以何种程序制定的问题。法律如果由正确的人以正确的方式制定，就是好的法律。"[1]

从法律内容转向法律程序，虽然不免看成一种妥协，但亦可视为民主政治之必然。"重点转向程序之后，人如果不服从法律，就有比较清楚的立场。指出一个法律不合宪，因为制定方式不对或制定的人不对，比较容易，指出一个法律在道德上根本错误，并且使足够多数举足轻重的人相信这一点，则困难得多。"[2]程序法制被视为民主政治最重要的制度体现之一，因此也被视为"平等"的最核心体现之一，因为法律的制定过程至少在形式上是一个平等的过程，即人人都有资格平等参与的过程（尽管参与的程度不一），所以"法律面前人人平等"就不仅意味着法律执行中的"平等"，还意味着法律制定中的"平等"。

从自由主义走向法治，在逻辑上是一个应然的过程。前已述及，西方人的自由观自康德及卢梭始，已然视自由为人的理性之自律，因此服从自己所制定的法律就是最大的自由，而法律本身就是对自由的界定和约束。它必然地引申出两个逻辑结论：其一，法律面前人人平等成为最重要的法治原则，因为它是对人自由权的最有效保护，人只有在法律之下才是自由且平等的；其二，政治权力以不侵犯和破坏个人自由为限度，法律便成为个人自由不受政治权力任意

---

〔1〕〔英〕约翰·麦克里兰：《西方政治思想史》（上），彭淮栋译，中信出版社2014年版，第185页。

〔2〕〔英〕约翰·麦克里兰：《西方政治思想史》（上），彭淮栋译，中信出版社2014年版，第185页。

干涉的屏障，宪政理念及有限政府理论由此出现。西方近代自由主义及法治文明最直接受益于洛克的学说，就在于洛克直接点明了国家及政府统治权力的来源及其性质，点明了人的自然权利只是暂时地、部分地"借"给统治者这样的一种契约形态，因此也深刻地申明了法治的主旨及本意："法治的侧重点在于个人自由权利，而不在于权威或安全。为了实现这一主要价值，法律必须一方面保护和扩大个人自由权利，另一方面防止独裁、专制或限制政治权力。"[1]洛克以下叙述是十分精辟的："政府所有的一切权力，既然只是为社会谋幸福，因而不应该是专断的和凭一时高兴的，而是应该根据既定的和公布的法律来行使；这样，一方面使人民可以知道他们的责任并在法律范围内得到安全和保障，另一方面，也使统治者被限制在他们的适当范围之内，不致为他们所拥有的权力所诱惑，利用他们本来不熟悉的或不愿承认的手段来行使权力，以达到上述目的。"[2]

　　自由主义的理路从试图为自由价值与平等价值寻求同等辩护转变为论证何等价值为先的问题，虽然在本质上，自由依然是优先价值，只不过在不同的社会条件下，将平等的价值置于何地位成为其左翼与右翼的分歧所在。或者说，何种自由可以最大限度地实现平等（主要是经济平等），何种平等可以尽可能地少消减自由，成为自由主义政治哲学最需要解决的问题。因此在自由主义内部，积极自由与消极自由的论辩就成为国家与政府功能定位上一个比较关键的问题。所谓积极自由与消极自由的概念是由 20 世纪英国著名自由主义理论大师柏林（Isaiah Berlin，1909—1997）所提出的，消极自由（negative liberty）大致可以理解为传统意义上的自由概念，即人在意志上不受他人的强制、在行为上不受他人的干涉的自由，柏林称之为"免于强制或干涉"的状态，这种自由被视为一种"被动"的自由；反之，积极自由（positive liberty）则是指人在"主动"意义上

---

〔1〕　王人博、程燎原：《法治论》，山东人民出版社 1998 年版，第 31 页。
〔2〕　［英］洛克：《政府论》（下篇），叶启芳、瞿菊农译，商务印书馆 1964 年版，第 86 页。

的自由，即作为主体的人做的决定和选择，均基于自身的主动意志而非任何外部力量。当一个人是自主的或自决的，他就处于积极自由的状态之中。如果单纯从概念上看，积极自由无疑是更具吸引力的，毕竟人最为理想的自由状态，不仅仅是不受外部力量的干涉，如果能够借助于外部的力量更主动地实现自己，岂不是更能体现自由价值的可贵？

只不过柏林所指出的这种区分，并非从价值实现的角度来否定积极自由，他只是意识到，积极自由的可贵或许只是在理念上，而在现实的实现途径上，积极自由很容易走向它的反面，即不自由与强制。为什么这样说？对于柏林及其大多数的自由主义者来说，如果提倡积极自由即充分释放人的意志与能力，在政治安排上必然需要借助于外在（特别是国家和政府）力量的干预，因为积极自由通常是与"积极国家"的理论相匹配的。对于自由主义者而言，对国家、政府、权力的恐惧始终是自由主义者心中永远的"结"。因此，自由主义者更愿意选择对个体的尊重，对自发秩序的尊重，防止国家力量对个体意志的支配和取代。国家与社会只要为个体发展提供机会和空间（即最少限度的干涉和强制），这种制度即可称为自由的制度。他们不需要卢梭式的"强制自由"而需要亚当·斯密式的"自发自由"。

如果说消极自由在政治方面的诉求可以通过民主政治较好地得到解决的话，它们最需要解决的应该是经济条件不平等所带来的自由限制问题。很显然，如果一个人由于缺乏经济能力而无法达成他想要做的事情，那么是否属于对自由的限制。在柏林看来，这里需要区分的是不自由与不能够的关系，以及自由的实现与自由实现的条件关系问题，特别是在经济关系上，自由主义者不愿意将一个人由于缺乏经济能力而无法做他想做的事视为不自由，其逻辑在于，如果一个人因为贫穷而不能去做他很多想做的事情，比如买一间大房子、去周游世界，这并非是对他自由的限制，除非他有充足的证据能够证明他的贫穷是因为别人有意的设计而导致的。这里有一个十分重要的前提，就是说对自由的限制一定是来自于别人（或国家、社会）有意的人为干涉（deliberate human interference）的结果。对于贫穷来说，只要社会所提供的机会是均等的，其因经济条件的匮乏所导致的意愿不能实现就不能构成对他自由的限制。柏林"指出贫穷、无知等现象并非缺乏自由，而是缺乏了使用自由所须的条件。一个贫穷的人，在自由上并不少于一个富有的人，只是他没有那些自由的条件罢了。"[1]不难看出，柏林等自由主义者们首先肯认了资本主义自由市场经济所提供的机会平等（尽管并非绝对的公平，否则他们也不会主张通过普及教育等手段尽可能创造机会平等的社会条件），同时对这种自由市场经济下经济不平等结果的合理性予以承认，尤其是以此逻辑来证明这种不平等并不构成对人自由权利的限制。"自由主义者之所以要做自由与自由的条件这一类的区分，最主要的目的当然是要强调，在自由经济的社会中，大家的自由都是平等的，同时在自由经济的保障下，所造成的经济上的不平等，并非对任何人的自由有任何的损害。"[2]

其实，主流的自由主义者们对积极自由的反对更多的是在经济领域，尤其是国家对市场的干预。在政治领域，他们认为积极自由是可以通过民主政治的精神加以实现的，因为积极自由的主旨就是自我主宰、每个人都要做自己的主人，将其引入政治领域的话，这种要求就可以转化为个人在对其生命有影响的政治中有发言的权利，这也就相当于民主政治的要求。因此，政治民主化、经济市场化成为自由主义最基本的理论框架，它意味着政治民主实现了自由意义上的平等，而经济市场化虽然导致经济不平等，但它也是自由意义上的不平等，而且这种不平等并不贬损自由的价值，也不构成对自由权利的伤害。

虽然我们对此也可以提出很多的疑义，比如当代民主政治下平等的实现已然有异化的趋势，再比如我们也没有完全充足的理由来

---

[1] 石元康：《当代西方自由主义理论》，上海三联书店2000年版，第8页。
[2] 石元康：《当代西方自由主义理论》，上海三联书店2000年版，第22页。

证明一个人或一个群体的贫穷并非人为干涉的结果，毕竟任何的制度都是人为设计的结果，自由市场经济是否具有天然的、永久的合理性依然有待于论证。随着放任自由市场经济中的一些内在缺陷不断暴露，凯恩斯国家干预理论在实践中不断深化，福利国家日益成为弥补自由市场经济短板的一种补救措施等等，自由主义也在不断地深化和更新它们的理论内涵。但自由优先性以及如何更好地兼顾平等的理论主旨并未从根本上被动摇。

| 第七章 |

# 祛魅的世界: 平等主义何为?

　　国人对马克斯·韦伯（Max Weber，1864—1920）的熟悉，主要是因为他曾经提出过"新教伦理与资本主义精神"这一著名观点。其实，韦伯还有一个著名的提法——世界的解咒（disenchantment of the world，或译为"世界的祛魅"），大致的意思是：随着17世纪科学革命的展开及现代科学的兴起，我们对宇宙的秩序有了一个与以前完全不同的看法，这一新秩序的出现，标志着这个世界已经被祛除了"魔力"（magic），即曾经被认为的主宰宇宙秩序的神秘力量（上帝）退出了历史的舞台，人类可以通过自身的理性以及对知识的把握来洞悉宇宙的奥秘，不需要再借助于上帝进行说明。

　　科学革命的确使人类对于物质世界的认识和把握以无穷尽的速度提升，人们愈发感觉到宇宙的真相正在日益接近，世界正在变得逐渐清晰起来。事实真的如此吗？对于深受基督教文化和古希腊哲学思想所影响的西方人来说，他们曾经的世界观是由基督教神学和亚里士多德的哲学所奠基的，在神学意义上，上帝所创造的这个世界均带有一定的功能和目的，宇宙之和谐就在于每一项东西的功能均被赋予了一定的意义，由此，宇宙中的所有存在均以"各安其位"的和谐状态呈现出上帝创世的目的——即某种价值判断。亚里士多德则通过他的哲学告诉人

206

们，人是理性的动物，其所指向的是人可以通过自己的理性冥想这种宇宙秩序，人类思想的最高活动就是通过对宇宙秩序的冥想，找到自身在这一秩序中的定位，从而获得存在的意义。"根据这种宇宙观，由于世界中的每样事物都有其目的，因此，这是一个充满意义的世界，人生的意义也就从冥想活动中获得充分的实现。同时，由于人是大自然的一部分，人的意义的实现，也就是自然意义的实现。"〔1〕

解咒或者说祛魅后的世界依然会体现为一种秩序，但是这种秩序所能告诉人们的，只能是一种建立在因果关系基础上的机械式秩序。"在这个秩序中，我们只能找到事件与事件之间的因果关系，而不是它们之间的意义关联。"〔2〕因此，科学就可以替代宗教和哲学来重塑我们的世界观及宇宙观，科学能够告诉我们的是，想要了解世界的话，就需要用世界的语言，而这个语言是由数学式的、物理学式的方法论构成的。"现代科学将世界解咒的办法是将这个世界变为一个可计算的及可以用因果律来说明及操纵的宇宙，这样使得世界中一切的神秘及意义都消失掉，世界变为一个完全由知性所渗透的场所，知性统治着这个世界。"〔3〕同时，当我们需要探索意义时，在这个世界中是无法找到的，意义及目的不再是被发现的东西，只能是人类自己的创造。这就是韦伯所描述的"世界的解咒"所告诉我们的"新秩序"。

韦伯对此是充满忧虑的，作为社会学家和宗教学家，他明白人除了是目的性的动物之外，还会探寻人生的意义。除了人之外，没有任何一种动物会从事这种活动。意义这个范畴是人的安身立命所不可或缺的，而世界的解咒所带来的后果正是意义的失落。当西方社会及其文化逐步放弃价值理性而开始由工具理性所主导时，也就是只以效果和效率来衡量达成目的的工具和手段，不再考虑对终极

---

〔1〕　石元康：《当代西方自由主义理论》，上海三联书店2000年版，第251页。

〔2〕　石元康：《当代西方自由主义理论》，上海三联书店2000年版，第252页。

〔3〕　石元康：《当代西方自由主义理论》，上海三联书店2000年版，第254页。

价值的探索与追求之时，那么这个社会的价值也就被解构了。

## 第一节　谁失与谁得

谈到功利主义（Utilitarianism），直观上常常给人一种贬义和负面的感觉，因为"功利"这个词汇在汉语中似乎总是与浅薄、短视、实用主义、重利轻义等等观念联系在一起，缺少了某种形而上的价值。实际上，将该词语译为"功用主义""效用主义"更为恰当，但由于早已约定俗成，因此功利主义还是成为学界习惯的用法。

所谓功利主义，通俗地说，就是"无论在私人与公共层次、道德与政治层次，凡产生最大多数人最大幸福的行动，就是好的行动"〔1〕。"最大多数人的最大幸福"成为功利主义的旗帜、口号及其道德基础，以此而论，无论政府还是社会，唯一的目标都是围绕这一"最大幸福原理"而获得合法性。

在功利主义正式成为一种政治哲学理论之前，被称为"享乐主义学派"的古希腊昔勒尼学派（Cyrenaics）最早提出了类似的思想观点，他们将人的主观感觉视为衡量真与善的标准，即最高的善只能在快乐的感受之中，是衡量其他一切价值的尺度。这种学说不仅认为感觉是认识论的原则，而且也是人们道德行为的原则。伊壁鸠鲁（Epicurus，公元前341—270）则继续发展了这种享乐主义，他同样主张人的主观感觉才是判断真理的标准，但他并非简单的肉体快乐的支持者，虽然他不排斥肉体的快乐，但心灵（精神）的快乐则被视为最高的快乐。

近代功利主义哲学的鼻祖是边沁和密尔，他们通过"道德算术"的方法为社会如何增加"幸福总量"提供了理论支持。"边沁相信，人是趋乐避苦的自我主义者，追求快乐是他们生活的唯一内容。只有一个行为导致快乐或即将导致快乐而非导致痛苦，这个行为才是

---

〔1〕〔英〕约翰·麦克里兰：《西方政治思想史》（下），彭淮栋译，中信出版社2014年版，第461页。

善的。这就为判断人的行为提供了基本准则。德行就是对苦乐进行精确计算，道德就是以快乐和痛苦为基本单位进行计算的结果。"〔1〕对于边沁而言，无论是霍布斯和洛克们的自然状态假说，还是宗教（如基督教）所提供的道德论证，都属于无稽之谈，因为那只不过是一种假托于某种哲学或宗教的无效论证。对于所谓自然状态下的自然权利（或者基督教神学中的天赋权利），其道德目标也无非就是论证，人如果能够享受自然权利将会更幸福一点。既然都是为了追求幸福的权利，就根本没有必要绕上一个自然状态或者天赋权利的大圈子，完全可以直接将幸福作为一种可量化的指数来作为政府和社会行动的目标及其道德基础。

功利主义相信自己是一个平等主义者，因为最大多数人的最大幸福本身追求的就是一种平等主义，只有让这个社会中的大多数人享受到了政府和社会带来的好处，平等才具有直接可以量化的价值体现。他们所自诩的是，功利主义不问你是谁，一个皇帝的幸福并不比一个平民的更为重要，他们只问数量，只要分子的数值足够大，就表明社会多数人所获得的幸福总额就具备社会正义的价值。因此他们认定这便是一种最大的平等。但这样的一个平等思想依其逻辑推演下去的话，不可避免就成为现代民主的直接拥趸，因为只有民主政制在理论上才能够使大多数人通过类似"投票权"的方式来主张自己的权利。"尽管我们知道，功利主义者的初衷并不在于追求平等，他们一心就想提高整个社会的善的总和。为了这个目的，早期的边沁有依赖统治者的明显倾向。而同样是为了这个目的，一旦边沁等功利主义者认识到了统治者本身天然有局限的时候，他们就转而对整个政治制度提出彻底改革的要求。"〔2〕

只不过对于功利主义者来说，增加全社会的幸福总量在概念上

---

〔1〕 陈德中：《效用、计算与自由：英国功利主义的政治哲学》，载韩东晖主编：《西方政治哲学史》（第2卷·从霍布斯到黑格尔），中国人民大学出版社2017年版，第215页。

〔2〕 陈德中：《效用、计算与自由：英国功利主义的政治哲学》，载韩东晖主编：《西方政治哲学史》（第2卷·从霍布斯到黑格尔），中国人民大学出版社2017年版，第220页。

似乎是无懈可击的，但其所面临的质疑却始终绵延不绝。首先在于，"人们对于苦乐的理解是千差万别的。因此，如何将苦乐感受精确地换算为可以进行度量乃至相互比较的基本单位，这本身就存在着巨大的困难。"〔1〕在功利主义者的"道德算术"中，不仅要精确计算一项行动造成的幸福总量，而且还要包括所造成的痛苦总量，只有在满足其净差值最大化的前提下，该项行动才能被视为"最大多数人的最大幸福"原则。显然，这几乎是一项在技术上难以完成的课题，且不说对于什么是苦、什么为乐在一个多元化的社会中每一个个体的人在感受上的千差万别，在量化上也几乎无法测度。其次，"是否人的所有旨趣都可以用效用加以考量？效用是否可计算，可否在人与人之间加以比较？个人的效用与集体效用是什么关系？作为人类政治生活指导原则的效用原则，如何保证人的自治（自主）性不受不必要的侵害？或者说，以'最大多数人的最大幸福'为原则的功利主义，如何能够保证人的基本权利不受侵害？"〔2〕这些质疑对于功利主义都是难以回答的。最后，同时也是让功利主义在逻辑上陷入两难困境的问题是，当功利主义在实现政体上推演出民主政制的时候，应该如何解决"多数人的暴政"的问题。显然，即便以"最大多数人的最大幸福"为原则来增加全社会的幸福总量，但毫无疑问，幸福总量的增加值中绝对不是平均分配的，不仅仅是多得与少得的问题，而是有所得必有所失的问题。"在这个拥挤的世界上，一切公共行动都不得不有利于某些人而不利于其他人。"〔3〕以民主政体中的"多数决"原则来处理公共事物，其"多数人的暴政"所剥夺的极为可能就是少数人群体的应得利益。在功利主义者看来，一

〔1〕 陈德中：《效用、计算与自由：英国功利主义的政治哲学》，载韩东晖主编：《西方政治哲学史》（第2卷·从霍布斯到黑格尔），中国人民大学出版社2017年版，第216页。

〔2〕 陈德中：《效用、计算与自由：英国功利主义的政治哲学》，载韩东晖主编：《西方政治哲学史》（第2卷·从霍布斯到黑格尔），中国人民大学出版社2017年版，第216~217页。

〔3〕 ［英］约翰·麦克里兰：《西方政治思想史》（下），彭淮栋译，中信出版社2014年版，第462页。

项行动总的来说如果产生快乐多于痛苦,如果能够增加社会的幸福总量,就是好的行动。但在这个时候,他们似乎已经忘记了其所夸口的平等原则和自由主义初衷,因为平等原则更在意于少数人及其弱势群体,只有这些人对平等的诉求才更具备平等的最本质意义。而在自由主义的原则下,每一个独立个体的存在意义都具备唯一的价值,不容其他个人、集体、国家来剥夺,即便是为了"最大多数人的最大幸福"也不行。显而易见,当功利主义在这一逻辑下陷入两难的时候,他们也只能在左支右绌中不断找寻补救的方法。

应当承认,功利主义在提出之初是颇具革命性的。它确立了这一观念:任何一个政府,如果不能够增进社会的总体善,它就失去了正当性。功利主义所希望的政府是一个积极作为的政府,因此它们对政制的兴趣在于希望制度可以成为有效率的幸福创造者。早期的边沁曾经对统治者寄予厚望,但他很快便发现这是一个不切实际的想法,因为统治者及其统治集团最大的利益无疑是自我的权力的巩固、自我利益的最大化而非最大多数人的幸福,无论是统治集团还是贵族,他们的利益绝非社会的利益。在这一点上他很快就成了政治制度改革者,并将他对制度的希望转而向民主政体靠拢,"边沁简单地认为,只要主权归于人民就可以了。即便人民主权可能产生恶,那也是必要的恶。"[1]只要坚持人民主权,防止统治者自立为主权者,民主是好政府的绝对必要的前提。在当时,边沁等功利主义者对民主的寄望的确没有深刻地意识到单纯的民主政体所隐含的问题,"因为人民主权加人民民主,必然会在现实政治生活中产生多数人暴政问题,后来进一步发展出的代议制民主本身,则同样面临着能否真正'代表'选民利益的问题。"[2]

---

〔1〕 陈德中:《效用、计算与自由:英国功利主义的政治哲学》,载韩东晖主编:《西方政治哲学史》(第2卷·从霍布斯到黑格尔),中国人民大学出版社2017年版,第220~221页。

〔2〕 陈德中:《效用、计算与自由:英国功利主义的政治哲学》,载韩东晖主编:《西方政治哲学史》(第2卷·从霍布斯到黑格尔),中国人民大学出版社2017年版,第221页。

在当时，功利主义所反对的主要是由霍布斯、洛克、卢梭等所开创的自然权利、社会契约论等主流思想。说到底，功利主义作为一种实用主义思潮，在启蒙运动所带来的破除蒙昧思潮的影响下，对于任何依然带有神学背景的思想都持有一种不以为然的态度。在他们看来，任何道德立场，都能以功利主义的方式来加以论证，无论是基督教所宣扬的道德观还是自然法所宣扬的法哲学，在本质上都可以用"最大多数人的最大幸福"原则加以囊括。"功利主义并不保证不同道德立场提出的论点都能趋于一致，因为不同的道德观对什么是正当的幸福来源……各有见地，但功利主义有个很强的根据，就是它要各种不同的论点按照最大幸福原则来看事情。"[1] 显然，功利主义完全以是实用原则为出发点的，也正是因此，边沁才能够成为西方法律实证主义的开山鼻祖之一。

自然权利原则在边沁看来几乎没有什么价值，也不需要神学与哲学为其做华丽的包装及其掩饰。假如真有所谓自然权利的话，其本身也不具备任何道德目的，只是谋求最大多数人最大幸福的方式和手段而已。既然如此，无论是自然法、自然权利还是天赋人权等神学观念，都需要以功利主义原则加以检验，只有符合最大多数人最大幸福这一原理的，才被视为可欲的真理。显然，功利主义并不试图解答类似于人生终极目的、终极理想之类的问题，它只关心人在追求他自己所选择的生活目标时，典型的行动方式是什么。"边沁只要求我们以人类生活为证据，相信人类现在与未来都会趋乐避苦，以及人使用'更快乐'与'不快乐'这类字眼的时候，这些字眼有其可解的数量意义。"[2]

我们当然不能简单地将功利主义以浅薄而视之，尽管在表面上，它带给人们的直观印象就是如此。毕竟，将人视同为简单追求眼前

〔1〕 ［英］约翰·麦克里兰：《西方政治思想史》（下），彭淮栋译，中信出版社2014年版，第465页。

〔2〕 ［英］约翰·麦克里兰：《西方政治思想史》（下），彭淮栋译，中信出版社2014年版，第475页。

直接可欲的某种幸福的理性动物,而忘却了人自身还应当具有某种更加"高尚"的东西,的确是一种对人性的贬低。因此,功利主义到了小密尔这里开始出现了一定的转向。密尔意识到了民主政体的短板,也意识到了人的快乐不仅仅停留在物欲层面而应当具有更加"高级"的、升华的快乐和理想,功利主义所追求的"道德算术"无论其分子还是分母都应当有更多的选择。

密尔自然也是民主政体的拥护者,但与边沁所不同的是,他并非民主主义者,"他对选举和民众教育寄予厚望只是因为他和他的朋友们认为这是现代知识传播和道德进步所带来的不可阻挡的潮流"〔1〕。在骨子里他是认同精英主义的,这种精英主义区别于柏拉图式的贵族政治(原因在于贵族政治所代表的是等级制度而非平等主义)。密尔的精英主义承认在人类生活中某些人的见解和能力更加重要、更加有利于社会的发展和进步,因此专家治国、专家统治是现代社会治理不可避免的趋势。在这个意义上,他对于民主政体下多数人统治可能带来的危险(如多数人暴政)始终保持警惕,这一倾向所留下的难题暴露了他的政治哲学的内在矛盾。"密尔赞扬民主政府,认为它激励了人们的主动性、自信心和竞争意识,因而能够激发绝大多数人的活力。但是他有时又认为专制制度是对付野蛮人的合法的政府形式。因为密尔推论的背后有一个前提,即一个民族只有在接受了一定程度的教育,具有了一定程度的自立能力之后,才能够建立和推行代议制制度。平民受教育的程度与这个国家所选择的政治治理形式应该匹配。"〔2〕显然,密尔的这一见解不乏深刻之处,现代民主发展至今,如果将民主视同为一种治理手段而非道德价值的话(如赋予国家、政府以正当性的价值),其内在矛盾所暴露的恰恰就是少数人治理与大众关系的问题,这一难题至今无解。

---

〔1〕 陈德中:《效用、计算与自由:英国功利主义的政治哲学》,载韩东晖主编:《西方政治哲学史》(第2卷·从霍布斯到黑格尔),中国人民大学出版社2017年版,第222页。

〔2〕 陈德中:《效用、计算与自由:英国功利主义的政治哲学》,载韩东晖主编:《西方政治哲学史》(第2卷·从霍布斯到黑格尔),中国人民大学出版社2017年版,第225页。

功利主义思潮所带来的思想冲击并非它的理论可行性问题，而是一种评价社会政治制度和法律制度评价标准问题的重大转向。在西方历史上，国家政治、法律等的正当性、合法性来源及评价标准来自于自然法传统下的某种"超验性"价值，它是一种外在于人自身的价值标准，可能来自于基督教的上帝，也可能来自于形而上的哲学传统，但终归其评价标准并非出于人的自身。而功利主义所做的颠覆，就是将其从这种外在的标准中剥离出来而转向于人的自身，也就是说，国家政治、法律的正当性、合法性来源不再与那些外在性的超验价值相关，而只落脚于人自身的内在性感受。"功利主义完成了从以自然法为代表的社会规范标准的外在化评价到内在化评价的转化。我们也可以说，这种转化是人类彻底世俗化运动的结果。"[1]

自边沁以来，功利主义原则或许在理论可行性上受到诸多质疑，但不可否认的是，其原则所导致评价人类社会生活规范准则的标准已然在发生变化，其所导致的一种新的平权思想开始成为现代平等思想的世俗性来源，功利主义哲学所建构的人之平等观只能以世俗化的价值体系来衡量。由此，平等的价值基础即平等的权利不再是"虚拟"的自然法、自然权利学说，而只能由人类自我设定的"实在法"来加以规范，人的权利与义务、应当与不应当都是人类自我设定的，人自身才是所有合法性的正当来源。

## 第二节　"民主的专制"与"民主的自由"

《论美国的民主》一书被公认为迄今为止论述民主最重要的一部著作，但带有一点讽刺意味的是，它竟然是由一位法国贵族所著。托克维尔（Alexis de Tocqueville，1805—1859）写作此书的目的本非写给美国人看的，而是写给他的同胞并作为法国民主的一种观照。

---

〔1〕　陈德中：《效用、计算与自由：英国功利主义的政治哲学》，载韩东晖主编：《西方政治哲学史》（第2卷·从霍布斯到黑格尔），中国人民大学出版社2017年版，第225页。

与霍布斯、洛克、卢梭等传统的自然状态理论假说（即由平等形态演进为不平等形态）所不同的是，托克维尔眼中的民主，却是按照一种定位于"条件和身份趋向平等"的政治状态来加以看待的。托克维尔并不认为人类社会的发展是由自然状态下的人生而自由平等之形态向等级制度之不平等而发展演进的趋势，恰恰相反，他不承认所谓的前政治社会中的自然状态假说，在他看来，只有在政治社会中，人才能实现自由（这一点他与亚里士多德的"人天生是政治的动物"哲学观点相近似），而政治自由则是人类逐渐实现平等的必要途径，它意味着随着人类社会政治自由的发展与深化，平等的实现由此也在不断发展与深化。可见，托克维尔的平等观建构于历史之上，被视为一种历史发展的力量，并被作为一件历史事实来加以看待。

托克维尔之所以将"条件与身份的平等"作为民主的核心要件，在于他视平等为一种社会状态，而非政府形式。这种社会状态既是历史趋势使然，并先于民主政制，更是民主政府兴起的原因。这么说的意思是，不是民主带来平等，而是平等带来民主，其因果联系和逻辑关系不可颠倒看待。举例来说，在欧洲民主兴起之前，君主要努力约束贵族的权力，反之亦然，这实际上已在加速社会条件的平等化。托克维尔敏锐地意识到了一个事实，即在欧洲历史上，随着多个权力中心的形成（君主、贵族、教会、工商阶级等等），权力之间的相互制衡事实上是在不断实现着社会条件的平等。他注意到，从中世纪末期开始，民主革命实际上已经在陆续展开，"随着僧侣阶级向所有人开放，教会获得政治权力，平等便渗入政治领域……平民因经商而致富，其影响逐步作用于国务，贵族头衔可以用金钱购买，绝对君主与新兴工商业阶级联手，贵族在经济上纷纷破产，其政治影响力也日趋衰退。财富迅速易手，知识不断普及，新工艺不断涌现，基督新教迅速传播，所有这些现象都在合力促进'一场伟大的民主革命'。"[1]

---

〔1〕 任军峰:《贵族、民主与自由:道德哲学家托克维尔》，载韩东晖主编:《西方政治哲学史》（第2卷·从霍布斯到黑格尔），中国人民大学出版社2017年版，第242页。

以平等为视角、以历史发展为镜鉴来看待民主是托克维尔民主认知的独特之处。为此，他站在一个法国人的角度即通过法国民主的历程来观照美国式民主。他特别注意到的，在以法国大革命为肇始的民主革命中，"旧秩序迅速崩溃，新秩序却迟迟无法确立，法国陷入了长期政治动荡的深渊。诸如'人民主权''人权和公民权利''自由、平等、博爱'曾经使法兰西人热血沸腾的现代平等主义政治原则却未能在法国开花结果，法国陷入长期混乱的旋涡。在大革命后长达 80 年的时间里，法兰西国家政体屡改屡错，法兰西文明几乎被逼入绝境。"[1]但同样的政治原则却最终在大洋彼岸的美国开花结果，更重要的是，美国的民主革命是以一种"简易"的方式来实现的，"甚至可以说，这个国家没有发生我们进行的民主革命，就收到了这场革命的成果"[2]。深层次的原因究竟在哪里？它事实上是托克维尔《论美国的民主》一书中特别需要回答于法国同胞们的。

显然，尽管托克维尔对美国式民主不乏赞赏，但绝没有将其照搬于法国的意思，美国"成功"实现民主对于法国乃至欧洲的借鉴意义只在于思想观念层面。通常而言，人们对《论美国的民主》这本书最深刻的印象就是托克维尔有关美国"民情"的描述，在他所归纳的美国民主实现的三个主要原因（地理环境、法制和民情）中，按照其贡献可以排序为"自然环境不如法制，法制又不如民情"[3]。民情在托克维尔眼中，主要是一种公民自治文化传统的养成，它以乡镇为基点。在他看来，"乡镇是培育自由公民的初等学校，在乡镇这一小型共和国里，民众参与地方治理，自己管理自己的事务，养成热爱秩序、服从法律权威的习惯。他们既是统治者也是被治者，在这样的角色转换过程中，公民领会权利与义务、公益与私利、个

〔1〕 任军峰：《贵族、民主与自由：道德哲学家托克维尔》，载韩东晖主编：《西方政治哲学史》（第 2 卷·从霍布斯到黑格尔），中国人民大学出版社 2017 年版，第 244 页。

〔2〕 [法]托克维尔：《论美国的民主》（上），董果良译，商务印书馆 1988 年版，第 15 页。

〔3〕 [法]托克维尔：《论美国的民主》（上），董果良译，商务印书馆 1988 年版，第 358 页。

体与集体之间的和谐，这种乡镇精神即自由精神。"[1]托克维尔对美国乡镇自治的描述，不免让我们想到了古希腊的城邦自治，这是一种直接民主之状态。显然，托克维尔对其的赞赏与他其后对代议制民主制度的警惧密不可分。美国的乡镇自治（近似于直接民主形态）之所以能够在合众国的代议制民主（间接民主形态）中得以保存，托克维尔认为是拜美国的分权制度所赐。乡镇自治与行政分权构成了美国民主制度的基本架构，这便是托克维尔对美国民主的基本观察。

在对美国民主与法国民主的对比中，托克维尔区分了两种类型的民主即"民主的自由"与"民主的专制"。民主的自由即如美国式民主，它以地方自治与行政分权为特征，而民主的专制即如法国式民主，它以行政集权[2]为特征，以"民主的暴政"为表现形式。在他看来，旧制度下的法国政治史就是一个不断走向中央行政集权的历史，这恰恰就是法国民主虽然拥有正确的政治原则但却无法实现真正民主的原因所在。令其深感忧虑的是，行政集权最为有害的不仅仅是它在社会管理上的消极后果，而是其对公民精神可能造成的长远的道德伤害。

正是意识到了"民主的专制"与"民主的自由"两种民主形态之区别，托克维尔十分警惕将民主简单视为一种必须推崇的政治价值。在其理念中，民主被视为一种社会发展的趋势，无法阻挡，但民主亦有其自身难以克服的困难，这就是他极为警惕的民主的专制之危险。"托克维尔研究民主的目的不在于贬低民主，也不是抬高民主，而是理解民主，理解其利弊得失，从而寻找兴利除弊的现实途径。"[3]他"一方面谋求为民主制度所代表的这个新世界造福，另

---

〔1〕　任军峰：《贵族、民主与自由：道德哲学家托克维尔》，载韩东晖主编：《西方政治哲学史》（第2卷·从霍布斯到黑格尔），中国人民大学出版社2017年版，第251页。

〔2〕　托克维尔区分了政治集权与行政集权。政治集权即全国的立法权和对外权的统一，行政集权则是将本来属于地方性事务的权力统统收归中央。

〔3〕　任军峰：《贵族、民主与自由：道德哲学家托克维尔》，载韩东晖主编：《西方政治哲学史》（第2卷·从霍布斯到黑格尔），中国人民大学出版社2017年版，第244页。

一方面又抵制它的充分展开"[1]。

在一般的认知中，民主与专制被视为相互对立的一对政治概念，似乎它们是相互排斥的，以为单靠民主就能解决专制的问题，但托克维尔并不这样认为，在他看来，"相信人民统治的新兴民主国家比以往的统治形式更加正义或较少专制，这毫无道理。把权力安全地托付给任何人或任何主体是不可能的，而且就保障自由而言，被联合起来的人民权力并不比其他政制更为可靠。"[2]显然，托克维尔是在提醒我们，以往的统治形式中专制的危险在于君主等统治者，而在民主政体中，专制的危险恰恰来自于人民自身，"在一个民主的时代，政治学的难题就在于如何控制人民的主权权力"[3]。托克维尔的政治哲学所试图回答的其实就是，在一个拥有集体能力的人民主权者时代，谁来监督人民、监督民意？这其实也是民主政制中如何避免民主的暴政的问题。在《论美国的民主》一书中，他对于乡镇自治即直接民主的推崇（也就是他所认知的美国民情），所试图回答的大致就是这个问题。在其理论逻辑中，现代国家越来越走向中央行政集权，如果没有基层的自治文化，如果没有地方分权制度相抗衡，走向民主的专制是很难避免的政治悲剧。

因此，当民主成为一种不可避免的历史发展趋势的时候，托克维尔清醒地认识到了其可能的危险。他坚信民主（平等）已然不可阻挡，但"我们唯一不能确定的事情，就是这种民主最终将采取什么样的形式。民主究竟是能与自由相融，还是会导致某种新型专制，只有未来的政治家才能回答这个问题。"[4]在托克维尔的视界中，民

---

〔1〕〔法〕雷蒙·阿隆、〔美〕丹尼尔·贝尔：《托克维尔与民主精神》，陆象淦、金烨译，社会科学文献出版社2008年版，第227页。

〔2〕〔美〕史蒂芬·B.斯密什：《政治哲学》，贺晴川译，北京联合出版公司2015年版，第247页。

〔3〕〔美〕史蒂芬·B.斯密什：《政治哲学》，贺晴川译，北京联合出版公司2015年版，第247页。

〔4〕〔美〕史蒂芬·B.斯密什：《政治哲学》，贺晴川译，北京联合出版公司2015年版，第251页。

主（平等）既然在过去属于历史发展的事实，那么在未来，这种趋势依然会继续演变，与其说是一种确定的政制，不如说是一种永未完成的事业。因此，无论是民主还是平等，他都将它们作为一个动词来看待。为此他这样写道:"平等将导致奴役还是导致自由，导致文明还是导致野蛮，导致繁荣还是导致贫困，这就全靠各国自己了。"[1]

　　托克维尔对民主的"悲观"维系于他对美国民情的观察中所得出的结论，他之所以不承认霍布斯、洛克等早期思想家们的自然状态假说，在于他所认知的"自然"并非前政治社会的一种状态，而是人类社会不可能存在一个"前政治"的社会形态，在他看来，人类社会只要存在，政治就存在（这是他与亚里士多德极为一致的地方），政治存在的证明就是乡镇。"乡镇是自然界中只要有人集聚就能自行组织起来的唯一联合体。"[2]托克维尔视乡镇为自然而非人力的产物，即乡镇出于自然而存在。这种乡镇政治在托克维尔眼中就成为民主的基础条件，亦可说是民主的摇篮。因此在美国，正如托克维尔所观察的那样，乡镇自治（民情）奠基了美国民主的基本样式，分权政体则维护了这种基层民主，这是美国民主得以"成功"的理论逻辑。反之，民主之所以在法国乃至欧洲被演化为"民主的专制"，与这种乡镇精神被破坏不无关系。"一直以来，对乡镇造成威胁的都不是外部力量，而是更大的政府形式的侵害……托克维尔还说，人们越是'经过启蒙'，保持乡镇精神就愈发困难……为此之故，他为乡镇精神在欧洲已不复存在而感到悲伤，欧洲的政治集权和启蒙运动的进程已经摧毁了地方自治的条件。"[3]由是，即便他认为民主（平等）在美国已经"差不多接近了他的自然极限"，他也

---

〔1〕〔法〕托克维尔:《论美国的民主》（下），董果良译，商务印书馆1988年版，第885页。

〔2〕〔法〕托克维尔:《论美国的民主》（上），董果良译，商务印书馆1988年版，第66页。

〔3〕〔美〕史蒂芬·B. 斯密什:《政治哲学》，贺晴川译，北京联合出版公司2015年版，第254页。

并不认为民主在美国的未来将是一片坦途，在其《论美国的民主》一书第一卷中，他对美国民主体系保持的是一种乐观态度，而在5年后出版的第二卷中，则"对民主的命运怀有某种更加深刻的悲观态度"[1]。这5年间托克维尔所思考的是什么？如何解释这种差异？

在第一卷中，托克维尔并非没有意识到民主政体所蕴含的"多数人暴政"的危险，他的解决思路与美国"联邦党人"大体是一致的，即通过宪法限制多数人的权力，方法是增加党派的数量，避免"产生一个持续存在的多数人党派。党派的数量越多，它们中任何一个党派以专制权力治理国家政治的可能性就越小。"[2]不过随着思考的深入，他对此的怀疑也愈加深重，"尽管美国宪法力图限制多数的权力，它还是把多数（'我们人民'）奉若神明……他尤其怀疑宪法设计的代议制、监督与制衡的体系能否对'多数的帝国'产生卓有成效的制约作用……他倾向于认为多数的权力是不受限制和不可阻挡的。面对被动员起来的意见，保障少数权利的法律压根儿派不上用场。"[3]

"多数"曾被视为民主的先决条件抑或社会正义的要件，托克维尔对此表示了怀疑。出于其平等的信念，他认为在人的智能上应用平等理论即"多数人必定比少数人更有智慧"这一观念是站不住脚的。他意识到，多数或许可以产生力量，但并不必然拥有真理。同理，多数人的利益一定优于少数人的利益也未必为真。因此，民主真正的危害，恰恰是多数人的"无限权威"所打着的"人民"旗号而获得的政治正确。在一个法制社会中，多数的权力首先会在立法机构中的支配地位中体现出来，他写道："在所有的政权机构中，立

---

〔1〕 [美] 史蒂芬·B. 斯密什：《政治哲学》，贺晴川译，北京联合出版公司 2015 年版，第 253 页。

〔2〕 [美] 史蒂芬·B. 斯密什：《政治哲学》，贺晴川译，北京联合出版公司 2015 年版，第 260 页。

〔3〕 [美] 史蒂芬·B. 斯密什：《政治哲学》，贺晴川译，北京联合出版公司 2015 年版，第 260 页。

法机构最受多数意志的左右"[1],为此他引用了美国《独立宣言》起草人之一的杰弗逊的警告:"立法机构的暴政才真正是最可怕的危险,而且在今后许多年仍会如此"[2]。托克维尔将之视为一种对民主的预言。

托克维尔站在平等的角度来思考民主,但并没有为后人提供答案。他留下的学说与其说是"民主的赞歌",还不如说是"民主的困境"。他视民主的平等为一种历史趋势,但这种趋势的演变之路将走向何方,或将留待历史的未来予以解答。

## 第三节　罗尔斯们的困境

就理念而言,在道德原则上,当今时代应当没有人以任何理由反对平等。虽然人们对平等的理解互有侧重且各有取舍,但平等作为体现文明发展和进步的政治文化诉求却是没有歧义的。

不过对于支持平等的理由,如果仅仅诉诸道德原则尽管不难获得共鸣,但对其基础性内涵究竟是什么,是出于人性、人的理性、人的正义感或是其他的什么,无疑是众说纷纭的,这也导致平等理解上的差异。显然,在任何一个现实的甚至未来可预见的社会中,完全的平等是无法实现的,而要证成哪些平等可欲、哪些平等可行,并需要通过哪些社会制度安排加以实现,这些问题正是导致平等理解之差异的原因所在。

在一个已经世俗化的社会中,人需要通过什么来证明所有人之间具有平等的价值,一般只有诉诸人的自然特征来证成人与人之间的道德平等。但其困难在于,"我们既要找到一个人人同意的自然特征,同时又可以在一个应然和实然二分的世界中,证成这个特征涵

---

〔1〕[法]托克维尔:《论美国的民主》(上),董果良译,商务印书馆1988年版,第236页。

〔2〕[法]托克维尔:《论美国的民主》(上),董果良译,商务印书馆1988年版,第249页。

蕴的规范性力量（normative force）。"[1] 这其实是一个两难推理，因为我们在真实的世界中几乎找不到任何事物是人人同一的，能够找到的，只能是"人"这一抽象的社会学概念，但这其实只是一种应然性的划分（在应然状态下，似乎可以寻找到某种平等的价值诉求），但在实然状态下，它必须还原为具象的人，而在具体的人与人之间究竟诉求哪些平等，恰恰就是平等所面临的最大挑战。"设想你成功说服一个人，证明人人均拥有这种能力（如道德平等），他依然会反问：这又如何？他只需指出，这些自然能力和我们要处理的正义问题，根本毫不相干。例如一个放任自由主义者会认为，经济分配应该任由市场来决定；而一个保守主义者却会说，分配应该由一个人的功绩或德性来决定。因此，如果平等的基础只是一个中性的自然事实，那么它并不能产生平等作为一规范性原则所要求的道德约束力。"[2]

因此，将人的自然特征作为论证人人具有同等价值的道德基础只能是被作为一种理念，当西方文明开始将上帝所赋予人的内在价值予以抛弃的时候，人的平等便离开了信仰的依托，这种理念在哲学上便无法予以证明。"我们可以做的，只能是表达一种态度，一种尊重每个人共有的人性（humanity）的态度……（但）没有办法证明所谓人性的基础到底是什么。"[3] 亦有学者干脆认为，"没有任何方法可以证明，所有人都有平等的价值。唯一可做的，是我们全心全意的信奉（commitment）……作为一个经验事实，人人平等是个幻象，根本没有这回事。它只能是我们一个终极的道德信念。"[4]

当代人们诉诸平等的道德信念来自于"天赋人权"这一口号，在西方启蒙运动等人文主义思潮的影响下，天赋人权则被视为"不

---

〔1〕 周保松：《自由人的平等政治》，生活·读书·新知三联书店 2010 年版，第 66 页。

〔2〕 周保松：《自由人的平等政治》，生活·读书·新知三联书店 2010 年版，第 66-67 页。

〔3〕 Joel Feinberg, *Social Philosophy*, Englewood Cliffs, N. J.: Prentice - Hall, 1973, p. 33.

〔4〕 周保松：《自由人的平等政治》，生活·读书·新知三联书店 2010 年版，第 67 页。

证自明"的真理。当然,这个"天赋"之"天"已不再是基督教的耶和华上帝,其作为人的权利终极来源的神学理念不再具有真理性。因此,天赋人权成为人通过自身的"道德感悟"而抽象出来的一个结论。在其体系内,人的生命、自由、平等、财产等诸项权利被视为与生俱来的、不可剥夺的、不可转让的基本人权。但事实上,当他们试图抛弃上帝作为人的权利之终极来源之时,他们也意识到了其理论大厦之根基存在一个致命的缺陷,就是无法自证这种"天赋"的人权究竟来自何方,因此只能以"不证自明"这样一个似是而非的结论而存之。"自由主义内部似乎有一种默契,即对他们作为其理论体系出发点的'个人自由'和'个人权利'的根据保持沉默,不作进一步有效的论证,这正表明他们实际上将其作为政治推理的'原点'和基石,也是启动他们政治思维的原动力。自由主义理论体系处处都浸染着个人主义精神,个人是它的出发点和归宿,但它的个人主义最突出的表现,乃在于它将个人的权利视为不证自明的,而国家(政府)的权力则是需要证明的;政治哲学需要为国家权力提出根据,发现权力何在,但却不需要为个人权利提供根据。个人权利是政治秩序和政治权力的原因,但它本身却没有原因。"[1] 其实自由主义者未必不明白,这种跨越了"神本"的人本思想在逻辑起点上是无法在此岸世界找到根据的,因此他们只能集体有意识地"超越"它,如果不做这种超越,他们便无法实现从神本向人本的跨越。"它突破了中世纪的神学藩篱,在人性、人自身中寻找权利的根据,把人的自由和权利作为出发点,从而在社会理论领域实现了近代人本主义的主体性转折。"[2] 在特定的历史条件下,这种跨越未必不是一种历史的进步,因为它需要为人性的解放提供根据,也需要为挣脱王权、教权的枷锁,为资本主义正式走上历史的舞台提供动

---

〔1〕 丛日云:《在上帝与凯撒之间——基督教二元政治观与近代自由主义》,生活·读书·新知三联书店 2003 年版,第 32~33 页。

〔2〕 郭大为:《黑格尔与近代自然法理论的终结》,载韩东晖主编:《西方政治哲学史》(第 2 卷·从霍布斯到黑格尔),中国人民大学出版社 2017 年版,第 321 页。

力，无疑是蕴含着进步意义的。

当然，自由主义者也并不完全认同他们理论根基的薄弱，因为需要从彼岸世界回归到此岸世界来寻找权利的根据，因此无论是自由主义自身还是自由主义所蕴含的平等观，其理论依据均来自于由霍布斯、洛克、卢梭所开创的自然状态假说，"然而，自然状态这一论证设计由于诉诸人的天性或自然，虽然具有直截了当的说服力和直指人心的感染力，但是它依然没有摆脱古代自然法的朴素与抽象性"[1]。对此西方古典哲学的集大成者黑格尔虽然赞赏其所推导出的主体性自由原则，却对其论证本身保持否定的态度。"在黑格尔看来，自然状态既不是真实的事实描述，也不是周全的逻辑预设；在其中无法确立人的自由与权利的根据，至多只能发现受制于自然的主观任意。"[2]因此，在黑格尔的理论体系中，他坚持主张真理的终极性来源，虽然他也在一定意义上抛弃了基督教的上帝，但同时他又将"绝对精神"树立为新的"上帝"，并成为真理的承载者。他不反对宗教，"认为宗教与哲学所反映的是同一个真理，只是反映的形式有所不同"[3]。对于黑格尔来说，随着人的理性"觉醒"，"关于'上帝'的神话消失在理性之中，然而理性本身却构成新的神话。神学由于获得了合理性而成为哲学，哲学则由于获得了神秘性而成为更为精致的神学。"[4]不难看出，黑格尔事实上意识到，仅就人的自身而言，如果仅仅诉诸人的理性是无法最终证成人的权利来源的，也正是因此，他的"绝对精神"才成为新的"上帝"并由此获得其理论的合法性。

黑格尔哲学反映了西方古典哲学试图融合理性与宗教、知识与信仰的关系，使他们在思辨理性的基础上达到辩证统一的一种努力，

---

〔1〕 郭大为：《黑格尔与近代自然法理论的终结》，载韩东晖主编：《西方政治哲学史》（第2卷·从霍布斯到黑格尔），中国人民大学出版社2017年版，第321页。

〔2〕 郭大为：《黑格尔与近代自然法理论的终结》，载韩东晖主编：《西方政治哲学史》（第2卷·从霍布斯到黑格尔），中国人民大学出版社2017年版，第321页。

〔3〕 赵林：《黑格尔的宗教哲学》，武汉大学出版社2005年版，第3页。

〔4〕 赵林：《黑格尔的宗教哲学》，武汉大学出版社2005年版，第3页。

从而实现神学与哲学的统一。因此,当神学成为一种哲学而哲学又成为一种神学,西方古典哲学到了黑格尔这里便达到了无法超越的顶峰。它说明,试图以人的自身来解释人的哲学之路是走不通的,具体到人的权利来源,无论是生命、自由、平等还是其他的什么,依然需要某种超越性的存在价值予以支持。

其实当今意义上的平等理念之窘境就在于,"如果我们不愿诉诸任何宗教或形而上学观,而经验事实却又难以支持道德平等的话,剩下的也许便是我们的信念。"[1]这样的解释自然不无道理,因为能够支持我们信念的唯有人的理性存在这样一种说法,通常说来,人作为理性的动物,拥有以理性来判断事物的内在能力,因此要证成人与人之间的道德平等,在理性看来,其基础就是人所具有的正义感的能力。因此当代最著名的平等主义大师罗尔斯之所以将他的平等思想集大成作品命名为《正义论》,即源出于此。在罗尔斯看来,人所拥有并可以有效运用正义感这一事实,表明了人对于公平、公正、平等有一种"天然"的诉求。这一事实也同时表明,正义感的能力"意味着行动者能够站在道德的观点看问题,并有动机服从道德的要求"[2]。

但正如前述,罗尔斯回避了一个极其重要的问题:人的正义感能力是哪里来的?是天生的,还是教化的结果?罗尔斯为了引申出他的正义原则,曾经用"无知之幕"遮蔽了一切关于人的特殊事实,包括人生观和世界观,其目的是保证最终所得出的正义原则之"中立性",因为只有中立的立约环境,才能够保证不会偏袒任何一种特定的人生观。之所以如此,"因为他相信人是自由人,可以凭理性能力构建、修改和追求自己的人生计划。为了体现人的自由自主,所

---

〔1〕　周保松:《自由人的平等政治》,生活·读书·新知三联书店2010年版,第67~68页。

〔2〕　周保松:《自由人的平等政治》,生活·读书·新知三联书店2010年版,第68页。

以才有这样的独特设计。中立性的背后，有着自由主义对人的特定理解。"[1] 但是他这一设计的前提，隐含着人的理性能力具有天然性这样一个事实，但对于人为何具有天生理性能力这个问题，他并没有而且也似乎无法加以回答。其实不仅仅是罗尔斯，对这样一个问题的回答，是所有世俗主义者所共同面对的难题。

如果回到西方自由主义的原点，他们先验地坚持这样的信念：人是理性的，因此拥有道德能力，并且相信人能够凭借这些能力建立一个公正的社会。虽然说自由主义坚持个体为本，强调个人先于国家，国家存在的理由是为了更好地保障个人的自然权利，但这并不表示个体权利的无限度自主、无限度自由及其自利主义。自由主义也肯定集体生活的重要性，承认社群是人生活的基本要素，并且公民之间需要有基本的道德责任。自由主义只是"坚持这样的信念：个体具有独立的道德地位，并不先验地从属于某个集体，并对这个集体有某种不可卸除且无可置疑的道德和政治义务。所有社会政治关系的建立，必须要从个体的观点看，具有道德的正当性。"[2] 这也就是自由主义所理解的"个人主义"：个人主义并非自利主义，一切唯个人为尊，它只是强调在政治社会中，一切对个人自由的限制（因为这是无法避免的）的制度必须具有正当性。

由此便不难抽象出自由主义所秉持的平等理念：由于在一个真实的政治社会中，人们对于何为正义、何为正当、何为公正、怎样的制度才能满足上述要求，必然有不同的理解，因此要协商出一个大家能够共同接受的政治安排必定需要一定的基础条件，而这个基础条件就是大家首先要接受我们每一个人都具有平等的道德人格这一身份，也就是大家首先要放弃所有的身份差异，回归到人的本原，以平等的道德身份进行协商（无论是社会契约论假说，还是罗尔斯

---

〔1〕 周保松：《自由人的平等政治》，生活·读书·新知三联书店 2010 年版，第 244~245 页。

〔2〕 周保松：《自由人的平等政治》，生活·读书·新知三联书店 2010 年版，第 232 页。

的"无知之幕"所设计的场景无不源出于此)。"因此,自由主义视平等为一种道德理想,实际上要求我们从这样一个视角看政治:在决定社会的基本政治原则时,我们应该放下彼此间的种种差异,接受大家是平等的理性道德人,并在这样的基础上找出大家能合理接受的合作方式。赋予我们平等地位的,是我们自己。我们愿意这样做,因为我们有这样的道德能力,可以站在一个普遍性的观点,穿过世间种种不平等,看到人与人之间共享的道德人格,认知和体会到平等相待的可贵。"[1]

自由主义的道德理想在人的角度看无疑是崇高的,我们没有任何理由否定之。自由主义接受的平等显然是前提平等而非结果平等(尤其是财富资源的平均分配),毕竟自由主义必定坚持自由市场经济(无论是自由放任式的还是政府干预式的),而自由市场经济绝不可能实现财富资源的平均分配,此内在矛盾使得自由主义唯有坚持平等条件的前移才可以实现。因此自由主义在决定社会合作的基本原则时所坚持的,必定是民主政治原则,它"要求每个自由人都享有平等的地位,拥有同样的发言权。最后商议出来的原则,必须是所有人合理同意的结果。"[2]同时,任何不平等的资源分配,必须有合理的道德论证予以支持。因此,即便是最为激进的左翼自由主义大师罗尔斯所主张的分配原则,同样如此。但罗尔斯的可贵之处在于,他所主张的分配原则是在社会资源的不平等分配无法避免的情况下,只有在对社会中最弱势的人群最为有利时才可以接受。"这条原则体现了一种互惠精神:每个公民都应从社会合作中获益,并享受到经济发展的好处。"[3]

随着自然法哲学的式微,古希腊形而上哲学中追问事物本质的

---

〔1〕　周保松:《自由人的平等政治》,生活·读书·新知三联书店2010年版,第233页。

〔2〕　周保松:《自由人的平等政治》,生活·读书·新知三联书店2010年版,第234页。

〔3〕　周保松:《自由人的平等政治》,生活·读书·新知三联书店2010年版,第235页。

思辨传统（柏拉图式的）渐渐被另外一个经验主义传统（亚里士多德式的）所替代，到了近代更是被科学主义所替代，基督教神学所主导的神本思想源流渐渐被人本思想所替代。因此，自然法哲学中追求人类生活背后那个"更高的"东西来作为人类社会正义准则的冲动以及以上帝的标准作为人间生活尺度的价值皈依亦已远去。一旦缺乏了外在的标准和尺度，人只能依靠自己来衡量自身，亦只能通过世俗生活来安排社会。

由此我们只能看到，自由主义不要求宏大的目标，不追求超越性，它对于人类生命及其意义的安顿并不关心。因为在其哲学观上，既然它强调个人自主，同时又站在每个人的角度上，承认关于何为美好人生之类的问题没有客观答案，只能交由个人选择，因此对于世俗化生存的人来说，人生可验证的种种意义就只能在那些能与自己现世命运相联系、作比较的东西中进行寻找。

当平等的价值回到不再有超验感受和绝对标准予以衡量的时候，就只能取其相对性，平等的话题亦将永无止境。

# 参考书目

1. 《马克思恩格斯全集》(第20卷),人民出版社1971年版。

2. 《马克思恩格斯选集》(第3卷),人民出版社1995年版。

3. [古希腊] 亚里士多德:《政治学》,吴寿彭译,商务印书馆1965年版。

4. [古罗马] 奥古斯丁:《上帝之城:驳异教徒》(上),吴飞译,上海三联出版社2007年版。

5. [法] 孟德斯鸠:《论法的精神》(上册),张雁深译,商务印书馆1961年版。

6. [法] 托克维尔:《论美国的民主》,董果良译,商务印书馆1988年版。

7. [法] 雷蒙·阿隆、[美] 丹尼尔·贝尔:《托克维尔与民主精神》,陆象淦、金烨译,社会科学文献出版社2008年版。

8. [法] 摩莱里:《自然法典》,黄建华、姜亚洲译,商务印书馆2009年版。

9. [法] 马布利:《马布利选集》,何清新译,商务印书馆2009年版。

10. [法] 托克维尔:《论美国的民主》(上卷),董果良译,商务印书馆1991年版。

11. [法] 卢梭:《致达朗贝尔的信——驳达朗贝尔发表在〈百科全书〉第七卷中的词条〈日内瓦〉》,李平沤译,商务印书馆2011年版。

12. [法] 卢梭:《卢梭文集1:论人类不平等的起源与基础》,李常山译,红旗出版社1997年版。

13. [德] 黑格尔:《哲学史讲演录》(第1卷),贺麟等译,商务印书馆1981年版。

14. [德] G.拉德布鲁赫:《法哲学》,王朴译,法律出版社2005年版。

15. [荷兰] 斯宾诺莎:《神学政治论》,温锡增译,商务印书馆1963年版。

16. [意] 托马斯·阿奎那:《阿奎那政治著作选》,马清槐译,商务印书馆

1963 年版。

17. ［意］康帕内拉：《太阳城》，陈大维、黎思复、黎廷弼译，商务印书馆 1980 年版。

18. ［意］登特列夫：《自然法——法律哲学导论》，李日章、梁捷、王利译，新星出版社 2008 年版。

19. ［英］洛克：《政府论》，叶启芳、瞿菊农译，商务印书馆 1964 年版。

20. ［英］托马斯·莫尔：《乌托邦》，戴镏龄译，商务印书馆 1982 年版。

21. ［英］罗素：《西方哲学史》（上），何兆武、李约瑟译，商务印书馆 1997 年版。

22. ［英］汤因比：《历史研究》（上），曹未风等译，上海人民出版社 1997 年版。

23. ［英］戴维·M. 沃克：《牛津法律大辞典》，李双元等译，法律出版社 2003 年版。

24. ［英］罗素：《走向幸福》，王雨、陈基发编译，中国社会出版社 1997 年版。

25. ［英］凯伦·阿姆斯特朗：《轴心时代：人类伟大宗教传统的开端》，孙艳燕、白彦兵译，海南出版社 2010 年版。

26. ［英］J. R. 波尔：《美国平等的历程》，张聚国译，商务印书馆 2007 年版。

27. ［英］凯伦·阿姆斯特朗：《神的历史》，蔡昌雄译，海南出版社 2013 年版。

28. ［英］约翰·麦克里兰：《西方政治思想史》（上），彭淮栋译，中信出版社 2014 年版。

29. ［英］洛克：《洛克说自由与人权》，高适编译，华中科技大学出版社 2012 年版。

30. ［美］爱德华·麦克诺尔·伯恩斯等：《世界文明史》（第 1 卷），商务印书馆 1987 年版。

31. ［美］罗斯科·庞德：《通过法律的社会控制》，沈宗灵译，商务印书馆 1984 年版。

32. ［美］马尔库塞：《爱欲与文明》，黄勇等译，上海译文出版社 1987 年版。

33. ［美］博登海默：《法理学——法哲学及其方法》，邓正来、姬敬武译，华夏出版社 1987 年版。

34. ［美］罗尔斯：《正义论》，何怀宏等译，中国社会科学出版社 1988 年版。

35. ［美］罗伯特·诺齐克：《无政府、国家与乌托邦》，何怀宏等译，中国社会科学出版社 1991 年版。

36. ［美］斯科特·戈登：《控制国家——西方宪政的历史》，应奇等译，江苏人民出版社 2001 年版。

37. 〔美〕德沃金：《认真对待权利》，信春鹰、吴玉章译，中国大百科全书出版社 2002 年版。

38. 〔美〕房龙：《人类的解放》，刘成勇译，河北教育出版社 2002 年版。

39. 〔美〕罗纳德·德沃金：《至上的美德：平等的理论与实践》，冯克利译，江苏人民出版社 2007 年版。

40. 〔法〕卢梭：《社会契约论》，何兆武译，商务印书馆 2003 年版。

41. 〔美〕阿尔文·施密特：《基督教对文明的影响》，汪晓丹、赵巍译，北京大学出版社 2004 年版。

42. 〔美〕希拉里·普特南：《实在论的多副面孔》，中国人民大学出版社 2005 年版。

43. 〔美〕保罗·S. 芮恩施：《平民政治的基本原理》，罗家伦译，吉林出版集团有限责任公司 2010 年版。

44. 〔美〕伯纳德·J. 巴姆伯格：《犹太文明史话》，肖宪译，商务印书馆 2013 年版。

45. 〔美〕休斯顿·史密斯：《人的宗教》，刘安云译，海南出版社 2013 年版。

46. 〔美〕詹姆斯·利文斯顿：《现代基督教思想》（上），何光沪、高师宁译，译林出版社 2014 年版。

47. 〔美〕小约翰·威特、〔美〕弗兰克·S. 亚历山大主编：《基督教与法律》，周青风、杨二奎等译，中国民主法制出版社 2014 年版。

48. 〔美〕史蒂芬·B. 斯密什：《政治哲学》，贺晴川译，北京联合出版公司 2015 年版。

49. 〔美〕沃尔德伦：《上帝、洛克与平等：洛克政治思想的基督教基础》，郭威、赵雪纲等译，华夏出版社 2015 年版。

50. 〔美〕威尔·杜兰特：《世界文明史：信仰的时代》（上），台湾幼狮文化译，天地出版社 2017 年版。

51. 〔加〕戈登·菲、〔美〕道格拉斯·斯图尔特：《圣经导读：按卷读经》，李瑞萍译，上海人民出版社 2013 年版。

52. 〔韩〕李钟声：《基督教神学》，〔韩〕李宽淑译，商务印书馆 2002 年版。

53. 顾准：《希腊城邦制度：读希腊史笔记》，中国社会科学出版社 1982 年版。

54. 朱维之主编：《希伯来文化》，浙江人民出版社 1988 年版。

55. 夏勇：《人权概念起源》，中国政法大学出版社 1992 年版。

56. 何怀宏：《契约伦理与社会正义——罗尔斯正义论中的历史与理性》，中国人民大学出版社 1993 年版。

57. 董建萍：《西方政治制度史简编》，东方出版社 1995 年版。

58. 张文显：《二十世纪西方法哲学思潮研究》，法律出版社 1996 年版。

59. 王人博、程燎原：《法治论》，山东人民出版社 1998 年版。

60. 陈刚：《西方精神史——时代精神的历史演进及其与社会实践的互动》（上卷），江苏人民出版社 2000 年版，第 106 页。

61. 石元康：《当代西方自由主义理论》，上海三联书店 2000 年版。

62. 陈新民：《德国公法学基础理论》（上册），山东人民出版社 2001 年版。

63. 徐新编著：《西方文化史：从文明初始至启蒙运动》，北京大学出版社 2002 年版。

64. 瞿同祖：《中国法律与中国社会》，中华书局 2003 年版。

65. 丛日云：《在上帝与凯撒之间——基督教二元政治观与近代自由主义》，生活·读书·新知三联书店 2003 年版。

66. 赵林：《西方宗教文化》，武汉大学出版社 2005 年版。

67. 赵林：《黑格尔的宗教哲学》，武汉大学出版社 2005 年版。

68. 赵林：《在上帝与牛顿之间·赵林演讲集（1）》，东方出版社 2007 年版。

69. 赵林：《西方哲学史讲演录》，高等教育出版社 2009 年版。

70. 赵敦华：《基督教哲学 1500 年》，人民出版社 2007 年版。

71. 吴于廑：《古代的希腊和罗马》，生活·读书·新知三联书店 2008 年版。

72. 朱海波：《论现代立宪主义的文化基础——理性主义与自然法哲学》，法律出版社 2008 年版。

73. 刘瑜：《民主的细节》，上海三联书店 2009 年版。

74. 王力：《平等的范式》，科学出版社 2009 年版。

75. 谢桂山：《圣经犹太伦理与先秦儒家伦理》，山东大学出版社 2009 年版。

76. 张志刚：《宗教哲学研究——当代观念、关键环节及其方法论批判》，中国人民大学出版社 2009 年版。

77. 高春常：《世界的祛魅：西方宗教精神》，江西人民出版社 2009 年版。粟丹：《立法平等问题研究》，知识产权出版社 2010 年版。

78. 张旭：《上帝死了，神学何为——20 世纪基督教神学基本问题》，中国人民大学出版社 2010 年版。

79. 单纯：《启蒙时代的宗教哲学》，中国社会出版社 2010 年版。

80. 郑贤君：《基本权利原理》，法律出版社 2010 年版。

81. 顾肃：《宗教与政治》，译林出版社 2010 年版。

82. 周保松：《自由人的平等政治》，生活·读书·新知三联书店 2010 年版。

83. 姚大志：《罗尔斯》，长春出版社 2011 年版。

84. 都玉霞：《平等权的法律保护研究》，山东大学出版社 2011 年版。

85. 高瑞泉：《平等观念史论略》，上海人民出版社 2011 年版。

86. 舒也：《圣经的文化阐释》，江苏人民出版社 2011 年版。

87. 丛日云主编：《西方文明讲演录》，北京大学出版社 2011 年版。

88. 毛德操：《论平等——观察与思辨》，浙江大学出版社 2012 年版。

89. 冯亚东：《平等、自由与中西文明：兼谈自然法》（第 2 版），陕西人民出版社 2012 年版。

90. 彭刚：《西方思想史导论》，北京大学出版社 2014 年版。

91. 董玉荣：《资源平等分配的社会正义观研究》，江苏大学出版社 2015 年版。

92. 林欣浩：《哲学家们都干了些什么》，北京联合出版公司 2015 年版。

93. 吴韵曦：《平等的理想与现实——社会主义五百年平等问题研究》，人民日报出版社 2016 年版。

94. 肖宪：《以色列史话》，中国书籍出版社 2016 年版。

95. 陈德顺：《平等与自由的博弈——西方宪政民主价值冲突研究》，中国社会科学出版社 2016 年版。

96. 何怀宏编：《平等》，生活·读书·新知三联书店 2017 年版。

97. 何光沪编：《信仰》，生活·读书·新知三联书店 2017 年版。

98. 王建芹：《法治的语境——西方法文明的内生机制与文化传承》，中国政法大学出版社 2017 年版。

99. 刘玮主编：《西方政治哲学史》（第 1 卷·从古希腊到宗教改革），中国人民大学出版社 2017 年版。

100. 韩东晖主编：《西方政治哲学史》（第 2 卷·从霍布斯到黑格尔），中国人民大学出版社 2017 年版。

101. 周濂主编：《西方政治哲学史》（第 3 卷·20 世纪政治哲学），中国人民大学出版社 2017 年版。

## 图书在版编目（CIP）数据

法治与平等：平等观念的西方法文化思想源流/王建芹
著.—北京：当代世界出版社，2021.8
ISBN 978-7-5090-1603-9

Ⅰ.①法… Ⅱ.①王… Ⅲ.①法律－文化－平等观－研
究－西方国家 Ⅳ.①D909.1

中国版本图书馆 CIP 数据核字(2021)第 008812 号

书　　名：法治与平等：平等观念的西方法文化思想源流
出版发行：当代世界出版社
地　　址：北京市东城区地安门东大街 70-9 号
网　　址：http://www.worldpress.org.cn
编务电话：（010）83907528
发行电话：（010）83908410
经　　销：新华书店
印　　刷：英格拉姆印刷(固安)有限公司
开　　本：720 毫米×960 毫米　　1/16
印　　张：15
字　　数：200 千字
版　　次：2021 年 8 月第 1 版
印　　次：2021 年 8 月第 1 次
书　　号：978-7-5090-1603-9
定　　价：59.00 元